외갓집 유자나무

외갓집 유자나무

조택수 수필집

수필과비평사

발간사

동진강이 흐르는 너른 들녘에서 태어나고 자라 자연 속에서 성장하였습니다.

우리는 흔히 사업에 실패하거나 노후에는 고향으로 와서 농사나 짓고 살아야지, 라고 말합니다. 그만큼 고향은 어머니의 품속같이 아늑하고 편안합니다.

지나온 어린 시절이 꿈만 같습니다. 여름이 오면 물장구치고 겨울이면 얼음지치기를 하며 술래잡기도 하였습니다. 자연과 삶에서 얻어진 감성은 농익어 가슴에 응어리로 남아 글로 표현하고 싶어졌습니다.

여행은 인생길이다. 라고 말하기도 합니다. 삶의 자체가 여행일는지 모릅니다. 인생을 살아가며 여행을 하다 보니 새로운 사물을 보고 느낌을 기록하였습니다. 여행 계획은 일기가 되고, 한 걸음 나아가 답사기를 쓰다 보니 문학 공부를 하게 되었습니다.

시와 수필 공부를 하면서 시간이 갈수록 눈이 트이니 부족한 제 자신을 알았습니다. 부끄러운 마음에 후회를 해 봤자 이미 엎질러진 물이었습니다. 되돌릴 수 없는 자신에게 '그래, 빈틈없는 매끄러운 글은 쓰지 못하더라도 내가 살아온 인생길을 재미있게 써보도록 노력을 하자.' 다독였습니다.

시와 수필을 쓰게 되어 겁 없이 등단을 하여, 시집을 내었습니다.

문학은 삶의 표현이요, 시대를 반영하는 글이 아닌가 하는 생각을 합니다. 쉬운 줄 알고 하면 될 줄 알았는데, 농사일은 몸이 고달파 은퇴농이 됐습니다. 문학은 머리가 지끈지끈한데 예술인 등록을 해 버렸으니 어쩌지요.

2021년 9월

소정 조택수 올림

차례

3부
풍촌 할매

4부
정읍사井邑詞

5부

첩첩산중疊疊山中

6부

오! 필승 코리아!!

1부
외갓집 유자나무

외갓집 유자나무

외갓집 하면 무엇을 해도 잘 받아줄 것 같은, 묶인 줄도 풀어 줄 것 같은, 여유와 자유로움이 느껴지는 곳이다. 생각만 해도 가슴이 먹먹해지는 곳, 방학만 되면 그 먼 곳을 향해 달려가던 때가 있었다.

약속이 있어서 찻집에 갔다. 먼저 가서 달콤한 향기가 모락모락 피어오르는 유자차가 식기를 기다리며 물끄러미 바라보는데 불현듯 유자나무가 있는 외갓집 생각이 났다.

외갓집에 처음으로 간 것은 초등학교 1학년 여름 방학 때였다. 딸이 많은 집 장손으로 태어난 나는 집안 할머니와 고모들의 귀여움을 독차지하며 층층의 보호 속에서 초등학교에 다니던 터라 바깥세상 구경은 처음 하는 셈이었다. 어머니도 시집온 후 첫 친정 나들이였다.

기차가 출발하자 전신주도 달리고 마을의 집과 논밭들도 달리기 시작했다. 어린 나는 신기하고 놀라서 "아버지, 집도 따라오고 전봇대도 따라오네."라고 큰소리로 말하자 소란하던 기차 안은 웃음바다를 이뤘다. 멋쩍어 하는 나를 어머니는 감싸 안아주셨다. 검은 연기를 산 아래로 흘리고 숨을 몰아쉬듯, 칙칙거리며 장성 갈재를 넘어 송정리역에 도착했다. 우리는 순천 방향으로 가는 열차를 기다렸다. 한참을 지나서야 기차가 오고 아버지는 거기까지 배웅하고 정읍으로 되돌아가셨다. 어머니와 나는 조금은 불안하고 허전한 마음으로 벌교를 향해 기차에 올랐다.

시끌벅적한 열차 안은 마치 도떼기시장 같았다. 긴 곰방대를 피워대며 상대방은 안중에도 없는 할아버지의 담배 연기가 천장을 휘저었다. 마치 저녁 무렵 우리 집 굴뚝에서 모락모락 피어오르는 연기처럼 앞에 앉은 나의 코를 찔렀다. 보성에서는 직접 잡은 해산물을 함석 대야에 담아 이고 벌교장에 팔러 가는 아주머니 일행들의 걸쭉한 사투리도 나의 호기심을 자극했다.

그렇게 몇 시간을 달려 해 질 무렵에야 벌교역에 내렸다. 내리자마자 역 앞의 버스정류장에서 고흥 가는 버스를 알아보니 조금 전에 막차가 떠났다고 했다. 내일 첫 버스 시간을 알아보신 어머니는 나를 데리고 역전 근방 어느 허름한 국밥집에 들어갔다. 기차 안에서 삶은 계란에 카스테라 빵까지 먹었지만 들떠서 국밥을 먹는 내게 어머니는 연신 "체할라. 누가 안 뺏어 먹으니 천천히 먹어라." 하셨다. 어머니가 설거지를 함께 하시고는 주인 아주머니가 자는 안방에서 어머니와 내가 함께 잘 수 있었다.

새벽에 고흥 가는 첫 버스에 올랐다. 비포장도로여서 울퉁불퉁한 신작로 길 먼지를 뒤집어쓴 채 버스는 외갓집을 향해 달렸다. 이윽고 도착한 외갓집에는 홀로 되신 외할아버지와 증조할머니를 비롯하여 4대가 살고 있었다.

외갓집 앞에는 맑은 실개천이 흐르고 돌담장 안으로 늙은 감나무가 서너 그루 보였다. 사립문을 들어서니 안채 부엌 앞 우물이 목마른 내 눈에 확 들어왔다. 아침도 거른 채 오는 동안 약간의 긴장과 불안함은 한여름의 더위와 함께 갈증을 불러온 모양이다. 시원한 물 한 모금을 삼키며 우물 속에 비친 나를 보는데 등 뒤로 낯선 나무가 보였다.

짙푸른 잎 사이에 큰 탱자처럼 생긴 열매가 달려 있었다. 이렇게 큰 탱자나무가 있었나 하고, 신기해하며 쳐다보고 있으니 물 떠주던 막내이모가 "유자나무다. 참, 너는 유자나무 모르제." 하셨다. 우리 동네에서는 본 적이 없는 그 나무는 어린 내가 보기에도 고목이었다. 오랜 세월을 외갓집 식구들과 함께 지낸 나무였을 것이다. 어머니가 태어나고 자라는 모습도 다 보았을 나무다.

여름방학을 맞은 아들과 함께 처음 친정나들이를 한 어머니는 한 보름 외가에 머물기로 한 모양이었다. 어머니는 인근에 사는 이모들을 비롯한 친척들을 두루 만나면서 쌓인 이야기를 나누고 지내셨다. 그동안 나는 해만 뜨면 시간 가는 줄도 모르고 고삐 풀린 망아지마냥 막내 외삼촌과 들과 산으로, 바다로 돌아다녔다. 처음 보는 바다가 여름 햇살에 윤슬이 반짝였다. 멀리 보이는 배가 종이배처럼 떠가는 풍경이 신기했다.

돌로 쌓은 물웅덩이는 마치 물고기 저금통 같았다. 독초를 풀어 작대기로 휘저어 놓고 기다리면 서서히 물고기들이 떠올랐다. 비늘 없는 메기, 민물장어 등이 먼저 떠오르고 붕어 같은 비늘 있는 물고기가 차례로 떠올랐다. 손으로 잡거나 소쿠리로 뜨기만 하면 되었다. 큰 고생 없이 금방 양동이에 한가득 찼다. 해가 질 무렵에야 기진맥진하여 집으로 돌아오면 외할아버지는 멀리에서 온 외손자는 야단을 못 치고 "어딜 갔다 이제야 오냐. 다치거나 하면 어쩌려고 그려." 하시며 만만한 막내 외삼촌만 혼을 내셨다. 애써 잡은 물고기는 먹지도 못할 거 잡아왔다며 돼지 밥그릇에 부어버리셨다.

외갓집은 내가 사는 곳과 비슷한 농촌이지만 말씨가 다르고 풍습도 달랐다. 우물가에 있던 유자나무가 귀한 나무인지 몰랐다. 그렇게 한 보름 다녀온 나는 한 달 동안 나도 모르게 익힌 남도 사투리로 유자나무 이야기를 친구들 앞에서 자랑처럼 했다.

내 나이 쉰 살이 넘어 외가 동네를 찾아간 적이 있었다. 돌아가신 어머니 생각이 나면 외갓집에 갔던 추억과 함께 유자나무가 떠올랐다. 마음먹고 찾아갔지만 외갓집과 유자나무는 온데간데없고 변해버린 낯선 동네, 낯선 집들만 보였다. 어머니와 걸었던 포플러 나무 가로수가 늘어선 신작로는 더 넓고 반듯한 자동차 전용도로로 변해 있었다. 어머니와 외갓집 유자나무는 내 기억 속에만 살아있다.

사랑의 도시락

아침 일찍 동네를 지나다 보면 역전 주변에 몰려 있는 김밥집이나 24시 편의점이 제법 붐비고 있음을 알 수 있다. 이용하는 사람 대부분이 노동자이거나 외국인이다. 점심시간에는 노동 현장뿐만 아니라 사무실에서도 도시락을 정기적으로 주문하여 해결하는 회사가 많다.

내가 태어나서 도시락을 처음 만난 건 초등학교 1학년 소풍 갈 때였다. 소풍 가는 날 반 친구들은 어머니가 많이 나오셨는데 나는 상급반인 집안 고모들이 대신하였다. 소풍 도시락은 다른 날보다 정성을 들였다. 주로 김밥이 주류를 이루었는데 말하자면 특식이다. 지금은 소시지와 시금치도 넣지만, 그 시절은 김 한 장에 밥만 들어간 한 줄 김밥에는 집에서 담근 단무지만으로 충분했다. 찐 달걀과 사이다를 덤으로 넣어 주면, 있는 집 애들만이 누리는 잔재미다.

초등학교 3학년까지는 학생은 많고 교실이 부족하여 오전, 오후반으로 수업을 나눠 받았다. 교실이 증축되어 4학년 때부터는 5~6교시 수업이 있어 도시락을 가지고 다녔다. 그 당시는 보릿고개란 말이 있을 정도로 끼니 걱정하는 가정이 많다 보니 도시락을 가져오지 못하는 아이들이 많았다. 우물가에는 허기진 배를 물로 채우는 아이들이 몰려있을 정도로 점심을 굶는 애들이 많았다.

도시락의 구성도 겨울에는 쌀의 비율이 높았지만 봄이 오면 식량이 모자라 춘궁기라 하여 보리밥에 쌀은 조금 얹어 어른 밥을 먼저 뜨고 나머지 식구는 순서에 따라 보리 비율을 늘려 담았다. 어머니는 부뚜막 앞에 쭈그리고 앉거나 방에 들어와도 방바닥에 내려놓고 물이 더 많은 누룽지를 드셨다.

누구 집 할 것 없이 어머니들은 식구들을 먼저 챙기는 것이 당연한 도리였으며 따뜻한 모성애였다. 그 밑에서 보고 배우며 자란 누이들은 자신들이 거쳐야 하는 여자의 일생이었다. 여름철 도시락은 시어빠진 김치에 집에서 담근 단무지 반찬이 대부분이었다. 조금 형편이 나은 집 애들은 멸치볶음을 싸 오고 고기 장조림은 반에서 어쩌다 한두 명 있을 정도였다.

늦은 봄부터 햇곡식이 나오는 가을까지 도시락은 꽁보리밥이 주역으로 바뀌었다. 가난한 사람들은 힘들게 허리띠를 졸라매어 보릿고개를 넘었다. 어떤 아이는 주먹밥에 소금만 싸 오는 아이도 있었다.

점심시간이면 맘에 맞는 급우들과 둘러앉아 서로의 반찬을 나눠 먹었다. 아이들에게 하루 필요한 열량과 영양소는 책에서나 하는 이야기다. 밥은 꽁보리밥이라도 양이 많아야 하고 반찬은 그런대로 감지덕지 먹는 양식이었다. 보온도시락이 뭔지도 모를 시절이어서 겨울철에 먹는 차디찬 도시락은 뜨거운 물을 부어 먹거나 난로 위에 데워 먹었는데 자리싸움이 치열했다.

학급당 장작이 한 다발 배정되면 1교시부터 난로를 지펴 교실 공기가 조금 찬기를 면한 즈음 땔감이 바닥이 났다. 우리는 폐지나 솔방울을 주워와 보충하기도 하였다. 매서운 추위만 좀 면할 정도여서 따스한 햇살이 찾아들면 창가로 모여들었다. 장작 몇 개는 도시락을 데우기 위해 남겨 놓았다. 난로 위에 공부 잘하는 놈, 힘센 놈 순으로 절에 불탑 세우듯 올려놓았다. 맨 밑은 까딱하면 눌어붙고 3층 이상은 미적지근하여 그 이상은 포기하고 주전자에 끓인 물을 말아 먹기도 했다.

알루미늄 도시락은 우리에겐 참 친근한 친구 같았다. 등교할 때 배고픈 걱정을 안 해 든든하다. 하굣길에는 어깨에 둘러메면 달리는 악기다. 딸그락딸그락 장단을 맞춘 발걸음도 가볍게 한다. 일주일에 한 번씩 배급 나온 분유를 나눠 주었다. 어머니가 밥솥에 분유를 익혀 과자처럼 먹는 간식이었다.

고교 시절 통학하기 때문에 새벽에 일어나 아침밥을 먹고 열차 점심시간까지 기다리기는 고통이었다. 가방 속의 도시락은 책과 공책을 바꾸려 가방을 열 때마다 어서 꺼내 먹으라는 듯이 냄새를 풍겨 유혹한다.

3교시가 끝나면 끝내 못 참고 쉬는 시간에 꺼내먹는 아이도 있다. 3~4교시에 체육이 있는 날은 살짝 교실로 도망 나와 만만한 친구의 도시락을 실례하기도 한다. 털린 친구는 가벼워진 도시락을 꺼내며 이미 눈치를 챈다. 이 친구는 학교 옆 빵집에 가거나 여유 있는 날은 콩나물국밥을 사서 먹었다.

오후 첫 교시 선생님이 교탁 앞에서 책을 읽거나 칠판을 사랑하시는 선생님이 계셨다. 짓궂은 친구의 선동으로 낮은 포복으로 도망을 간다. 국밥 먹는 친구 옆에서 막걸리 한 주전자를 시켜 공짜로 선짓국을 안주로 나눠 먹었다. 그러다 운 없는 날은 선생님의 손바닥 회초리를 각오해야 했다. 다른 친구들 알게 모르게 혼을 내신 선생님의 훈육은 공개적인 야단침보다 더 죄송한 뉘우침으로 돌아왔다.

도시락은 대게 밖에서 사 먹지 않고 간편하게 먹을 수 있도록 밥과 마른반찬 위주로 만들었지만, 초, 중, 고등학교를 졸업할 때까지 십 수 연간 배곯지 말고 공부 잘하라고 어머니가, 하숙집 아주머니가 번갈아 가며 챙겨준 정성을 가득 담은 사랑의 보따리였다.

밖에서 굶지 말고 간편하게 먹을 수 있도록 만들어 주었지만, 책가방에 넣어서 다니면 김칫국물이 흘러나와 책과 노트를 버려 놓았다. 신 국물 냄새는 오래 남아 행여나 누가 볼까 봐 신경이 쓰이는 골칫거리였다. 도시락 반찬이 변변치 않은 엄마의 처지에서는 난감한 일이었다.

요즈음 아이들에게 보릿고개 이야기를 하면 이해를 못 하고 '아빠 그러면 라면 먹지 그랬어.'라고 말한단다. 웃지 못할 애틋한 일화다.

모(들)밥을 나눠 먹기

우윳빛 아까시 꽃이 흐드러지게 피어 근방의 벌 나비를 불러 모을 즈음 아이들은 방과 후 꽃을 따서 먹기도 하면 마을 앞 농수로에는 넘실넘실 김제 만경들을 향하여 용솟음치고 달려가듯 흐른다. 성질 급한 개구쟁이들은 위험하니 빨리 나와 하천 둑방에 메어둔 소를 몰아오라는 할머니의 성화는 귓전이고 자맥질하느라 정신없는 계절이 달궈지고 있다.

1950~60년대 유월 망종, 보리가 익어갈 무렵이면 갑자기 일손이 바빠진다. 논이랑 밭에는 보리나 밀을 수확을 해야 때맞추어 모내기를 하고 고구마와 들깨모를 심어야 일 년 농사를 안심할 수 있으니 어린아이나 노약자 모두가 일손을 보태야 한다. 오죽하면 '강아지도 쓸데가 있다.'는 말이 생겼을 정도다. 지금은 농사일도 기계화가 되

어 큰일은 기계가 거의 다 하고 사람은 마무리 작업을 하거나 기계로 안 되는 일만 하면 되는 세상이 되었다.

호남평야의 젖줄인 동진강둑에서 들판을 바라보고 있노라면 '어떻게 저 넓은 들판을 쟁기질, 모내기, 벼 베기, 탈곡까지 사람과 소가 다 했던 시대가 있었지.' 하고 생각을 하면 정말 대단하다. 꼭두새벽부터 품앗이 모심기하느라 허리 펼 시간도 없이 어머니 아버지들은 그렇게 사셨다. 보릿고개를 모르는 젊은 세대의 사람들은 어떻게 이해할 수 있을까? 쌀이 떨어져 굶었다고 말하면 '라면 사다 끓여 먹지 왜 굶었지?'라는 그들에게는 이해가 안 되는 것이 맞는 말이다.

동절기간 동안 메말랐던 농수로에 물이 흐르면 도랑을 빠져나가는 물줄기가 살아있는 것처럼 힘차게 움직이고 아이들은 덩달아 신이 난다. 마른풀을 주워다 모닥불을 피우고 잡아온 개구리 뒷다리를 나뭇가지에 꿰어 구우면 익기도 전에 침이 넘어간다. 누가 하나라도 더 먹을까 봐 어떻게 나눠 먹었는지도 모르게 금방 바닥이 나면 불이 꺼지기 전에 덜 익은 보리이삭을 골라다 보리타작을 한다.

개구쟁이 아이들은 얼굴에 묻은 숯검정에다 누렁 콧물까지 범벅이 되어 소매로 닦는다고 문지르면서 서로 바라보며 낄낄댄다. 새 물길을 따라 올라온 미꾸라지를 잡아 병아리 주려고 고무신에 담아 집으로 돌아 올 때면 숙제는 내일 혼날 건데 무시하더라도 할아버지에게 소여물 안 끓였다고 혼날 일만 남았는데 서산에 걸린 해님은 무심히 들녘을 바라보며 세상을 아름답게 물들인다.

본격적으로 모내기 하는 날은 전날 준비한 벼 모 다발 나르는 일

(모쟁이)부터 아버지를 중심으로 남자들이 분담을 하고 품앗이로 모자라면 놉(일꾼)을 사 모내기 작업을 시작한다. 모를 심기 위해서는 일정간격으로 빨간색 실로 표시하여 만든 못줄을 가지고 양편에서 줄을 잡고(줄잡이) 주로 여자들이 모를 심는다. 오전과 오후 두 차례 새참(간식)이 나오는데 허리도 펴고 잠깐 휴식을 취하면서 할머니나 언니 누나가 업고 온 아이에게 젖(모유)을 물리고, 막걸리와 껍질을 벗긴 다음 사카린을 녹여 찐 햇감자나 찐빵이 간식으로 나온다.

어머니는 모내기 전날 장에 나가 반찬거리를 준비한다. 밥은 보리보다 쌀의 비율을 평소보다 많게 늘리고 미리 따온 완두콩을 얹어 밥을 하는데 생활이 여유 있는 집은 찰밥을 하기도 했다. 우렁이와 된장을 넣은 아욱국을 준비하고 반찬으로는 장에서 사온 갈치, 고등어에 햇감자를 넣어 만든 조림, 텃밭에서 뜯어 온 상추와 고동이 올라온 배추겉절이김치 등이 기본 밥상이었는데 당시는 물자도 귀하고 가난한 데다 들로 운반하기 위해서는 밥과 김치, 막걸리 등 간단히 준비하여 배부르게 먹을 수 있는 것이 보통, 노동의 필수 조건이었던 것 같다. 그래서 배부르고 등 따수우면 제일이지라고 했다.

어머니는 서둘러 만든 음식과 집에 있는 그릇과 수저는 몽땅그려 광주리에 담아 머리에 이고 한 손에는 국을 담은 통을 든다. 그 뒤로는 옹기병에 막걸리를 담아 메고 아이가 따르면 할머니는 물통을 들고 간다. 그 뒤에는 집 보라고 쫓아도 누렁이가 쫄랑거리며 미끈거리는 논둑길을 혀 빼물고 뛰어가고 있다.

둑방길 조금 널찍한 곳에 대충 자리를 잡고 둘러앉아 일꾼들부터 식사를 시작하여 거의 끝나갈 무렵이면 어김없이 한 무리의 사람들이 몰려온다. 갓난아기를 업은 할머니와 농번기 방학을 맞은 아이들이 아기 젖도 먹이고 못(들)밥을 나눠 먹기 위하여 앞서거니 뒤서거니 논두렁길을 쭈욱 나온다. 숟가락을 가지고 다니는 아이도 있었다. 지나가는 사람도 불러 앉혀 밥을 같이 나눠 먹는 농촌의 인정 많은 풍습이었다. 식사가 끝나면 집으로 돌아온 어머니는 다시 거동이 불편한 이웃노인들을 불러 식사를 대접한다. 이러한 풍습은 고단했던 시절이었지만 이웃들과 정을 나누며 함께 살아 온 이야기는 마치 한 편의 영화처럼 추억으로 다가와 나도 모르게 눈시울이 젖어 오며 입가에 미소가 번진다.

바다와의 인연 1

바다를 처음 만난 것은 초등학교 1학년 여름 방학 때이다.

먼 남쪽 고흥에서 살기 좋다는 정읍에 이주 후 처음으로 친정나들이에 나선 어머니를 따라 외갓집에 갔다. 미나리 꽃이 피어야 친정에 갈 수 있다는데 해방되던 해 신혼이던 부모님은 대가족 집안과 함께 물이 풍부하여 농사짓기 좋다는 정읍으로 집단 이주하였다. 어머니는 맏아들 출산에 이어 6 · 25전쟁으로 객지의 고생과 설움은 이루 말할 수 없이 컸을 것이다. 세월이 흐르고 나이가 들어가니 다시 느껴본다. 철없이 어린 데다 생전 처음 기차 타고 가는 나들이라 며칠 밤이나 잠이 오지 않았다. 아버지의 안내로 자리를 잡았다.

기차 안의 풍경은 그야말로 장 속 같았다. 덜컹대는 기차에 오르자마자 신기하여 달리는 창밖을 보고 큰소리로 "엄마, 동네도 따라

오네, 전봇대도 따라온다." 고 떠들어 대니 기차간이 웃음바다였다. 모든 것이 새롭게 보여 어린 마음도 기차와 같이 들썩이며 장성 갈재를 넘었다. 송정리역에 당도하니 벌교행으로 갈아타려고 기차에서 내렸다. 한참을 후덥지근한 승강장에서 땀은 흘러내렸지만 더운 줄도 모르고 어서 빨리 기차가 왔으면 하는 생각뿐이다. 드디어 기다리던 순천행 기차에 오르자 아버지는 무사히 다녀올 것을 당부하신 후 정읍행 기차로 돌아갔다.

먼저 며칠 전에 돌아가신 큰외삼촌 초상 때 못 오신 어머니를 따라 제청에 문상 드린 다음 처음 만난 외할아버지께 큰절을 하고 난 후 근처에서 큰언니가 온다는 소식에 미리 기다리던 이모들을 비롯한 어른들께 차례로 인사를 드렸다. 막내 외삼촌과 외사촌 형은 비슷한 또래여서 금방 죽이 맞아 집 앞뒤를 기웃거리다 금방 시시해져 밖으로 나가 동네를 돌아다녔다.

먼저 작고하신 외할머니 산소와 외삼촌 산소에 들르니 울고 있는 어머니는 뒷전이고 밖에 나온 망아지마냥 살피니 멀지 않은 곳에 바다가 보였다. 들판을 가로질러 한 십 리 가면 수문 둑에 갈 수 있다는 막내 외삼촌의 설명에 따라 내일은 게도 잡고 조개도 캐러 가기로 약속하였다.

고흥 사람들은 간척지를 만들면서 민물과 바닷물이 통수 되는 곳에 수문이 있다 하여 수문뜸(수문이 있는 제방)이라 불렀다. 물이 빠지는 시간에 맞추어 마을 아낙네들은 광주리를 이고 논둑길을 한 줄로 쭉 늘어서서 가는 모습은 내가 사는 곳에서는 볼 수 없는 생경한 풍경이었다. 우리는 배고픈 줄도 모르고 하루 종일 물속에 들어가 자맥질도 하며 꼬막도 잡고 게도 잡아 주전자에 담았다. 해가 수평선 너머로 넘어갈 때 붉게 물든 바다는 물비늘을 반짝이며 육지 소년을 동화 속으로 끌어들이는 듯했다. 해가 서쪽으로 뉘엿뉘엿해서야 집에 돌아오면 외할아버지는 정읍 조카를 데리고 나간 외삼촌을 호통치시면 외사촌 형은 줄행랑을 쳤다.

부엌에서 저녁준비를 하다 나온 이모에 의하여 주전자 속의 애물단지는 돼지 밥통에 버려지고 우리는 우물가에 엎드려 시원한 등목을 하였다. 마당에는 모깃불이 피워지고 평상에 차려진 밥상에 둘러앉아 정신없이 밥그릇을 비우니 연신 부채질을 하던 어머니의 걱정스런 눈길에 눈웃음이 피어올랐다. 새까맣게 그을린 아들의 어깨를 화상 입을까 쓰다듬으며 시집오기 전 이야기와 타향살이 이야기가 뒤섞여 돌담 밖 고샅으로 넘어 가는 줄도 모르고 나는 어머니의 무릎을 베고 누워 밤하늘의 별을 세다 잠이 들었다.

외갓집 나들이 한 열흘을 매일 반복되 고기를 잡으러 갈까나 꼬막을 주우러 갈까나 하며 보냈으니 방학숙제 하라며 챙겨온 방학책은 보따리 속에서 잠만 잔 셈이다. 돌아온 후 숙제 중에서 일기쓰기는 '일어났다. 밥 먹었다. 바다에 나가 놀았다.' 아니면 별로 쓸 게 없어서 하루에 끝내고 말았다.

군대 간다고 외할아버지께 인사드리러 갈 때까지 방학만 하면 날을 잡아 외갓집에 다니다 보니 그때부터 입맛에 길들여진 꼬막과 파래무침을 지금도 좋아하여 외갓집에 얽힌 추억을 불러오는 음식이 되었다.

바다와의 인연 2

고교시절 마지막 여름방학을 지루하게 보내던 참에 이웃 사는 친구가 찾아와 외삼촌이 방첩부대장으로 부안에 근무하시는데 변산 해수욕장에 놀러오면 텐트 하나를 내주신다 하니 혼자 갈 수 는 없고 나와 같이 갔으면 한다 했다. 우리는 당시 유행하던 무선여행 계획을 세우고 날을 잡아 집을 나섰다. 한 열흘간 집에서부터 걸어서 변산반도 한 바퀴를 돌아보며 흥덕을 지나 집으로 돌아오기로 한 후 식량, 반찬, 담요, 반합 등 한 보따리 배낭을 꾸렸다.

첫날은 부안 시내에 있는 친구 외갓집에서 하룻밤을 쉬고 다음날 바다가 있는 변산 해수욕장으로 걸어서 갔다. 어린 시절의 고흥 바다는 처음 보아 놀라고 신기하기만 하였으나 청년이 되어 본 변산의 바다는 뭔가 색다르게만 보였다. 뜨거운 태양에 푸르른 바다는 출렁이는 대로 달아올라 은빛을 반짝거려 사방을 눈이 부시게 만들어 놓고 우리를 어서 오라 부르고 있었다.

외삼촌은 우리를 위하여 비싸고 한정된 몽고텐트만 아니라 마음대로 담수욕장에 들어가 몸을 씻고 지정된 곳에 식사도 하고 튜브까지 외삼촌 이름으로 쓸 수 있게 예약해 놓았다. 있는 동안 아는 친구들도 만나 여학생들과 즐거웁게 놀다 보니 빌려온 카메라가 언제 잊어버렸는지 모르고 배낭을 꾸릴 때에야 찾으니 없었다. 변상할 걱정을 하던 친구는 빌려온 자기가 책임진다며 걱정 말란다. 국민학교 동창 친구도 만났는데 생활이 어려워 아이스케키 통을 매고 땀을 뻘뻘 흘리며 뛰어다닌다. 잠 잘 곳도 없어 노숙한다기에 여기 있는 동안만이라도 우리 텐트에 같이 지내기로 하였더니 아이스케키는 공짜로 주겠단다.

며칠을 지나 여학생들도 떠나니 해수욕장은 시들해지고 원래 세운 계획대로 이행도 해야겠기에 5일 만에 외삼촌께 인사드리고 부안 내소사를 향하였다. 한여름 비포장길을 걷다 보니 지치고 힘들어 왕포라는 포구에 들렀다. 사방이 툭 터진 전망 좋은 곳의 민가에 방첩부대원들이 주둔하고 있었다. 그 당시에는 간첩이 북에서 내려오는 서해안 통로 중 하나가 변산반도였다. 병역의무지만 타향살이에 정이 그리운 형들은 동생 같은 우리를 재워 준다며 마당에 멍석을 깔고 저녁 밥상을 차리는데 꽁보리밥에 된장이다. 마을 처녀들이 학생들이 왔다며 텃밭에서 따온 가지와 오이를 반찬으로 가져왔다. 보리밥을 한입 물고 오이를 된장에 찍으려는데 호야불에 비친 된장

속에 하얀 물체가 꿈틀거린다. 아무 소리도 안 하고 물 부은 밥에 생가지, 오이로 저녁식사를 마쳤다. 밥 먹는 모습을 지켜본 형들은 묻지도 않았는데 부식이 떨어질 때 와서 운이 없다며 부식이 일주일에 한 번 보급되는데 쌀밥에 맛있는 반찬부터 먹고 나면 나중에 꽁보리에 된장, 간장, 소금만 남는다고 알려준다.

다음날 오전을 군대 이야기와 고향 이야기로 훌쩍 보내면서 형들이 더위가 조금 누그러지면 부안 내소사에 간다는 우리를 따라 자기들도 같이 가보고 싶다 하여 숙소를 떠나 자갈길 도로에 들어서니 하루 종일 달아오른 지열에 숨이 확확 막힌다. 풀숲에는 산딸기가 먼지를 둘러쓴 채 얼굴을 빼꼼히 내밀고 빨간 보석처럼 반짝이며 인사를 하며 어서 따먹으란다. 먼지를 대충 닦으며 한참을 따먹으며 걸으니 맞닥뜨린 첫 동네에 초상집이 보였다. 마당에는 차일이 쳐지고 하얀 만장이 너울너울 춤을 추고 있다. 형들은 어촌인 이 지역에 주둔하고 있는지라 마을마다 방첩대를 모르는 주민이 없었다.

고기를 잡으러 바다에 배를 띄우려면 꼭 입출항 신고를 하고 허가를 받아야 했기에 약간의 친절도 필요한 듯했다. 형들을 따라 문상을 한 후 나온 국수를 비롯하여 막걸리는 허기진 우리에게는 진수성찬이었다.

걸어가는 변산반도는 굽이굽이 끝이 없고 연기를 퐁퐁거리며 가고 있는 고깃배에 풍어를 기원하며 매단 오색 깃발이 약간 겁이 없는 청소년 감성을 깨우고 있었다. 그 후부터 바다를 무언가 덜 본 것 같은 미련이 남아 있기에 꺼리가 생기면 바다에 다시 간다.

이제는 그냥 간다. 세계에서 두 번째 길다는 새만금방조제를 달리며 쌓인 스트레스를 지우고 연락선 없이는 못 가던 선유도를 들르고 시간이 허락하면 군산 장항까지 간다. 금강하구둑으로 돌아갔는데 군장대교가 생겼으니 바다는 더욱 쉽게 나를 허락한다.

세상 참 많이 변했다.

부모님 전 상서

아침에 일어나자마자 현관문을 열려고 1층으로 내려가니 이미 열려 있네요. 벌써 일어나 부엌에서 딸그락거리는 며느리가 생전에 부지런하셨던 부모님이 밖에서 기다리실까 봐 문부터 땄는가 봅니다. 평소 하던 대로 세수부터 하면서 다른 날보다 성성들여 몸을 씻었습니다.

이번 설은 4일 연휴라서 코로나19만 조용했어도 부모님의 자손들이 다 함께 모일 수 있었습니다. 방역당국에서 5인 이상, 사적인 모임도 자제하라고 하는 터라 지키기로 했습니다. 동생들은 못 내려오고 아이들은 번갈아 다녀가기로 했습니다. 큰놈은 어제 다녀가면서 마지막 날 다시 한 번 오겠다, 하네요.

오늘 설날 아침 차례에는 제일 먼 곳에 사는 막내가 함께합니다.

막내는 거실 북쪽 벽면에 휘장을 치고 저는 지방을 씁니다. 족보族譜를 휘장으로 만들어 양대 명절 차례와 합동제사에 사용합니다. 아내는 손부孫婦를 데리고 제기에 음식을 담네요. 참, 아버지 이번에 동생 가족들이 못 내려왔습니다.

지난번 '상락'이가 결혼한다고 연락이 와서 저희 부부가 같이 참석하지 못하고 저만 올라갔다 왔습니다. 제 엄마 치맛자락을 놓지 않던 놈이 잘 자라 제법 의젓하데요. 상에 올려 담은 감귤이 '레드향'이라고, 신혼여행 가서 택배로 보내왔습니다. 차례상에 올리려고 그대로 놔두었다가 오늘 개봉한 거예요.

지방을 쓰는 사이 막내 손부가 과일 상을 차리며 무슨 생각을 했는지 실수를 했습니다. 대추棗와 밤栗, 곶감柹을 한 접시에 담아 놓았다가 시어머니에게 지청구를 듣네요. 막냇손자는 이것저것 챙기느라 3층을 오르락내리락 욕봅니다. 그렇잖아도 단출한 가족인데 코로나가 더 힘들게 합니다. 생전에 생각이 깊으신 아버님께서 이해하여 주시리라 믿습니다.

며느리는 주방과 거실을 오가며 시어머니 노릇을 하며 어머니가 생전에 하셨던 대로 삼실과는 홀수로 놓아라, ~는 ~해라, 잔소리를 막내는 말없이 들으며 연신 스마트폰으로 검색을 하며 진설을 합니다. 저는 한쪽에 앉아 지켜보다가 잘못 차리면 고쳐 놓으면 됩니다. 스마트폰 정보와 대대로 전해 이어온 우리 집 제례는 비슷하지만 똑같을 수는 없지요. 우리나라 사람들이 끝마무리에 약하다는데 마지막 단추를 잘 끼우면 되니까요. 저는 지금도 잘 모르는 것이 생선의 등과 배 부분을 어느 쪽으로 향해서 놓아야 하는지 헷갈립니다. 아버지께서 생존하실 적에 전국 각처에 가실 때마다 사다 놓으신 여러 향香 중에서 단군 향과 소원 향 두 가지를 올려놓고 최종 소원 향으로 골랐습니다.

누구나 꿈이 있고 소원이 있겠습니다만, 부모님도 아시다시피 큰놈이 늦장가라도 가야지, 그 생각만 하면 가슴이 먹먹하네요. 어제는 부모님이 잠들어 계신 유택幽宅 주변에 전지해둔 과일 나뭇가지 모으러 갔다가 엎드려 절할 때 한참을 일어나지 않은 이유를 말씀드리지 않아도 아셨을 거예요. 향에 불을 붙이니 온 방안에 향 내음이 은은히 퍼집니다. 전깃불을 끄고 촛불에 불을 켜고 분위기를 차분히 가라앉힙니다.

항상 웃는 모습의 아버지는 어찌 괴로움도 슬픔도 없었겠습니까? 아버지 밑에서 말없이 배워 온 수많은 가르침은 잊지 않고 따르려 하고 있습니다. 형제 우애하고 가족화목은 기본이요. 거짓 없이 바르게 살아가려 노력합니다.

아버지의 가르침(조상님 기일에 모시는 제사와 명절에 모시는 차례는 사뭇 분위기가 다르다. 제사를 모실 때는 좀 더 엄숙하고 아무래도 명절은 분위기가 더 밝다. 병풍처럼 그려진 조상님의 가계도를 가족에게 자세히 설명했다.)대로 합동 제사는 격식대로 올렸으나 설날 차례는 단배單拜로 올렸습니다. 특색이 있다면 오늘 상에는 손부가 준비한 찹쌀떡과 '락'이가 보내온 레드향을 올렸구요. 조棗, 율栗, 시柹, 이梨, 사과 다섯 가지 과일, 삼색나물, 생선과 고기는 동東, 서

西 쪽에 잘 배치하였습니다.

차례를 마친 다음 저는 밤, 며느리는 산적, 막냇손자 내외는 차례주인 정종을 드네요. 저에게 전하여 입만 대니 손부와 같이 한잔씩합니다. 이놈들은 할아버지 할머니의 내리사랑과 추억을 추모의 잔에 담는 것 아닐까요. 증손녀 '혜'와 '현진'이는 피곤했는지 아무것도 안 먹네요. 부모님께서 내리는 복을 담아 음복을 마치고 지방을 사르고 촛불을 끕니다.

차례상을 물리고 다시 차린 음식상에 둘러앉아 떡국을 먹습니다. 다시 한 살을 먹으며 세월을 보내고 맞이합니다. 송구영신이네요. 하루빨리 코로나19를 이겨내어 내년에는 형제들과 자식, 손자들이 모이기를 빌어 봅니다. 올 한 해 우리 가족 모두가 무탈하게 지낼 수 있도록 부모님께서 지켜봐 주세요. 낮에 서리가 녹아나면 행장 차리고 부모님 유택에 들르겠습니다. 하늘나라에서 평안하시기를 한없이 부족한 큰아들은 비옵니다.

손녀 혜의 꿈

1.

아내는 일주일 전 며느리한테서 전화 한 통을 받았다. 3일 동안 교육을 가기 때문에 손녀 둘을 맡기기 위하여 시골에 내려온다는 전화였다. 집사람과 의논한 결과 '우리가 움직이면 한 번 왕복이면 되는데 고생할 거 뭐 있냐, 우리가 올라가마.'로 결론을 내린 후 열차 예매까지 마쳤다.

서울도 먼데, 의정부까지 간다는 것은 그전만 해도 하루 종일 걸리는 쉬운 일이 아닌데 요즘은 교통망이 시원하게 뚫렸다. 무궁화호와 전철을 이용하면 한나절이면 가능하다. 참 편리한 세상이다. 그냥 몸만 올라와도 고맙다며 아무것도 가져오지 말라하지만 부모 마음은 그게 아니다. 우리 아들은 뭘 잘 먹고 며느리는 뭘 좋아하고, 바라만 보아도 어여쁜 손녀들은 딸기를 좋아한다고 챙기니 이것저것 보따리만 서너 개다. 체면 앞세우던 시절이면 어림없지만 지금은 자식 손자가 우선이 되었으니 그게 다 부모 마음일 게다.

그러나 들고 갈 일도 걱정이어 싸놓은 보따리를 풀어 줄인다고 다시 담아 보아도 도긴개긴이다. 집사람 힘든 꼴은 애처로워 못 보는 팔불출 사나이와 괜스레 남편 미안하여 무거운 가방을 별로 안 무겁다며 자기가 들겠다고 아옹다옹하며 그렇게 한나절에 의정부역에 당도하였다. 아내 말로 사랑스럽다는 막내가 마중 나왔다. 아버님 어머님 고맙다며 안방을 내주는 아들 내외를 들여보내고 할머니 할아버지 품안으로 서로 먼저 파고드는 손녀들과 거실에서 잠자리에 들었다.

손녀들과 지낼 계획을 세운 자료를 가지고 아들 내외와 상의하니 알아서 하라며 며느리는 카드까지 준다. 사고 싶은 거랑 맛있는 점심이랑 사드시며 다녀오란다. 서울에 있는 명문 4대 대학을 보기로 하였다. 초등학교 저학년인데 얼마나 이해할지 모르지만 자신들이 보고 느끼는 만큼만 소풍가듯 가벼운 마음으로 집을 나섰다. 아이들은 할아버지 할머니와의 외출하는 것이 마냥 즐거운 모양이다.

서울, 연 · 고대 하면 모르는 사람이 거의 없을 정도로 우리에게 잘 아는 것처럼 알려졌지만 막상 어떤 대학이냐고 묻는다면 나부터 자신 있게 답변을 할 수가 없다. 이번 겨울은 큰 추위가 없었는데 오늘은 수은주가 뚝 떨어져 영하 7~8도를 기록하고 있다. 아이들은 춥다면서도 승강장에서 기다리는 동안 폴짝폴짝 뛰며 재잘거리면서

마냥 즐거운 모양이다. 탑승한 전철 안은 출근시간이 비껴서인지 붐비지 않고 등산복차림의 노년층이 많다. 인근에 유명한 도봉산의 우뚝 솟은 봉우리들이 어우러져 펼쳐진 절경이 고층빌딩숲을 에워싸 각박한 도시를 병풍처럼 안고 있는 듯하다.

노인은 오백 원짜리 전철 표를 구입한 뒤 내릴 때 반환하면 환불해 주기 때문에 사방팔방 깔려있는 전철을 이용하면 된다. 수도권 어디든 가보고 싶은 곳은 무료로 갈 수 있어 돌아다니기를 좋아하는 나로서는 정말 부럽다. 문화재뿐만 아니라 온갖 것 원 없이 다 다녀 보고 싶다. 한두 달에 될 일이 아닌가 싶어 이참에 계획을 세워 볼까나 이동하는 동안 상념에 젖어든다. 인구가 몰려있는 서울에는 필요로 하는 것은 없는 것 빼고 다 있다. 심지어 시골에서 보기 힘든 물건도 서울 오면 볼 수 있다. 팔도 풍물까지 다 몰려 있기 때문이다. 차창으로 스치는 풍경은 햇살까지 맑아 보는 즐거움도 쏠쏠하다.

이 나이 먹도록 와 본 일이 없는 우리 부부는 손녀들과 함께 이화여대에 도착하였다. 자식 교육에 관심 있는 부모라면 우리 자식도 공부 잘해서 명문대학에 보냈으면 하는 생각을 해봤을 것 같다. 나도 한때 그런 바람을 가지고 열심히 공부할 것을 당부한 적이 있다. 그렇다고 안 되는 것을 억지로 무리수를 두거나 하지 않는다. 그런 마음으로 교육적인 측면에서 어린 손녀들과의 이틀간 일정을 꿈을 가지라는 뜻으로 4대 대학으로 잡았다.

신문이나 TV화면에서만 봤던 정문에서 바라본 이화여대는 고풍스러운 건물들이 주변 언덕에 자연스럽게 자리 잡고 있다. 본관 앞으로 계단을 오르게 설치하여 전통과 현대를 묶어 발전하는 면학의 분위기를 자아내게 한다. 정문을 지나 왼편에 자리한 박물관에 들렀다. 박물관에 가면 문화재도 있지만 대학의 역사를 작은 시간 안에 한자리에서 볼 수 있기 때문이다.

손녀들은 건성으로 보지 않고 궁금한 사항은 꼭 물어왔다. 싫증내지 않는 아이들이 감사하고 기특하다. 홍보실에 들러 학교에 관한 자료들을 얻어가지고 밖으로 나오니 방학인데도 공부하러온 학생뿐 아니라 외국인들을 비롯한 탐방객들이 제법 붐비고 있다.

12시가 지났기에 이대 앞 골목길 식당에서 간단한 식사를 했다. 연세대학을 물어보니 걸어서 20분도 안 걸린다기에 손녀들의 손을 잡고 길을 나섰다. 10여 분 내려가니 굴다리가 나온다. 양쪽 벽면에 그림을 그려놓았는데 작년에 중국 북경의 예술의 거리 시멘트벽돌담에 그려진 벽화와 많이 비슷하다. 같이 갔었던 손녀들이라 재미있어 한다.

연세대정문에 가기 전에 의과대학과 세브란스 의료센터가 있다. 건물들이 웅장하게 서 있어 보는 사람의 눈을 압도한다. 연세대학의 넓은 면적에 건물들이 자리를 잡고 있어 손녀들은 질렸는지 다리가 아프다며 정문에서 주저앉아버린다. 아이들이 돌아보기엔 너무 광범위하여 교문과 입구에 있는 공과대학 전경을 배경으로 기념사진만 찍었다. 안에까지 자세히 보여주지 못하여 너무 아쉬웠다. 다음에 오기로 하고 바로 집으로 가기 위해 전철역으로 향했다.

2.

수도권의 교통망은 잘되어 있다. 특히 서민들의 발이 되어주는 전철은 1호선부터 9호선까지 다양하여, 가고 싶은 곳은 환승만 잘하면 저렴한 교통비로 어디든 갈 수 있어 참 편리하다. 돌아보는 동네마다 사람 사는 건 같아 보이지만 하루 이틀 자주 보면 뭔가 조금씩 다르게 느껴진다. 인생길 가듯이 세월 따라 시간을 타고 오늘은 내일을 향해 달리고 있다.

전철을 환승한다는 것은 쉬운 일이 아니다. 계단을 오르내리고 가고자 하는 곳의 노선을 잘 찾아가야 한다. 깜박 잘못 타면 엉뚱한 곳으로 가버리게 되어 다시 되돌아오는 곤혹 을 치르게 된다. 손녀들과 같이 있는 우리 부부에게 그리 쉬운 일이 아니다. 그나마 우리 부부는 무료이고 손녀들에게는 할인혜택이 주어지니 얼마나 고마운지 모르겠다. 오늘 먼저 내린 서울대입구역은 캠퍼스와 상당한 거리여서 택시를 이용했다. 서울대학교는 많은 사람들의 꿈이며 대한민국을 대표하는 대학이다. 관악산 기슭에 자리 잡은 캠퍼스는 도심에서 벗어나 외곽 산자락 속에 여유 있게 자리 잡고 있다.

학생회관 앞에서 택시에 내려서 구내식당부터 찾았다. 벌써 12시가 지났기에 체험 겸해서 학생식당에 가기로 했다. 조금은 어색했지만 지나간 학창시절을 떠올리며 불고기백반을 추억과 함께 맛있게 먹었다. 60년대 학창시절 추운겨울 구내식당에서 즐겨먹었던 콩나물국밥이 떠오른다. 입천장 데일세라 후후 불며 맛있게 입속으로 몰아넣었던 기억이 새롭다.

식사 후 대학본부에 들러 자료를 챙긴 후 찾아간 박물관은 방학 중이어서인지 민속자료관 쪽만 개방하고 있다. 우리와 비슷한 팀들이 관람하고 있다. 다른 대학박물관과 같이 한산하기는 마찬가지였다.

학교를 나와 고려대 가는 길로 향하니 아이들은 많이 지쳐있다. 입구에서 가까운 경영대학원에 들러 지난날 할아버지가 늦깎이 나이에 경영학 공부를 했던 이야기를 손녀들에게 들려주었다. 수료식 때 받은 상 중 개근상은 같이 참석한 아내와 동기생들을 놀라게 했었다.

손녀들과 기념사진을 몇 장 찍고는 바로 홍보실과 박물관을 들렀다. 큰손녀 혜와 작은손녀 현진이는 진지하게 질문하며 관심 있게 관람하는 모습을 보면서 이번 일정이 아이들에게 무리여서 조금은 힘들지라도 정말 보람 있었다.

당찬 손녀 혜는 이화여대에서는 이대, 서울대에 가서는 서울대를 가겠다고 말하더니 청와대 앞에 가서는 대통령이 되겠다고 말한다. 황당하지만 그러한 꿈을 말하는 손녀가 엉뚱하지만 대견하다. 내가 자라난 그 시절보다 자식들에게 더 좋은 세상이듯이 손녀들에게 더 나은 세상이었으면 좋겠다는 생각을 가져본다. 의정부 회룡역에 가까워지니 벌써부터 아이스크림 전문점에 들러 가야 한다는 손녀들에 이끌려 점심에 먹은 밥값보다 비싼 아이스크림을 그것도 손녀들이 일방적으로 주문한 아이스크림을 한겨울인데도 생각보다 맛있고 즐겁게 먹을 수 있어 감사하다.

김장 이야기

매일 아내와 새벽 운동을 한답시고 한 시간 가량 들길을 걷는데 채소밭에서는 배추 무가 앙증맞게 파릇파릇 자라는 모습이 귀엽다. 우리 집은 해마다 11월의 끄트머리에 김장을 한다. 김장을 하려면 주재료인 배추와 고추, 마늘, 젓갈 준비가 우선인 것 같다.

처음에는 부모님이 계시는 본가의 텃밭에 직접 배추를 심고 가꾸어 김장까지 버무려 가져왔다. 어머니 나이가 많아지면서 소금에 절이기만 한 후 집으로 가져왔는데, 나중에는 아예 우리 집에서 다 해결하게 되었다. 고추도 풋고추용으로 조금 심고 고추, 마늘은 아는 사람들을 통하여 구매하게 되었다.

지금도 마찬가지지만 옛날에는 김장은 겨울을 나는 큰 행사였다. 집집마다 김장을 몇 포기 했느냐에 따라서 그 집의 살림살이를 가늠할 정도였다. 먹을거리가 별로 많지 않은 시절이어서 집집마다 보통 100여 포기 이상 김장을 하였다. 요즘은 계절에 상관없이 하우스에서 재배된 채소가 시장에 나오고 식구가 많지 않아 30~50 포기가 대세인 것 같다. 그 시절에는 상수도도 없던 때라 지게나 리어카에 의존해 동네 앞 농수로에 가져다 씻었다. 물가에 수수를 엮어 만든 깔개에 올려 물 빠진 다음 집으로 가져왔다.

당시에는 수리조합에서 김장하라고 농수로에 며칠간 물을 흘려줘 편리하였다. 고무장갑도 없던 때라 손이 꽁꽁 얼어 모닥불을 피워 손을 녹일 때도 있었다. 김장하는 날도 잘 받아 운도 따라야 한다. 김장한 후 날씨가 따뜻하면 김치가 시어 버릴까 봐 애를 태우고 갑자기 한파가 닥치거나 폭설이라도 내리면 추워서 훨씬 힘들기 때문이다.

어머님 돌아가신 후 본가에 들를 일도 없어 빈집으로 남아있는 터라 채소농사도 소홀히 할 수밖에 없어 배추농사를 그만두려던 차에 막내아들 처가에서 해마다 김장용 배추농사를 지어 보내주신다. 예쁜 손녀 혜가 여덟 살이니 몇 해째인지 고마움의 답이 절로 나온다. 그뿐인가 여러 잡곡까지 챙겨 주시니 어렵기도 하여 송구하기 이를 데 없다. "측간(변소)하고 사돈은 멀리 두어야 한다." 는 옛말이 있지만 우리는 자식으로 맺어진 소중한 인연인데 형제처럼 지내자고 했는데 말처럼 쉽지만은 않다.

어느 해부터는 공휴일로 날을 받아 남편이 새벽부터 일어나 배추 씻는 일부터 2층까지 날라다주며 힘든 일을 거들어 주니 그 또한 기쁘지 아니한가. 남성들이 나이 들면서 여성화되어 간다지만 아마 내

고생을 감할 속 깊은 요량인지도 모르겠다. 나는 사업상 외식을 달고 살다 보니 화학조미료를 쓰지 않는 집밥을 좋아하고 전통음식을 선호하여 김치도 호배추보다 경종배추를 좋아하여 한 해도 거르지 않고 그것만은 꼭 직접 경작하거나 작황이 안 좋으면 시장에서 구입해서라도 남편 몫으로 담가놔야 시원하단다. 얼마 전까지만 해도 본가 정지 문 앞 작두시암 곁에 평상을 붙여 놓고 김장을 하면 참 편리했었다.

작년부터 50포기로 줄이니 아내는 김장하는 일이 조금 힘든 줄을 모르겠단다. 절인 배추를 씻어놓고 물 빠지기를 기다리는 동안에는 할 일이 있다. 준비한 고춧가루와 젓갈, 다진 마늘에 파를 썰어 넣고 생강, 사과를 갈아 양념을 버무려 놓는다. 어느 해였던가는 무슨 유행처럼 누구 집 할 것 없이 동태, 돼지고기를 넣기도 하였다. 젓갈로는 멸치젓, 황석어젓, 갈치속젓에서 액젓으로 변해 가는데 나는 해마다 군산 어판장에서 생새우를 구입해 직접 담가놓고 김장 때는 꼭 사용한다. 우리나라 김치의 기록을 보면 임진왜란 이후 일본에서 들어와 우리 음식으로 자리 잡은 것 같다.

모든 음식상에 김치가 없으면 나는 못 살아가 아니더라도 우리나라 국민들에게는 절대적인 것 같다. 해외여행을 할 때나 운동선수들이 외국원정경기에 참가할 때는 김치하고 고추장이 따라간다. 고추장이 우선인 것은 챙겨가기가 편리해서이다. 군대 밥상도 그렇다. 우리의 가난했던 시절에도 김치는 늘 우선이었고 김치 하나면 고봉밥 한 그릇도 뚝딱이었다. 먹을거리가 부족했던 시절 감자, 고구마

삶아 먹을 때도 김치가 있으면 고급이다. 냉장고가 없던 시절의 한여름은 시어 터져 보관도 어려워 부잣집에서는 소금 간을 더해 땅속에 묻은 후 그 위에 짚단을 쌓기도 하거나 쌀겨에 단무지 염장하듯 묻어 놨다 여름에 꺼내 물에 씻어 먹기도 하였다.

한여름 뜨거운 열기로 인해 배추 무 경작이 어려웠다. 콩밭 고랑 사이에서 자란 열무김치, 고구마 순으로 만들어 먹던 김치의 맛도 보리밥과 더불어 잊지 못하는 음식이 되었다. 현대 농업은 종자개발과 농자재의 발전으로 고랭지나 비닐하우스에서 계절에 상관없이 우리의 식탁을 풍요롭게 하고 있다.

김장을 담글 때 돼지수육은 안 빠지고 등장한다. 뜨끈뜨끈한 수육을 막 버무린 생김치에 돌돌 말아 한입 먹는 맛이란 어떠한 표현보다 직접 먹어 봐야 안다. 말보다 체험이 우선이기 때문이다. 그 자리에 막걸리가 곁들여진다면 금상첨화겠지. 김장을 반으로 줄여 그동안 챙겨 보냈던 부모 형제간들은 보낼 필요가 없어지거나 생략했다. 그러나 자식은 어쩔 수 없이 보낼 수밖에 없는가 보다. 나이가 익어가는 동안에는 뭔가 살아가는 방식도 맞추어 가는가 보다.

아내의 밥상

아침상에 둘러 앉아 식사를 한다. 아내가 한 가지 빠졌다며 밥 먹다 말고 챙겨온다.

여수 돌산갓김치다. 자식들은 한입씩 먹으며 맛있다고 엄마를 칭찬하며 손자들은 밥숟가락에 올리니 톡 쏘는 맛이 별로인 모양이나.

맛있다는 자식들 때문에 기분이 오른 아내는 말이 늘어진다. "이 김치는 여수에서 택배로 사다 담근 거다, 장에 가서 사다 담그면 이 맛이 안 나. 그전에 너희 할머니가 여수 이모 댁에 가셔서 '돌산갓' 김치가 맛있다며 씨앗을 가져다 심은 적이 있었어." 한 삼 년 심었더니 나중에는 이 지방에서 나는 '보통 갓'이 되더라는 이야기다. 중국의 사자성어인 '귤화위지橘化爲枳' 강남의 귤나무를 강북에 심었더니 탱자가 됐다는 말이 생각난다. 나는 삶은 꼬막을 까먹으며 살이 탱탱이 찬 데다 적당히 잘 삶아 맛있다는 말을 했다.

아내는 모처럼 입맛에 맞는다는 말을 다 한다며 앞으로 그런 칭찬하는 말을 자주 하란다. 나는 그 말에 "그래야지." 화답을 했다. 처음 시집왔을 때는 정말, 음식을 잘하지 못했다. 아내는 결혼할 때까지 밥 한번 제대로 한 적이 없단다. 친정어머니의 음식솜씨를 배웠어야 하는 중요성을 몰랐던 모양이다. 장모님을 모시고 사는 처남댁이 음식솜씨를 그대로 전수 받았다. 처남이 돌아가시자 서울로 간 처남댁은 호텔 옆에 식당을 차릴 정도였다.

신혼 때 처가에 가면 우리 사위 왔다며 상을 차리신 장모님의 밥상은 정말 맛있었다. 집에서 담근 막걸리와 마당에 풀어놓아 키운 닭백숙, 앞개울에서 잡은 물고기로 끓인 시래기탕은 장모님의 대표 메뉴였다. 술은 조금만 마시고 안주를 많이 먹으라고 하신 장모님 마음은 무엇보다 따스했다. 백년손님 사위사랑 속에는 '찐빵 속의 앙꼬'마냥 금쪽같은 딸을 잘 부탁하는 뜻을 담았을 것 같다.

아내는 음식만 못하는 게 아니고 무엇을 어렵게 생각하는 성격이 아니다. 그래서 말을 하거나 행동할 때는 한 번 더 생각하란 말을 하게 만든다. 연애할 때는 몰랐는데 살다 보니 티끌 하나까지 보인다는 말이 맞는 것 같다. 되도록 남에게 책잡히는 짓 안 하려는 내 성격은 결혼을 반대하신 어머니에게 괜찮다는 인정을 받고 싶었다. 정말 그런 마음이 절실했다.

신혼 초 토요일 집에 가니 아내는 저녁밥을 하고 있었다. 보릿대를 때며 쩔쩔매는 아내에게 너무 미안했다. 결혼하면 회사 옆에 살림을 차린다고 듣기 좋은 말을 했었다. 사실은 다니고 있는 직장이 적성에 맞지 않아 그냥 다니고 있었다. 언제든 직장을 쓸 만한 곳으로 옮기면 그때 데려갈 작정이었다. 한여름 땀을 흘리는 아내를 밀어내고 대신 불을 때고 있는데, 등 뒤에서 "이게 뭐하는 짓이냐. 사내놈이 부엌에 들어와…. 어서 나오지 못해." 어머니의 불호령이 떨어졌다. 대단한 잘못이 아닌데 들킨 것 같아 멋쩍어 나오는 내 등 뒤를 부지깽이로 밀어내셨다. 보기도 아까운 종손이 하는 짓짓이 바보 같아 단단히 화가 나신 모양이다.

아내는 다행히 친정어머니의 음식솜씨와 시어머니의 살림솜씨를 나름대로 가졌다. 어렵게 분가하였지만 두 집이 가까운 탓에 어머니들은 자주 들르시었다. 삼남매의 육아와 살림을 여러모로 도와 주셨다. 집안 식구들이 모이는 날이면 아내는 신이 난다. 고되고 힘들기도 할 텐데 식구들 먹일 욕심인지 움직임이 가볍다. 바리바리 싸서 떠나보내고 나면 어깨며 허리에다 파스 붙여 달라는 일도 잊은 모양이다. 자기가 직접 구하기 어려운 식재료는 며칠 전부터 메모하였다가 출근길에 심부름까지 시킨다.

나는 무슨 음식이든 소탈하게 잘 먹는다는 소리를 듣지만 세상을 살면서 길들여진 것이다. 사업을 하면서부터 외식을 자주하는 내 입에 맞춘다는 것은 무리다. 음식이 맛없다고 하면 싫어할 텐데 그냥 먹으면 된다. 지금은 오히려 아내의 음식솜씨에 길들여져 집밥이 맛있다. 얼마 전에는 아내와 같이 대처大處로 나와 금혼식金婚式 기념사진을 찍었다. 모처럼 활짝 웃는 아내의 모습에는 세월의 흔적이 드리워진다. 그동안 고생한 아내의 밥 수저에 슬쩍 '사랑'이란 반찬을 올려준다.

추석이 다가오니

초상이 나면 망자의 옷을 지붕 위에 올리면서 관습대로 상을 치른 후 마루 한편에 제실 만들고 고인이 입고 쓰던 유품을 정리하여 3년간 안치하였다. 대개 갓이나 두루마기, 고무신이었다.

삼년상은 삼국시대부터 있었다 하며 고려 시대부터 100일 상으로 정했으나 다시 조선 중종 때 이르러 상하 구별 없이 상을 지키며 시작, 일반화되었다. 3년간 음력 초하루와 보름날(삭망) 아침에는 가족들이 상복을 차려입고 곡을 하며 애도하였으며 매일 밥상을 먼저 차려 올리고 난 다음 식사를 하였다. 1년이 되면 소상 2년째는 대상 3년째는 탈상을 하여 상복을 정리했다. 3년 상을 지키기 위해 부모님의 산소 옆에 움막을 짓고 그곳에서 3년 동안 시묘살이를 하는 사람이 있었는데 사람들은 그를 효자라 일컬었다.

우리 아버지는 돌아가실 준비를 하신 것 같다. 어느 날 문중 일가를 불러 집안 대소사를 정리하여 말씀하시고 이후부터 평소 드시던 약 꾸러미를 소각하셨다. 몸을 일으키기도 힘드신 양반이 어머니를 시켜 불살라 버린 다음 식사도 거르셨다. 억지로 권하면 마지못해 죽이나 미음 몇 숟가락도 하루하루 줄여 나중에는 물만 드셨다.

어느 일요일 아침 집사람이 미음을 끓여 내가 등 뒤에 붙잡고 겨우 서너 숟가락을 받아넘기시더니 고개를 돌리신다. 그날은 등산모임이 있는 날인데 다녀와도 되겠냐고 물으니 고개를 겨우 끄덕이신다. 그날 저녁 아버지께서 운명하실 줄은 몰랐는데 그냥 등산 간 그것이 두고두고 후회된다. 아버지 곁에서 마지막 하루를 지키지 못했으니 말이다. 평소 비가 오는 날에도 옷이 흙탕물에 젖지 않을 정도로 깔끔하셨기에 지금 생각해 보면 자식들에게 조금이라도 흐트러진 모습을 보이지 않으시려 노력하신 것 같다.

엉겁결에 지인들의 도움을 받아 장례식장으로 모셔서 상을 치렀다. 아버지께서 평소 묏자리를 지정하셨던 곳으로 모셨다. 당시 우리 고을에 장례식장이 처음으로 들어올 적에 구석진 곳을 택하였으나 인근 마을 주민들로부터 혐오 시설이라 많은 반대가 있었다. 도심에서 너무 외진 곳에 자리하여 전주를 비롯한 외지 손님들이 찾아오는 데 엄청 고생했다. 그동안 다른 분들의 애경사에 열심히 다녔지만, 전국에서 많은 분이 조문하여 경망 중에도 자신을 추스를 수 있는 도움이 되었다.

어머니의 뜻대로 100일 탈상을 하신다기에 자식들은 따르기로 하였다. 아버지께서 안 계시니 잘한 기억은 없고 잘못한 것만 같아 가슴이 메어 온다. 남들은 내가 부모 말을 잘 따른 줄 알지만 참 속깨나 썩였었다. 첫째, 진학 문제였다. 사범학교로 진학하여 교사가 되기를 원하셨는데 나는 실업학교로 진학하여 아버지 마음을 크게 상하게 하였다. 둘째, 공무원을 원하셨는데 회사원 생활을 하였고 회사가 부도나는 바람에 하숙비도 몇 달 밀린 채 집으로 돌아왔다. 셋째, 식구 부양 때문에 장사를 시작하였다. 사글세 가게를 서너 차례 옮기면서 이전 개업식을 할 때면 집안 어른들까지 들르셨다. 노골적 반대는 못 하시고 못마땅하신 아버지는 꼴도 보기 싫으신지 이전 개업식에 한 번도 찾아오신 적이 없었다.

인근에 살고 계시는 부모님 댁으로 일주일에 한 번 이상은 꼭 아내가 만든 반찬을 가지고 찾아뵈었다. 논농사, 밭농사도 내가 직접 틈을 내어 지었다. 부모님은 집안 살림을 하나둘 맡기시더니 몇 년 동안 모든 걸 다 맡기셨다. 진로에 대하여 말을 안 들은 것은 밉지만 열심히 사는 아들 내외를 마냥 미워할 수만은 없으셨나 보다. 내리사랑이라고 손자 손녀를 끔찍이 사랑해주셨다. 개업 몇 년 만에 빚을 안고 집 장만을 하거나 농지를 마련할 때 이전 절차는 아버지의 힘을 빌렸다.

아버지는 할아버지가 신혼 1년 차 25세에 돌아가셨기에 아버지의 얼굴도 모르는 혈혈단신 유복자로 태어났다. 집안 어른들의 대가족 속에서 같이 성장하셨다. 역경 속에 가정을 이루신 아버지는 성격이 강하시지 않은 조용하고 말수가 적은 바른 모습의 선비 같으셨다.

호적 이름도 유복遺腹 자를 유복有福 자로 올리셨나 보다.

돌아가신 후 공휴일만 되면 산소를 찾아 잡초를 뽑고 잔디를 손보았다. 잡초로 우거진 묘역은 칡넝쿨부터 시작하여 찔레나무, 뽕나무 등이 자생하여 숲을 이루었다. 한쪽부터 차례차례 톱으로 베거나 제초제를 뿌려 없애는 작업을 시간이 날 때마다 하였다. 그러다 보니 동네에서 칭찬하는 소리가 들리니 부끄러운 마음이 들었다. 살아있을 때 잘해야지 돌아가시고 나서 잘하면 뭐 하냐는 생각이 들었다.

산소를 가면 우선 절부터 하고 엎드린 채 일주일 동안 일어났던 일과 자식 손주들의 근황을 보고 드렸다. 가족들에게는 옛날 시묘살이 이야기를 들려주며 시묘살이는 못하더라도 3년 동안 쉬는 날은 빠짐없이 산소에 들를 계획을 말했다. 산소의 잡풀 제거는 물론이고 한쪽부터 밭으로 복원하는 대로 채소나 과일나무를 종류별로 몇 개씩 심었다. 3년 동안 마음만의 시묘살이는 계속되었다. 그동안 같이한 아내는 불평 한마디 없이 따랐으며 자식들도 집에 오면 시키지 않아도 알아서 산소에 다녀왔다.

아버지 돌아가신 지 만 3년이 되어가는 해에 어머니께서 돌아가셨다. 혼자 계셔서 외로우실까 봐 산소에 다녀오는 길에 억지로 우리 집으로 모셔왔다. 일주일은 그만두고 한 사흘 같이 지내자고 당부드리면 심심하여 재미없다고 하신다. 다음날 출근하고 없으면 살짝 택시를 불러 타고 가버리곤 하셨다.

돌아가시기 한 달 전부터 자주 머리가 어지럽다고 하셨다. 연락이 오면 곧바로 병원에 모시고 다녔다. 상태에 따라 동네 의원부터 전주에 있는 종합병원까지 모시고 다녔다. 60대 초반 뇌수술을 받으신 적이 있는 어머니의 유일한 걱정은 치매였다. 모아 놓은 용돈으로 직접 치매 예방에 좋다는 약을 사서 드시기도 하였다. 어느 날부터는 가끔 한 번씩 치매 증상이 나타나 새벽에 이웃까지 불러내어 당혹스럽게 하였다.

하루는 퇴근 시간까지 많이 남았는데 집사람한테서 전화가 걸려왔다. 어머니가 아프시다고 하여 동네 의원에 다녀와 같이 있다고 한다. 어째 무섬증이 든다며 빨리 오라는 전화였다. 전화를 받고 바로 집에 오니 누워 계시던 어머니가 억지로 일어나신다. 조금 전 죽을 끓여 드렸더니 잘 잡숫고 누워 계셨단다. 어머니를 본 순간 불안한 생각이 들어 집사람과 상의 후 어머니께 말씀드렸다. 병원에 입원시켜 기력이 회복되면 퇴원시킬 의향으로 차에 모시고 옷가지와 이불 보따리를 챙겨 병원으로 향했다. 뒷좌석에 집사람이 어머니를 부축하여 같이 앉았고 나는 차를 아주 천천히 운전하였다. 얼마 가지 않았는데 답답하다고 어머니께서 창문을 열라고 하신다. 휴지를 달라고 하시더니 입을 깨끗이 닦으신 후 잠이 드시는지 조용하다. 한 10분 다시 달리니 예감이 이상하여 이러다가 무슨 일을 당하는 게 아닌가 싶고 큰 병원에 가서 검사한다고 시간만 걸릴 것 같아 차를 돌려 동네 의원으로 돌아왔다. 그렇게 침대에서 한 시간가량 누워계셨으나 깨어나지 못하고 조용히 돌아가셨다.

아버지 3년 상을 지냈는데 어머니도 똑같이 3년을 하면 되겠지 작정하고 다시 3년, 내리 6년을 부모님 묘소에 다녔더니 오가며 만나는 사람마다 칭찬하였다. 효자 났다고…. 그 소리가 내게 나쁘지는 않지만, 마냥 좋은 소리도 아니었다. 부모님께 살아생전 맛있는 음식을 제대로 대접 못 하고, 용돈은 풍족하게 못 드리고, 외국 여행 한번 시켜드리지 못한 죄가 너무나 마음 아팠다. 돌아가신 후 뭘 해봐야 무슨 소용이 있는가. 부끄러움도 늙어 쇠었을 만한데 효자라는 소리는 부모님께 잘해드리지 못하였음을 일깨워 묘소 앞에 엎드려 어쩌지 못한다. 장날 싱싱한 생선을 사거나, 컬러티브이를 먼저 사드리면서 병원에 모시거나 당연히 드리는 생활비를 드리면서 부모님에 대한 도리를 양심 있는 자식의 의무처럼 남에게 욕을 먹는 사람이어서는 안 된다는 책무였는지도 모른다.

부모님 돌아가신 지 십오 년이 지났으나 지금도 시간이 나면 산소에 간다. 이제는 습관처럼 다닌다. 처음보다 산소는 잡풀이 많이 자라고 당시부터 심어놓은 과일나무들은 제각각 값을 하는 척한다. 익기도 전에 병들어 떨어지기도 하고, 새들이 쪼아 먹기도 하고, 지나는 이의 손도 타나 보지만 마음을 크게 쓰지 않는다. 앞으로도 건강한 날까지 부모님 산소 가는 길은 하던 대로 시간을 만들어 찾을 것이다. 가던 즉시 절하고 엎드린 채 삐비풀을 뽑으며 현대판 시묘살이 흉내를 낼 것이다.

2부
만화늪에 빠지다

만화 늪으로 빠지다

내가 만화를 처음 만난 때는 1959년 가을이었다.

초등학교 수업이 끝나 집으로 오는 길을 같은 반 K와 같이 오게 되었다. 친구는 한 동네 속의 골밭뜸에서 살다가 작은 동네인 우리 이웃으로 이사 온 지 얼마 되지 않아서 아직 친하지 않았는데 더듬거리며 기어가는 달팽이처럼 우리는 서로에게 호기심을 가지고 다가가던 때였다.

우리 동네는 우리 면에서 제법 큰 마을로 큰 동네, 작은 동네, 새터, 골밭뜸, 벼룩뜸, 다섯가호뜸 등 여섯 반으로 나뉘어져 일이나 무엇을 하든, 아무래도 가까운 이웃사촌이었다. 각자 집으로 가며 자기 집으로 놀러 오라 한다. 마루에 훌쩍 책보만 던져놓고 찾아가니 무슨 책을 재미있게 보고 있었다. 조금 전 우편배달부가 주고 갔는데 서울의 형이 보내준 만화책이라며 자랑한다. 나도 남아있는 한 권을 조심스럽게 넘겨보았다. 처음 본 만화책은 새 책이 빠삭빠삭한 데다 잉크 냄새까지 코에 진동하는데 참기름 냄새보다 고소하다. 흥미진진하고 어떻게 재미나는지 한참을 빠져들 즈음 친구 엄마가 김장 무 뽑으러 가야 한다고 데리고 나갔다. 나는 아쉽지만 할 수 없이 집으로 돌아와야 했다. 집으로 돌아온 나는 읽다 만 만화책 내용이 궁금하여 밤새 잠을 못 이루고 뒤척이었다. 다음날 학교에서 친구를 보자마자 만화책 이야기를 꺼내니 어제의 친구가 아니고 조금 거시기 한다. 친구 집으로 찾아가며 궁리 끝에 아버지가 쓰시던 얇고 부드러운 사무용지를 두어 장 가지고 찾아갔다. 모든 물자가 귀하던 시절이어서 제기차기 놀이가 인기였지만 제기를 살 돈이 없고 만들어야 하는데 엽전과 종이를 구해야 직접 만들 수 있었다. 사무용지를 받아든 친구는 입이 벌어지며 만화책 3권을 다 주며 너희 집에 가져가서 보란다. 친구 형은 서울에서 유학하는 고등학생으로 집에 올 때는 막냇동생 선물로 책을 사다 주었다.

처음으로 만난 만화책 3권은 김종래의 《엄마 찾아 삼만 리》와 박기당의 《만리종 (상하권)》이었다. 형이 없는 나는 책을 선물로 받을 수 있는 친구가 그렇게 부러울 수가 없었다. 집으로 돌아온 나는 아랫목 이불 속에 들어가 배를 깔고 엎드려 읽기 시작했다. 누우면 바로 잠을 자던 나는 잠은 멀리 가버리고 저녁밥 먹으러 큰방으로 오라는 엄마의 목소리도 들리지 않았다. 먼저 김종래의 《엄마 찾아 삼만 리》는 긴 겨울밤 어머니가 이불 속에 우리들을 뉘어 놓고 들려주던 옛날이야기와는 비교가 안 되었다. 내용은 '술과 도박에 빠진 아버지가 청나라 상인에게 엄마를 팔아버려 엄마를 찾아 전국 각지를 떠돌며 바르게 성장하는 아들'에 대한 이야기다.

한참 나중에 안 일이지만 1958년부터 단행본으로 무려 10판까지 찍어냈다 하니 그 인기를 알 만하다. 전설 같은 이야기를 잘 묘사하여 재미있게 읽고 나서도 오랫동안 텅 비어있던 가슴 속에 스며들어 또 다른 깨달음을 주었다.

박기당의 《만리종》 상하권은 역사 활극 만화로 고조선 시대를 배경으로 "전쟁에서 숨진 병사의 넋을 달래기 위해 아기를 생매장해야 한다."는 점쟁이의 말을 듣고 원수가 된 두 무인 집안의 갈등을 그렸다.

그 당시의 만화책은 만화가 그려진 그림 바깥바탕에 소설처럼 줄거리가 쓰여진 '그림 소설체' 작품이었다. 만화에 그려진 인물들을 과장이나 지나친 생략 없이 사실적으로 표현, 눈망울에 그렁그렁한 눈물과 애절한 표정, 무언가 말하고 싶어 머뭇거리는 입술 표정 등을 감동적으로 그려냈다. 당시의 만화가들은 시대와 애환을 동행한 예술인들이었으며 그들이 울면 독자들도 울고 그들이 웃으면 독자들이 따라서 웃었다. 어린 내가 접하는 그림의 이해력이 서툴렀지는 몰라도 보고 읽고를 반복하며 만화 속의 주인공이 되어 상상력과 창의력을 키워냈다.

박기당은 일본에서 가지고 들어온 돈으로 정읍지방의 쌀을 사다 부산에 되파는 쌀장수를 했으나 몇 달 만에 밑천을 다 까먹어, 그리던 그림 대신 만화를 그리기 시작했다 한다.

그 후로부터 나는 만화책만 보면 미치고 말았다. 만화책을 보면 공부 못한다고 금서 취급하던 때라 아버지 몰래 만화방을 다녔다. 몰래 따먹은 과일이 더 맛있듯이 몰래 숨어보는 재미가 달달했다.

중학교에 진학한 후부터는 학교 근처에 만화방이 가까이 있는 데다 유유상종이라고 만화책 좋아하는 놈들과 어울리게 되었다. 방과 후 집으로 가지 않고 만화방에 다니게 되었으나 돈이 문제였다. 처음에는 용돈으로 볼 수 있었지만 만화방에 파고드니 공부도 소홀해지고 집에 가는 시간도 점점 늦어지거나 했다. 순진하고 착하기만 한 아들은 만화와 관련해서는 착한 아들이 아니었다. 저녁이면 만화방 주인은 학생들을 내보내기 위해 연탄을 빼버리지만 나는 차디찬 방바닥에 웅크리고 잠들기도 하였다. 나중에는 단골이 되니 주인 아줌마도 할 수 없이 구독료도 받지 않고 밥때가 되면 식사자리도 함께하였다. 주인 아저씨가 김제로 발령이 나자 정이 깊어진 나는 이삿집 강아지마냥 만화책 더미 사이에 끼어 따라가기도 했다. 당장 갈 곳이 없던 차 집안 형이 대여책방을 차려 공짜로 출입을 하는 대신 조수 노릇을 하였다. 집에서 하지도 않는 청소를 하고 책 대여도 도우며 미안한 마음을 대신했다.

처음에는 재미로 만화방을 출입하였지만 용돈을 마련하기 위해 어린 나이에 부모님을 속이기도 했다. 이런저런 부작용도 있었지만 제자리로 돌아올 수 있었고 학교에서 배울 수 없는 많은 것을 배우면서 성장하였다. 만화 속으로 들어가 임금, 장군, 의적 등이 되어 나름대로 상상 속의 주인공이 되어보기도 했다. 많은 책과 가까이할 수 있었고 역사문화를 좋아하게 된 계기이기도 하다. 만화는 재밋거리를 떠나 읽는 사람에게 많은 지식과 정보를 준다. 신문에 연재되는 시사만화는 인기가 있어 김성환의 〈고바우〉나 안의섭의 〈두꺼비〉는 사회상을 예리한 눈으로 비판하여 많은 인기를 끌었으며 대리만족을 주기도 했다.

그 시절 많은 사람들, 특히 어린 청소년들이 만화를 좋아하는 이유는 순수한 우리말로 된 영화 제목 같기도 하며 제목에서 풍기는 것과 같이 내용에서도 그 맛을 흠뻑 적셔 준다. 대부분 권선징악으로 끝을 맺는 우리의 전통구전문화가 주류를 이루고 우리의 삶에 깊이 배어져 있었기에 이야기 형식의 극화체 만화가 많았다.

오늘도 나는 김용민의 〈그림마당〉과 박순찬의 〈장도리〉, 〈한겨레 그림판〉을 기회가 있을 때마다 즐겨보며 세상을 읽는다.

군대 가던 날

우리나라는 남자로 태어나 성인이 되면 국민으로서 주어진 3대 의무 중 하나인 병역의무로 군대를 다녀와야 한다. 입영통지서를 받고 나서 걱정도 되지만 드디어 내가 어른이 되었구나 하는 설렘에 마음마저 조급해진다. 입대 전 6개월간의 공백 기간은 하던 일들을 내려놓고 잠시 휴식기간을 가지기로 했다, 낮에는 친구들과 여기저기 놀러 다니랴 밤이면 여자 친구도 만나야 하고 일가친척들도 찾아뵙고 인사를 드렸다.

우선 먼 곳에 있는 외갓집에 가서 외할아버지와 이모들을 만났다. 둘째 이숙은 막걸리 잔을 권하며 "군대 생활이 힘들더라도 부모님을 생각해서 3년간 꾹 참고 잘 있다 나오너라. 탈영하면 신세 조진다."고 술자리가 길어질수록 하신 말씀을 또 하신다. 키만 멀대같이 크고 곱상하게 생긴 내게 마음이 쓰이는 건 알겠는데 그렇게까지 물렁이는 아니며 군대 가서 연약한 이미지를 탈피하여 제대하는 날에는 사나이가 되어 돌아오리라 다짐을 해본다.

동네 친구들과 학교 친구들도 송별회 날 잡는다고 야단이다. 어느 날은 이웃동네 과자 만드는 집에 인사가니 콜라와 과자를 한 움큼 가져와 같이 간 친구들이 다 먹지 못하고 나오니 아주머니가 한보따리 싸주시며 몸 건강히 잘 다녀오란다. 인사 다니다 보니 배도 고파 주막에 들르니 마찬가지로 술값을 안 받아 가져온 과자를 드리고 나왔다. 평소 거래에 엄하시기로 소문 난 주인 아저씨도 군대 가는 게 신경이 쓰이나 보다.

식사를 안 하고 하루 종일 군것질과 막걸리로 보내니 취기가 오른다. 낮에 일하느라 합류하지 못한 친구들까지 모정에 모이니 십여 명 가까이 된다. 어느 친구의 제안으로 복숭아 과수원에 가기로 했다. 햇살 익은 질퍽한 시골길은 후끈 달아올라 흙 내음을 날리며 끄떡하면 미끈덩 논에 빠지거나 넘어질 수도 있어 조심하는데 진땀이 난다. 모내기가 끝난 논은 벌써 우거져 발목을 적신다. 휘영청 높이 솟은 보름달은 어둠을 밝혀주고 친구들은 시끌벅적 소풍가듯 잔등을 넘어 과수원에 당도하니 원두막의 모기장 안에는 주인이 없고 텅 비어 있었다.

밥 먹을 시간도 훨씬 지났는데 무슨 일로 자리를 비웠을까. 원두막에 걸터앉아 한참을 기다려도 주인이 나타나지 않는다. 어쩔 수 없이 자리에서 일어났으나 빈손으로 돌아가기에는 십 리 길을 걸어 온게 너무 아쉽다. 덜 성숙된 인격들이어서인지 약속이나 한 듯이 복숭아 서리를 하였다. 처음 한두 개는 바지 주머니에 넣었으나 욕심이 부추긴다. 그 이상은 담을 곳이 없어 러닝셔츠 안쪽에다 몇 개를 담았다.

노래를 부르고 장난을 치며 돌아오니 온몸이 땀에 젖어버린다. 농수로에 씻으러 가니 단수기라서 물이 흐르지 않는다. 집으로 들어오니 복숭아 솜털이 몸에 붙어 가렵기 시작한다. 부모님이 아실까 펌프질도 못하고 함지박에 물을 찍어 바르듯이 하고 들어와 자리에 누우니 온몸이 두드러기가 나서 '죄와 벌'의 주인공이 되어 잠 못 이루는 혹독한 잠자리가 되고 말았다.

학교 단짝 친구들도 하루 날 잡아 이리(익산)로 나오란다. 같은 반 다섯 명이 모여 '오형제'란 이름으로 의를 맺고 고등학교 삼 년 동안 어울렸다. 공부는 별로였던 우리는 시간만 나면 여학생들과 빵집이나 극장도 가고 인근 유원지나 사찰로 몰려다니며 막걸리도 한두 잔 몰래 먹었었다.

나는 일학년 때부터 사귀어온 여자친구에게 연락하여 자리를 함께하였다. 하루를 같이한 친구들과 헤어져 단둘이서 극장에 갔으나 못 마시는 송별주를 몇 잔 했던 터라 별말도 못하고 상영시간 내내 잠만 자고 나와 역 플랫폼까지 쫓아 나온 여자친구를 달래어 휴가 나오면 다시 만날 것을 언약하고 마지막 밤 열차에 올랐다.

인근에 사는 친구들과 낮이면 회관 앞에 모여 배구도 하고 밤이면 호롱불을 켜놓고 둘러앉아 화투놀이 '나이롱 뻥'을 하며 과자내기나

벌칙으로 노래 부르기를 하며 놀았으며 그중에 유독 나를 따르던 여동생의 친구는 자연스레 우리 집을 찾아오는 횟수가 더 많았다. 밤 12시가 되면 어른들이 걱정하기에 각자 집으로 돌아갔다.

고삐 풀린 자유인은 몇 달을 한순간에 보내고 드디어 입대하는 날이 오자 극구 말리는 데도 아버지는 연차를 내어 따라 나오시고, 호미를 찾아 소쿠리에 담아 이시는 어머니는 표정 없는 얼굴로 '잘 다녀오라.' 한마디 하시며 대문 밖으로 총총히 앞서 나가시더니 뒤 한 번 안 돌아보며 골목길로 사라지신다. 동네 어른들과 친구들은 동구 밖까지 따라오며 아쉬운 작별을 하고(당시에는 그랬다.) 논산행 열차에 오르니 유독 정이 많으신 아버지(遺腹子)는 눈물을 감추며 줄곧 역까지 따라온 누렁이를 어서 가자며 역 밖으로 나가신다.

한편에 자리 잡은 나는 왁자지껄한 기차 안이 앞으로 다가올 낯선 부대 풍경을 예고하는 듯하여 어차피 닥칠 일인데 하며 억지로 눈을 감는다.

보신탕 추억

오늘은 우리 부부가 함께 외출하는 날이다.

함께하는 모임이 따로 몇 개 있지만 이 모임은 조금 특색이 있다. 모 마을금고가 주관하며 거래처 고객을 대상으로 산악회를 조직 등록회원들로 기간 내에 섭수를 받아 격월 셋째 수요일에 출발하는데 목적지에서 출발할 때까지 자유시간이다. 회비 1만 원을 내면 돌아올 때 버스 안에서 금고마트 상품권으로 돌려준다. 참가인원은 평균 1천여 명 내외, 전세버스가 2십여 대가 동원되어 움직이니 그 모습이 그야말로 장관이다. 어떤 이들은 산악회가 있는 날은 정읍전통시장이 텅 비어 있다고 말할 정도다. 점심은 각자 알아서 준비하는데 부부끼리 친구끼리 아파트 동네끼리 각양각색에 적고 많음에 따라 친목계이며 단합대회인 셈이다 보니 삼삼오오 그룹지어 판을 벌인다. 그중에는 물론 혼자인 사람이 있어 음식점을 찾거나 고독을 반찬 삼아 홀로 아리랑을 즐긴다.

우리 부부는 모처럼 함께하는 외출이고 갈 때마다 행선지가 다르므로 그 지방의 음식을 먹는 것도 괜찮기에 도시락을 따로 준비하지 않으며 주최 측에서 음료수를 비롯한 간단한 간식을 준비하기 때문에 신경 쓸 일도 없다. 아쉬움은 도착하면 처음 와보는 곳이어서 코스를 모른다거나 볼거리에 대한 관광 해설사나 안내자가 없어 알아서 행동을 하는 데 어려움이 있는 것이다. 그러나 지금은 어느 곳을 가든 웬만하면 안내소와 자료가 비치되어 있어 조금 신경을 쓰면 큰 어려움은 없다.

이번 목적지는 신안군 증도 갯벌생태공원인데 날씨도 기온이 뚝 떨어진 데다 해변이라 바람이 많이 불고 있어 장소 선정이 잘못되지 않았나 생각이 든다. 먼저 주차장 앞에 떡하니 서있는 '갯벌생태전시관'을 관람하고 1층 안내소 앞으로 내려와 이 근방에 맛있는 식당의 소개를 부탁하니 도로에 나가 우측으로 한 5백m 가면 '짱뚱어집'이 있다며 가보려면 가보란다.

안내원의 말에 따라 찾아가니 과연 간판이 보여 잘 찾아왔구나며 다가가니 "오늘 쉽니다. 죄송합니다."라고 적혀 있다.

마을 안길로 들어서니 마침 아주머니 두 분이 뭔가를 하는 모습이 보인다. 반가운 마음에 달려가 음식점이 문을 닫아 이곳까지 온 사연을 아주머니에게 말하니 그러면 우리 집에서 반찬 없는 밥이라도 드신다면 들어오란다. 오래된 허름한 시골집에 들어서니 마당에는 한 솥을 걸어 놓았는데 펄펄 끓고 있다.

보신탕을 끓이는데 먹느냐 물어본다. 젊은 시절에는 잘 먹었는데 요즘은 찾아서는 안 먹는 음식이란 말은 빼고 "예, 음식을 안 가리고 잘 먹습니다." 대답하며 아내 얼굴을 보니 웃고 있다. 마루에 앉으라고 할 줄 알았는데 안방으로 들어오라 청한다.

오늘 보신탕을 한 솥을 끓여놓고 남편이 친구들이랑 부르러 갔는데 마침 잘 찾아오셨다며 따뜻하게 맞아 주시고 밥을 다 먹을 때쯤 들어온 남편과 동네사람들은 편안히 더 먹으라 권한다. 마치 평소에 잘 알고 지내던 사이같이 마음 편하게 대한다.

가정집에서 정성들여 끓인 수육 한 접시에 손님에게 지극한 인정까지 한 가득 포식하고 일어나 한쪽으로 아주머닐 청하며 지갑을 꺼내드니 안 받는다면서 정 주시려면 한 장만 주란다. 보신탕집에 가면 수육 한 접시에 탕 두 그릇이면 계산이 나오는데 억지로 배춧잎 두 장을 받는다. 배불리 먹은 데다 잊히는 옛날 시골인심까지, 거기다가 문밖까지 배웅하며 무화과 한 봉지를 쥐여 준다. 오랜만에 느끼는 행복을 딱히 다른 말이 생각나질 않아 '전화위복'이라는 말을 써본다.

해안 오솔길을 산책하다 바람이 너무 거세어 '갯벌생태전시관'에 자리 잡고 앉으니 오늘 이야기하려는 보신탕에 얽힌 사연들이 다시 돌이킬 수 없는 추억 속에 주마등처럼 떠오른다.

1968년 북한 124군부대의 김신조 일당이 청와대 근처까지 침투하는 바람에 나는 행정병인데도 참호구축에 유격훈련까지 전투병들이 받는 훈련과 복무기간을 다하고 제대하니 고향 친구들이 고생했다며 한잔하자며 부른다. 돈도 못 버는 시절이라 읍내로 갈 수 없어 인근 면소재지에 있는 선술집으로 데려가는 것만으로도 고맙다.

아는 형님이 운영하는 술집으로 들어가 앉으니 미리 주문을 해놨는지 묻지도 않고 수육을 썰어 담아 막걸리와 함께 내놓는다. 그 시절은 모두가 가난했을 때이고 친구끼리는 오이나 깍두기 안주가 전부였고 강술만 먹던 시절이라 친구들이 큰 맘 먹고 자리를 마련한 것이다. 돌아가면서 술자리를 만들어 다음날 "야, 어제 먹은 돼지고기는 비계도 없고 참 맛 있었다." 하니 친구들은 박장대소하며 평소에 안주를 안 먹던 네가 좋아하니 다시 그 집으로 가자고 한다. 가게 주인에게 무슨 비결이 있기에 돼지고기를 잘 삶았냐 하니 의아한 표정으로 "정말 몰라서 하는 말이야. 이건 돼지고기가 아니고 개고기야."라고 말하며 친구들과 죽는다고 웃는다. 그 말끝에 나는 정신이 확 든다.

평소에 아들 귀한 가문에 5대 장손으로 태어나 약골이어서 어머니를 비롯한 집안 어른들의 사랑을 듬뿍 받고 성장했다. 입이 짧아 밥을 끼질거렸으니 어머니 마음을 애태우기까지 했다. 어머니는 당골할미 점집은 물론 농사일에 고될 텐데도 아침이면 조앙 앞에 정한수를 떠놓고 장손이 무탈하게 잘 자라 달라 지극 정성 비셨다. 그러기에 장성한 아들이 되어 국방의무를 마치고 귀향하여 술자리에 초대받아 맛있게 먹고 있는 고기가 어머니께서 "너는 태어날 때 귀하게 태어나 개고기 음식은 먹어서는 안 된다."고 평소에 가까이하지 못하게 막았던 음식이었다. 군대 갔다 오면 효자 된다고 이제 좀 철이 들어 부모님에게 잘하는 아들이어야겠다는 다짐이 다 무너지는 느낌이다.

자초지종 이야기를 다 듣고 난 친구들은 "다 엎지른 물인데 이제 와서 어쩔 거냐. 술이나 먹자."며 달랜다. 나도 술이 들어간 김에 어머니의 뜻을 어겼으니 알면 속상할 텐데 숨길 수밖에 없다고 마음먹었다. 사흘째 되는 날은 통 크게 환한 대낮부터 다시 보신탕집에서 술을 마시는데 방안에서 어른들 일행이 나오는데 아버지가 그 속에 같이 나오시다 나를 보고 당황하신다. 나만 어머니를 속인 게 아니라 아버지도 몰래 잡수셨던 것이다. 그 후로 부자간에는 개고기 이야기는 일절 한 적도 없고 어머니에게도 안 들어간 모양인지 야단도 없었다.

그렇게 몇 해가 지났는데 어머니께서 여름 초복날, 장에 다녀오시더니 보신탕을 끓여 내놓으신다. 겸연쩍어 하는 부자에게 어머니는 말씀하신다. "밖으로 도는 사람에게 못 먹게 한다고 듣겠느냐. 시대도 변하고 숨어서 먹느니 차라리 집에서 내가 끓여 주겠다."고 선언을 하셨다. 물론 그 후로 우리 부자는 어머니 몰래 먹지 않아도 되었다.

집에서 기르던 누렁이가 생각난다. 군대 가려고 공부를 멈추고 서울에서 내려와 몇 달 있는 동안 겨우 낯을 익혔을 텐데 휴가만 오면 귀대하는 날까지 따라다니려 하여 나를 귀찮게 하고 귀대하는 날 가족들은 자기 일 때문에 아무도 배웅하지 않았다. 역전까지 따라와 손을 흔들며 이별을 아쉬워하던 지금의 아내와 승강장까지 무단출입하여 이리 뛰고 저리 뛰는 누렁이가 그러다 무슨 일이라도 당할까 봐 기차가 어디쯤 갈 때까지 걱정을 했다.

제대하여 가정을 꾸린 후 읍내에 가게를 열고 막내가 초등학교에 들어갈 즈음 친구가 도사견 강아지 한 마리를 키우라며 가지고 왔다. 아이들은 가게 일에 바쁜 부모를 대신하여 강아지에 정을 많이 붙였다. 그런 줄도 모르고 마침 친목계 강신 차례가 돌아와 아는 정육점 친구를 불러 내가 키운 개를 데려가고 자그마한 먹기 좋은 놈으로 잡아 올 것을 부탁하였는데 끌고 가는 날 눈치를 챘는지 안 나가려고 발버둥치며 끌려가니 삼남매는 눈물을 훔치고 막내는 소리내어 울며 말렸었다. 지금 돌이켜 생각하니 개똥 치는 책임인 나는 다른 방법도 있을 법한데 별 생각 안 하고 개를 주어 버려 어린 자식들에게 상처를 준 것 같아 지금 생각하면 생활이 어렵고 각박한 살림살이었지만 후회가 막심하다.

전주로 사업체를 옮긴 후 여름만 되면 특히 복날에는 보신탕을 꼭 먹어야 되는 분위기여서 못 먹는 사람은 삼계탕으로 자리를 같이한 보양식이었는데 우리나라에서 88서울 올림픽이 확정되고 프랑스의 세계적인 여배우를 비롯한 동물애호가들이 개를 잡아먹는 미개인들의 나라에서 올림픽을 치러서는 안 된다며 난리를 피우니 대통령이 보신탕 금지령을 내리고 단속하고 벌금을 물리니 없어지듯 하더니 뒷골목에 숨어 장사하고 단속하는 사람도 몰래 먹기도 하는 진풍경이 벌어졌고 일부 보신탕 찬성론자들은 "너희 나라가 키우는 애완견하고 달라 우리나라의 똥개는 식용견으로 가축이나 다름없다." 항변

하였으며 올림픽도 치르고 정권도 바뀌어 단속하지도 않게 되었다. 한때는 단속으로 사육견이 줄어들어 삼복 수요에 공급이 달리자 닭고기를 섞거나 심지어 고양이 고기까지 공급하는 악덕업자가 생겼다고 한다.

어느 여름날 광주에서 살고 있는 친구가 직장을 그만두고 사업을 하려는데 전주로 이사하고 싶다며 전화가 왔다. 주유소를 하고 싶으니 목 좋은 곳를 알아보고 아파트도 좋은 동네를 찾아보란다. 약속한 날 전주에 찾아온 친구에게 물어보지 않고 유명한 보신탕집으로 데려가니 친구하는 말 “나 이제 보신탕 안 먹어.” “왜, 너는 사시사철 개만 먹더니….” 물으니 “야, 내가 개고기를 자주 먹으니 성질이 더러워진 것 같아서….”라고 답하여 다른 음식점으로 옮겨 복탕을 대접하였다. 그리고 친구가 떠난 후 다시 생각하니 ‘나도 성질이 까칠해진 거 아니야?’ 라는 자책감이 들며 친구의 말이 틀리지는 않은 것 같고 그리운 어머니와 사랑스런 자식들에게 늦은감이 있지만 멀리하게 되어 조금 덜 미안한 마음이 들며 내가 밥값을 내는 날이면 보신탕집을 택하지 않으며 먹고 싶냐고 묻지도 않는다. 다만 오늘처럼 이라면 피할 이유가 없다. 다 살자고 하는 짓이기 때문이라고 말하고 싶다.

보약 같은 친구

세상 살다 보면 좋든 싫든 간에 여러 사람을 만나고 인연을 만들어 간다. 옛말에 "어진 친구를 만나면 지혜를 얻고 착한 친구를 만나면 편안함을 얻는다. 좋은 친구를 만나면 행복을 얻고 따뜻한 친구는 포근함을 준다. 진실한 친구는 믿음을 준다."라는 말이 생각난다.

내가 태어나 제일 먼저 만난 친구는 이웃 사는 친구였다. 아랫집에 살던 식植이는 어려서부터 눈만 뜨면 만나 같이 놀며 학교에 다녔다. 우리 동네 초등학교 동기생이 서른 명이 넘었으니 친구가 많이 생겼지만 다 같은 친구가 아니다. 식이는 지금까지 홀로 남아 고향을 지키고 있는 동기생이다. 미래의 꿈은 있었지만, 진로가 불안했던 유년 시절이었다. 늦게 가까워진 국國이와 함께 셋은 성인成人이 되어 만나면 술자리를 자주 가졌다.

식植이는 어려운 가정형편에 중학교를 나와 아버지가 인수한 방앗간에서 일했다. 엄청난 고생 끝에 농토農土를 많이 불렸다. 결혼반지로 산, 소 한 마리부터 시작하여 지금은 몇 십 마리를 키우고 있다. 자기 자식들에게 보란 듯이 부자가 되어 물려준다는 소원대로 된 셈이다. 가난한 집안의 장남인 우리와 달리 부잣집 막내아들인 국國이는 사업을 하는 사장이 되겠다며 음료수 잔에 술을 가득히 따르고 성질대로 단숨에 들이켜 댄다.

어정쩡한 나는 아무 말 없이 술잔을 홀짝거리지만 무얼 해야 할지 생각만 해도 골치가 아프다. 친구들은 "너는 공직에 나가라."라고 인심 쓰듯 하는 말을 무표정하게 그냥 듣기만 했다. 우리는 평생 변치 않는 친구로 남아 늙어서는 같이 모여 살자고 도원결의桃園結義하듯 했다. 약속은 지키지 못했지만 칠십 평생 만나기만 하면 아옹다옹하며 서로 잘났단다.

"학창시절 세 명의 친구를 가지면 성공한 인생이다."라는 말을 막상 학창 시절에는 관심을 갖지 못하여 마음속에 담아 두지 못했다. 소년 시절은 동네 교회를 다니며 친구를 사귀기도 하고, 4H구락부 활동을 하게 되면서 점차 단체생활에 적응이 되자 또 다른 친구를 만났다.

중학교까지 지역에서 다니고, 고등학교를 기차로 1시간 거리의 다른 지역으로 진학을 하였다. 같은 반에서 만난 네 친구는 앞뒤로 자리가 배치되어 자연스럽게 가까워졌다. 죽이 맞은 우리는 어느 날 '오형제五兄弟'라는 이름으로 의형제를 맺었다. 학교 수업이 끝나면 통학차 시간에 맞추어 역 부근 풀빵집이나 인근 공원 등으로 몰려다녔다. 한일협정 반대 운동이 전국적으로 들불 번지듯 하자 6월부터 휴교령이 내려졌다.

여름방학까지 이어져 3개월간 책가방은 방구석으로 내몰렸다. 집안일은 건성이고 친구들과 고삐 풀린 망아지처럼 어울렸다. 빵집, 영화관, 유원지 등으로 몰려다녔다. 주머니 사정이 어려워서 돈이 덜 드는 풀빵집에 자주 갔다. 사과 궤짝을 중심으로 둘러앉아 친구들은 가치담배를 사서 피워댔다. 쪼그마한 가게는 담배 연기로 자욱한 채 그 속에서 인생의 무엇이 그리 심각한지 나는 그 꼴을 보기 싫었다. 담배를 빼앗아 휴지통에 던져버리니 내가 있을 때는 친구들도 조심하였다.

지금은 두 친구는 세상을 먼저 하직하였다. 남은 한 친구는 서울에 살고 있으나 연락이 없다. 지방에 남은 친구와 나는 반창회가 있는 날이면 부부동반으로 참석하는데 이 친구도 몇 년 전 상처喪妻를 하였다. 나이가 들어가니 먼저 간 친구들 생각나면 너무나 안타깝고 가슴이 아려온다. 언젠가는 우리도 따라가겠지만, 그때 그 시절의 친구들이 너무나 보고 싶다. 초등학교, 고등학교 동창이 허물이 적은 것 같다. 인생의 황혼기에 접어들며 진짜 친구는 한 명도 어렵다는 걸 깨달았다. 나만 그런지 모르겠다.

서울로 옮긴 나는 1년 동안 지방에서 벗어난 전국구가 되었다. 학창 시절 광화문 학사주점에서 명동 학사주점까지 몰려다녔다. 초저녁에 시작한 술자리는 명동성당, 남산을 넘나들었다. 술기가 오르면 인생과 시국을 논하던 혈기왕성한 젊은이였다. 그러나 앞날이 불확실한 청년 시절이었다. 전공이 같고 하숙을 같이한 세 친구는 군대까지 같은 과에 근무를 같이했다.

군대 생활은 같이 입대한 전국구 친구 세 명과 제대할 때까지 같은 부서에서 근무하였고 제대 후 최근까지도 안부를 주고받는 친구가 되었다. 군번이 일곱 자리는 같고 끝번만 1, 2, 3, 4로 달라 유별났다. 군대서 겪은 기압 중 줄몽둥이(빳따)는 나를 더 억울하게 만들어 마음까지 아리게 하였다.

동서양을 막론하고 필연必然이라는 '3대 인연因緣'을 말한다. 유년기 때부터 성장기 동안 서로 다른 환경에서 만난 사람들과의 교류는 나에게 가르침 많은 인생 공부였다. 세상을 살아오는 동안 많은 사람과 만나고 헤어졌지만 보고 싶은 사람을 찾아가려는 마음을 꾹꾹 누를 때도 있다. 인생은 어차피 만나면 언젠가는 헤어지게 되어 있다. 내가 성장하는 동안 많은 영향을 준 보약 같은 친구들이었다.

지금의 내 친구는 평생을 항상 내 곁에 맴도는 사람이다. 티격태격해도 언제 그랬느냐는 듯이 참고 사는 사람, 살아오는 동안 제일 만만했던 그 사람에게 조금 더 잘해보려 노력한다. 그 사람은 평생을 같이할 유일한 반려자이며 친구이기 때문이다.

큰스님을 조문하며

오늘은 일요일이지만 평소와 다름없이 새벽운동을 다녀왔다. 일기예보를 보니 한낮의 온도가 34℃까지 나간다는 폭염경보다. 식사를 간단히 끝내자마자 날이 더워지기 전에 밭에 나가 보았다. 일주일 만에 호박이며 가지, 고추를 따러가니 고라니가 먼저 다녀갔다. 주변에 두 줄로 막아 놓았지만 뛰어넘어 들어갔는지 해코지를 했다. 아내는 '나누어 먹어야지 어쩔 거냐.'는 얘기를 한다.

집에 돌아와 대충 씻고 아내와 같이 집을 나섰다. 월주스님이 돌아가셨다는 소식을 듣고 어제 스님의 고향 분들과 같이 조문 가려는데 대전에 사는 외손자가 오후에 온다 하니 포기하고 말았기 때문이다.

금산사는 집에서 20여 분이면 도착한다. 주차장에는 생각보다 차들이 별로 없어 나무 그늘이 있는 곳에 주차를 하고 걸어서 가기로 했다. 빈소가 차려진 곳까지 가는 동안에 큰스님을 애도하는 현수막과 배너휘장이 가로수 사이마다 걸려 있다. 매표소 입구에는 밀짚모자를 둘러쓴 채 마스크를 한 스님이 들어오는 차들을 통제하고 있다. 한쪽에는 봉사자들이 조문객들을 발열체크를 하는데 조문 행렬이 예상보다 많지는 않았다. 이른 시간에 코로나와 폭염주의보까지 겹쳐 사람들이 덜 오는 것 같다.

송월주 스님은 정읍 산외 태생이다. 1980년대 조계종 총무원장 시절 '정경분리' 원칙을 강조했다. 신군부지지 선언을 거절, 보안사에 끌려가 엄청난 고문 끝에 총무원장을 물러난 후 미국, 유럽, 인도, 스리랑카, 대만 등을 돌며 몇 년간을 해외에 머물러야 했다. 당시 청년시절이던 나는 스님의 독재에 맞서 정의롭고 강직한 행적을 보며 존경하게 되었다. 퇴직한 후에는 빠지지 않고 석탄일 봉축행사를 비롯하여 자주 금산사에 다녔다. 집에서 거리도 가깝고 모악산을 오르면 포근한 어머니 품속 같아 그냥 좋아서였다. 석탄일에는 큰스님을 뵙고 사회에 꼭 필요한 가르침을 듣기 위해서다.

몇 년 전 추석 연휴에 손녀를 데리고 금산사 구경을 간 일이 생각난다. 고즈넉한 산사에 가서 학교생활과 학원 사이를 오가며 지쳐 있을 손녀들에게 잠시나마 쉬게 하고 싶어서였다. 입구의 벚나무 숲길을 지나면 웅장한 3층 미륵전이며 대웅보전 등을 둘러보았다. 하나하나 설명하며 기념사진을 찍어주고 있는데 큰스님이 다가오셨다. 평소에 군림하지 않으며 대중들과 가까이하시던 스님인지라 하던 대로 목례를 올리니 합장을 하시며 손녀들의 손을 잡아준다. 어린이를 보면 할아버지처럼 가까이하였다. 스님은 어린 나무 옆으로 손녀들을 끌며 다가가 이 나무가 잘 자라서 언젠가는 대웅전 앞마당에 큰 나무로 자랄 것이라 하셨다. 큰 나무가 되어 그늘을 만들어 주듯이 너희들도 건강하게 잘 자라 훌륭한 사람이 되라고 말씀하셨다.

큰스님과 초등학교 동기며 육촌간인 시인이 산외에 계신다. 이분 말씀에 의하면 돌아가시기 전 산소 호흡기에 의존하여 금산사로 내려오셨단다. 위급하다는 연락을 받고 지인 몇 분이 찾아뵈었다 한다. 집으로 돌아오던 중 산소 호흡기를 떼고 운명하셨다는 연락을 다시 받았다고 한다. 큰스님은 25세에 최연소 금산사 주지가 되었다는데 그 기록은 현재까지 보유하고 있다.

가는 도중에 생활체험관(템플스테이) 옆 마당에 마른 참나무를 세워 연화대를 만들고 있었다. 아마 26일 10시에 다비식을 이곳에서 하는 모양이다. 멀리서나마 카메라에 담았다. 걸어가는 동안에도 나무 사이에 걸린 현수막(만장)을 하나하나 보관하고 싶어 카메라에 담았다. 만장에는 "태공당 월주 대종사 원적을 추모합니다." "큰스님의 수행과 교화 본받아 정진하겠습니다." "월주스님을 존경합니다. 속히 사바세계로 돌아오소서." "보살행을 쫓아 행복과 평화를 이루다." "큰스님 돌아오시어 꿈과 희망을 주소서." "월주스님의 따뜻한 미소가 그립습니다." 등 추모를 염원하는 좋은 글은 다 써 있는 것 같다.

경내로 들어서니 분홍색 수련은 슬픔을 아는지 모르는지 햇볕을 받아 활짝 피었다. 전국 각지에서 보내온 삼단조화가 셀 수도 없이 늘어선 사이를 지나 '처영문화기념관'에 빈소를 찾았다. 스님들과 신도들이 두 줄로 늘어서 발열체크, 방문기록을 받고 한편에서는 차와 식수를 제공하고 있다. 분향소에 도착해 방명록에 서명을 하니 큰스님 입적 기사가 실린 불교신문과 서적 등 관련 자료를 담아 건네준다. 기념관 안의 기념물은 다 치워지고 정면에는 스님의 영정사진이 크게 걸려있다. 앞에 나가 분향을 마쳤다. 왼편에는 금산사 주지스님을 비롯한 십수 명의 스님들이 조문객을 맞이하고 있다.

> 天地本太空(천지본태공)/ 一切亦如來(일체역여래)/
> 唯我全生涯(유아전생애)/ 卽是臨終偈(즉시임종게)/ 喝!(할!)
> 하늘과 땅이 본래 비어있으니/ 일체가 또한 부처구나./
> 오직 내가 살아왔던 모든 생애가/ 바로 임종게가 아닌가./
> 할!
> (태공당 월주 대종사 임종게. 2021. 7. 22. 원적圓寂)

출가 후 불교 변화와 사회활동에 전념했던 큰스님은 그동안 내가 가고자 하는 길을 바르게 갈 수 있도록 등대 역할이 되었던 사람들 중에 한 분이셨다. 불교 정화 운동을 비롯하여 광주 5·18 민주화 운동 현장인 광주를 찾은 파격적인 행보와 10·27법난에 휘둘리면서 계엄군에 숱한 고문의 큰 고초를 겪으면서도 굴하지 않았다. 1990년대 종단 사태 등 굵직굵직한 사건 때마다 월주스님은 그 중심에 서 있었다. 개혁적 성향과 탁월한 지도력은 불교계의 변화와 안정의 토대를 쌓았다.

큰스님의 살아오신 동안의 행적은 우리들의 가슴속에 영원히 남아 사이다 같은 역할이 되리라는 생각을 해본다.

수학여행

1965년 11월 초 늦가을 첫서리가 내려 고구마 순이랑 호박넝쿨이 삶은 것처럼 오그라들었을 즈음 제주도로 수확여행을 떠났다. 요즈음 같은 입시전쟁에 고등학교 3학년의 수학여행이 가능했는지 알 수 없다. 당시 실업학교에서는 대학에 진학하는 학생은 극소수이고 대부분 가정형편이 어려워 취업하거나 군대 가거나 하였다 그리고 수학여행은 고등학교 3년 동안 단 한번 실시하였는데 2학년 시절 한일회담 반대 학생시위가 절정에 달하여 6월부터 휴교령이 내려졌으나 진정기미는 보이질 않고 사회단체와 시민들까지 합류하니 정부당국에서는 여름방학을 7월부터 조기 실시하였는데 어지러운 시국때문에 아마 수학여행도 못 가게 하였는지 모른다.

그 시절은 생활이 어려운 때라 돈이 없어서 수학여행에 가지 못하는 학생이 많았는데 우리 집도 마찬가지였으나 부모님의 큰자식사랑은 지극했기에 두말없이 기간 내에 여행비를 챙겨 주셨다. 학교에 집합 행렬을 정돈, 이리역(익산역)으로 이동, 목포행 열차를 이용 중간 기착지인 나주역에 내렸다.

나주에 들른 이유는 농고 학생들로는 당연히 비료공장을 견학하는 코스였다. 교과서 등 책에서나 보았던 옆으로 기다란 연동식 공장건물 한편에 멀리서도 보이는 높다랗게 솟아오른 굴뚝에서는 검은 연기가 용솟음치듯 피어나고 있었다. 안전모를 착용하고 유니폼을 입은 공장 직원이 나와서 우리 일행을 안내하여 생산과정을 보여주며 일일이 설명하였는데 공장 규모나 생산과정에 압도되며 신기하였으며 우리나라가 경제적으로 발전하여 나라는 물론 국민들까지 잘사는 날이 곧 오겠구나 하는 생각이 드니 공장에 근무하는 직원이 부럽고 모습이 부러워 보였다.

전경이 잘 보이는 장소를 찾아 기념사진을 찍고 다시 목포항으로 향했다. 군사정권이 들어서며 가난을 물리치고 잘사는 나라 경제발전을 이루는 나라로 만들겠다며 '농공병진정책'을 모토로 내걸었기에 큰 공장이 별로 없던 시절 나주와 청주의 비료공장은 우리나라 경제발전의 상징적이었지만 언제부터 우리의 관심에서 역사의 뒤안길로 사라졌다.

목포 제주 간 연락선은 황영호(50톤급 목선)와 가야호(100톤급 철선)가 격일로 운행하고 있는데 안전성이나 흔들림에 뱃멀미가 덜한 가야호를 타야 하는데 우리가 떠나는 날은 황영호가 운항하는 날이

어서 어쩔 수 없었다. 친구 S는 버스만 타도 멀미를 한다고 걱정이라며 수학여행을 포기하려 하자 우리 단짝 친구들(자칭 오형제)이 나서 겨우 달래어 겨우 배에 올랐다. 배가 출항하자마자 멀미가 두려워 거의 대부분 다다미방 선실에 쭉 자리 잡고 누웠다. 우리 일행은 갑판으로 나와 보기 쉽지 않은 바다 풍경과 갈매기를 배경으로 사진을 찍었다. 한 시간 정도 걸려 울돌목이 나타나고 바다 가운데 거북좌대 위에 세워진 이순신 장군의 승전비가 보인다.

역사시간에 배운 임진왜란이 떠올라 피 흘려 목숨 바쳐 나라를 지키려 싸웠던 선조 어른들을 생각하니 나도 나라에 필요한 국민으로 살아야겠다 다짐을 하였다. 선생님의 승전기념비 설명을 마치며 비석에 사용한 돌이 익산 황등 돌이라는 말씀을 하신다. 익산 황등 돌이 질이 좋아 대부분 일본으로 수출한다는 것은 알고 있었지만 이곳에서 보니 더욱 실감이 온다.

진도항을 거쳐 가는 여객선이기에 이곳에서 흑돼지볶음 점심식사를 했다. 음식점으로 가는 길목에서 돼지를 소 키우듯 줄로 묶어 놓았는데 육지에서는 볼 수 없어 진돗개와 더불어 이색적이었다. 짓궂은 친구들은 수확여행에 고삐 풀린 망아지처럼 느슨해진 기분에 선생님 몰래 막걸리 한 사발씩 먹을 때까지는 좋았는데 진도항을 출항한 후 추자도를 거치며 값을 톡톡히 했다. 추자도를 지나면 제주도까지 섬이 없는 그야말로 망망대해를 거친 파도를 헤치고 가기 때문이다.

제주항에 내려 가까운 거리의 북쪽 바닷가에 10m 높이의 용두암에 들렀는데 해가 지고 있는 저녁노을에 비친 용두암은 화산이 흘러 내려 오랜 세월에 걸쳐 파도와 해풍에 씻겨 빚어진 모양이 용머리와 닮았으며 거칠은 표면에 검은색의 바위는 백마가 용이 되려고 하늘로 오르다 장수에 잡혀 바위가 되었다는 전설이 아니더라도 내 눈에는 신비함 그 자체였다.

다음날 서귀포로 이동하면서 아일랜드 출신 P. J. 맥그린치 신부가 1961년 11월에 세워 운영하는 돼지목장인 이시돌목장에 들렀다. 목장은 한라산 중 산간지대 한림읍 금악리 일대의 드넓은 황무지를 목초지로 개간, 성聖 '이시돌'의 이름을 따서 중앙실습농장을 건립한 것이 시작 단계였다. 1960년대 우리나라의 농업은 소규모 농경지를 기계가 아닌 사람이나 가축을 이용하였고 가축도 목장이 아닌 농가마다 각자의 목적이나 필요에 의해 한두 마리 키우던 시절이어서 그야 말로 비료공장이나 목장, 밀감농원 방문은 선진지 견학이었다.

고원지대의 늦가을이어서 하늘이 어두워지고 바람이 세차게 불며 진눈깨비가 휘날리는데 바람을 피해 돌담벼락에 오순도순 피난 나온 사람들처럼 덜덜 떨며 준비한 도시락을 까먹었는데 지금은 잊을 수 없는 드라마틱한 추억의 한토막이 되었다.

천지연 폭포 등 일정을 일찍 마치고 서귀포의 정원이 있는 산장 같은 여관에 들었다. 저녁식사를 대충 마치고 절대 개인행동이나 밖으로 나가면 안 된다는 선생님의 당부 말씀을 한쪽 귀로 흘린 채 우리 오형제는 담을 넘어 부둣가를 구경하다 싱거워 방파제 가까운 곳의 허름한 선술집에 들어서니 손님도 주모도 없고 흰 저고리 검정 치마를 입고 머리는 양 갈래로 묶은 우리 또래 같은 소녀가 장사를 끝낼 요량인지 설거지를 하고 있었다.

우리는 입장을 설명하며 미성년자가 미성년자에게 술 한 주전자 먹게 해 달라 청하니 처음엔 걱정스레 머뭇거렸으나 수줍은 듯 미소를 지으며 응한다. 한 병이 두 병이 되는 법 서로 경쟁하듯 소녀에게 말을 걸며 재미가 나고 취기가 오를 즈음 문이 확 열리며 화가 난 선생님과 못마땅한 표정의 학생회 간부들이 들어선다. 선생님은 다짜고짜 이름표를 뜯어재끼며 이놈의 새끼들 빨리 따라오라며 문을 밀치고 나가신다.

우리 꼴통들은 선생님의 입장은 생각 안 하고 소녀 앞에서 체면이 말이 아니고 반항심이 있던 때라 이왕 버린 몸 한잔 더 먹고 가자는 한 친구의 주장에 묵시적 동의로 술을 들이켜니 나갔던 반장이 되돌아와 너희들 때문에 비상이 걸려 전원이 기합 받고 있으니 같이 가자 사정을 한다. 마지못해 따라가 선생님의 불호령과 동시에 따귀를 때리는데 별이 번쩍 하며 일행의 따가운 눈총에 쓰러져 잠에 빠져들었다.

다음날 미안한 마음에 제발 말썽 피우지 않겠다고 담임 선생님께 사과를 드리고 친구들에게도 미안하다고 했다. 아침식사가 끝나 곧바로 가까운 정방폭포에 도착, 계단을 내려가는데 우리 학교보다 먼저 온 부산의 모 학교 학생들이 올라오고 있었는데 좁은 계단이다 보니 대부분 서로 비껴가는데 한쪽에서 시비가 붙고 말았다.

서로 어깨가 부딪히니 우리 일행이 먼저 손을 댄 모양이다. 상대방이 2학년인데 학교가 달라도 하늘같은 일 년 선배한테 건방지다며 구타를 하니 발단이 되어 편싸움이 되어 모래사장과 계단 위까지 혈기왕성한 데다가 자존심까지 걸려 불난 것처럼 번져갔다. 차에 먼저 올라 출발하려는 부산 학생들의 버스를 포위하고 내려와서 사과하라며 어디서 가져왔는지 농기구와 몽둥이까지 들이대고 있는 판에 누가 신고했는지 한 트럭 가득 탄 경찰들이 내려 주위를 둘러싼다.

사태를 지켜보며 사진촬영을 하며 사태를 조사한 후 경찰서로 연행, 다시 충돌할까 봐 앞마당은 부산, 뒷마당은 이리로 나눠 경찰이 중간에 경비를 섰다. 선생님과 주동자들은 조사실로 들어가 오후 늦게까지 조사를 받고 풀려나 버스에 올라온 스승의 모습을 보니 죄송할 따름이었다. 나중에 안 일이지만 제주지방 신문과 라디오 방송 뉴스시간에 보도가 되었으니 양측 학교는 물론 도 교육청까지 알려지고 선생님들도 불이익까지 당했다 한다.

남은 일정을 취소하고 제주로 이동, 내일 곧바로 돌아간다는 선생님의 비장한 말씀을 듣고 출발 전 인원 점검을 하니 한 명이 사라지고 없다. 이런 판국에 누구에게 말하지 않고 몰래 나간 이**를 여기저기서 엄청 성토를 한다. 나하고는 고향도 같은 초등학교 동기여서 민망하고 안타까웠다. 한바탕 난리가 났으나 속수무책으로 애타게 돌아오기만 기다리니 한 시간이 훨씬 지나서야 헐레벌떡 나타난 것을 보니 자기의 잘못된 행동으로 사태의 심각성을 느끼나 보다.

그날 저녁 여관에서 내 옆으로 오기에 자초지종을 물으니 펜팔 하던 제주 여고생을 택시 타고 나가 잠깐 빵집에서 만나고 왔는데 택시를 이용했지만 오고가는 시간이 많이 걸려 이렇게 사태가 커질 줄은 몰랐다며 한숨을 쉬는 범생이(모범생) 친구를 안아 주었다. 날은 어두워지고 점심식사도 못한 채 하루 종일 쫄쫄 굶어 배고픈 우리는 잠깐 동안을 못 참고 또다시 사고를 치고 말았다. 교장선생님께 선물하려 구입한 당시 귀하디귀한 밀감 상자를 누구인지는 모르지만 솔래솔래 먹어 치우고 말아 출항하는 날 아침에서야 보고받은 선생님은 앞으로 다시는 수학여행에 동참하지 않을 것이라는 말과 함께 한마디로 치를 떨었다.

문제가 되리라고 생각하지 못하고 말썽을 함께 피워 온 나는 고개를 똑바로 들지 못하고 돌아와서도 반성을 많이 했다. 평소 존경했던 최**담임 선생님은 고인이 되셨지만 지금도 생각하면 너무나 송구하면서도 애틋한 50여 년 전의 추억으로 남아있다.

아버지의 우산雨傘을 간직하는 의미

유난히 조용한 일요일 아침 가을비가 추적추적 내리고 있다.

이런 날은 사람들이 모두가 게으름의 여유를 즐기는지 지나가는 차 소리도 없다. 아내는 비가 그리 세차지 않으니 걷기가 최고라며 나를 재촉한다. 하느님도 아내의 남편 챙기기에 감동하였는지 빗방울이 가늘어진다. 현관 입구에 가지런히 정돈된 우산 통에서 가벼운 낡은 우산 하나를 꺼내 들고 집을 나섰다. 집고 보니 청색 체크무늬 우산, 아버지가 생전에 쓰시던 우산이다. 접히는 부분이 누렇게 퇴색됐을 뿐 어디 한 곳 해지거나 살대 하나 부러진 곳 없고 묶는 끈에 붙인 상표만 낡아 희미하지 단추는 지금도 깔끔히 딱 소리를 낸다. 옛날 제품은 투박하여도 튼튼하여 여간해선 망가지지 않는 데다 아버지의 평소에 꼼꼼하신 성품이 녹아 남아 있는 것 같다.

시골에서 공무원이셨던 아버지는 퇴근하시면서 언제나 약주 한잔 하시고 얼굴이 불그레하여 웃는 얼굴로 집에 들어오셨다. 근엄하시면서도 마음이 유하신 아버지는 말씀이 적으셨다. 자식들을 유난히 사랑하셨던 당신이 아버지의 얼굴도 못 보고 태어난 유복자遺腹子여서 그런지도 모른다. 고아로 자라셨는데도 독하시질 못하고 인정이 많고 눈물이 많으셨다.

내가 군대 가던 날 전주까지 따라왔다가 돌아서며 눈물을 훔치시고, 휴가를 나오면 눈시울을 붉히곤 하시던 아버지는 언제나 깔끔하고 정돈된 모습이었다. 우리는 비 오는 날 학교 갔다 오면서 질척대는 시골길을 풀이 있는 곳만 골라서 밟고 와도 신발은 물론 바짓가랑이가 온통 흙탕물로 범벅이 되어 어머니 빨랫감만 한 소쿠리가 넘쳐 났는데, 아버지는 어떻게 오셨는지 약주까지 한잔하셨어도 바지가 멀쩡하고 운동화도 진흙이 많이 묻지 않았다고 고모들이 얘기하였다.

오늘같이 비가 오는 그날도 일요일이었다. 대식구가 한자리에 앉아 아침식사를 하게 되면 아버지의 밥상머리 훈육은 시작되었다. 수저를 먼저 들면 안 되고, 생선이며 고기 등 귀한 반찬은 어른이 먼저 드신 다음 먹어야 한다. 밥은 흘려도, 남겨도 안 된다는 식사 예절부터 옛 성현들을 예로 들며 바르게 살며 훌륭한 사람으로 자라기를 말씀하셨다.

어머니는 집안일에는 무능한 남편을 돈은 못 벌어 와도 좋으니 밖에 나가 활동해야 한다고 내조하신 덕분인지 아버지는 그 시절 보기

드문 정년퇴직까지 하셨다. 그런 날이면 철없었던 나는 속으로 '아버지는 그렇게 다 알면서 면장도 못하고 왜 면 직원을 하고 있지?' 하며 숙제를 한다고 서둘러 식사를 마치고 동생들과 방구석으로 도망을 쳤다. 어릴 때 학교 운동장 가설극장에 아버지랑 손잡고 동네 사람들과 몰려갔다가 다 끝나기도 전에 졸려서 나왔다. 등에 업혀 오던 날 밤 따뜻했던 아버지의 체취가 그립다. 뜨거운 여름날이면 받쳐 주시던 아버지의 그늘은, 그늘이 아니라 오아시스 같은 아버지의 사랑이었다. 그 시절 그때 아버지의 나이보다 훌쩍 지난 지금까지 잊을 수 없어 그 사랑이 가슴에 다가와 눈시울이 뜨거워진다.

이름 때문에

이름은 옛날부터 무리 지어 살면서 남과 나를 쉽게 구별하기 위하여 부르게 되었으리라 생각한다. 요즘 같으면 부르기 쉽고 예쁘게 지었을 테지만 그 전에는 집안 별로 내려오는 항렬자를 성姓과 이름을 한자漢子의 획수에 따라 맞춰 지었다. 우리나라에는 287개 성姓씨가 있으며 삼국시대부터 성을 쓰기 시작하였다. 이름을 잘 지으면 성공한다는 믿음 때문에 많은 사람들이 더 좋은 이름을 지으려 하였기에 유명한 작명가의 집은 문전성시였다. 그렇다고 이름만 잘 짓는다고 다 잘되는 건 아닌 것 같다. 반상班常시대의 천민은 이름도 없었으며 여자 이름은 그냥 호칭이었다.

사람의 운세는 타고난 재능과 본인의 노력과 환경에 따라 영향이 미치기 때문에 이름만 잘 짓는다고 성공할 수는 없다고 본다. 그렇다고 모든 사람들의 이름이 작명가에 의해 만들어지진 않았다. 형편에 따라 집안의 어른들이 지어 불렀으며 남아선호 사상이 워낙 강한 사회에서는 딸 그만 낳고 아들 하나 얻어 보자고 이름을 '딸그만'이라고 지어 부르는 경우 등 이름에 얽힌 사연은 무던히도 많았다.

나 '창순이'는 국민학교 3학년 때 남녀 혼성반에 들어가게 되었다. 딸이 많은 집안에 장손으로 태어나 어른들의 사랑을 한 몸에 받았다. 밥상에 차려진 귀하고 맛있는 쌀밥과 반찬이 그랬고 내가 움직이는 주변에는 어머니와 고모들의 사랑이 과잉보호로 넘쳐났다. 비 오는 날 학교 가는 길, 고모 자신들은 흙탕물에 빠지고 옷이 젖어도 상관하지 않고 큰집 장손 '창순이'는 비를 맞거나 운동화가 젖으면 안 되었다. 밥 먹을 때 깨작거리고 병약한 데다가 체격도 왜소하니 더 보호감이었다. 얼굴까지 곱상하니 '창순'이란 이름은 놀림 받기 딱 좋았다. 심지어 같은 반 왈가닥, 이름만 '얌전'이는 시샘이 났는지 호시탐탐 나를 노렸다. 같은 여자애들이 호감을 가지는 새침떼기 같은 꼬맹이를 제압하고 싶었을 것이다. 하루는 나를 찔벅찔벅 건드려 그만 육탄전이 벌어졌다. 이를 어쩌나 하고 모두가 둘러서서 어쩔 줄 몰라 하는 사이 기세등등하던 '얌전'이는 역전되어 밑에 깔리고 내 귀는 조금 찢어져 피가 났지만 나는 그녀를 깔아뭉개어 머리채를 움켜쥐고 패대기를 쳐댔으니 머리는 한 움큼 빠져 그녀의 악대기 같은 울음소리로 막을 내렸다.

수난의 3학년 동안 점점 학교 가기 싫어지는 내게 속도 모르고 약방이나 보건소에 데려가라고 채근하시던 아버지는 늦게야 그 이유를 눈치채셨다. 설날 명절 일가 어른들이 한자리에 모여 세배를 하고 난 후 "창순이 공부 잘하느냐."시는 어른들의 덕담에 나는 학교 다니지 않겠다고 대담한 선언을 하고 말았다. 자초지종을 들은 어르신들은 아버지에게 4학년이 되기 전에 이름을 바꿔주라고 말씀하셨고 '창순'이란 이름을 바꾸기로 결정한 아버지는 곧바로 '창순'이를 남자다운 사내아이가 되라고 '택수'로 개명을 하여 주셨다.

새학년이 되니 같은 반 친구들은 한동안 헷갈려 '택수'로 부르다가 '창순'이로 부르기도 하였다. 1950년대에도 호적 이름을 바꾼다는 것은 쉽지 않은 일이었다. 국민학교 졸업 60년이 돼가는 지금도 덜 친한 동창들은 생각나는 대로 내 이름을 부르고 있어 오히려 어렸을 적 '창순'이의 추억을 떠오르게 만들었다.

중학교 시절 이후 새로 만난 동창들은 이름을 혼동하는 일은 없었으나 고등학교에 올라간 후 다시 새로운 문제가 발생했다. 이성교제도 하게 되고 그룹미팅이 있는 날은 내 이름 '택수'가 서두부터 처음 만나 서먹거리는 좌중을 웃기게 하여 한층 분위기를 부드럽게 만들었다. 사회를 보는 친구가 나를 소개한다고 '조택수'를 호명할 때 성(조)에 힘이 들어가 'ㅅ'이 따라 붙어 웃음거리가 되어 창피하기 그지없었다. 3년 동안 내내 신경이 쓰여 궁리 끝에 뜬금없는 남녀평등을 부르짖으며 나는 어머니의 성(김)도 쓰겠다고 친구들한테 선언하고 '김택수'라는 이름으로 명찰을 만들어 딱단추를 달아 선생님과 아버지 앞에서는 '조택수'로 돌려놓고 달고 다닌 적이 있었다.

친구들의 이러한 놀림은 여성스러움에서 좀 더 남자답게 나를 담금질했다.

여자친구도 생기고 선물로 받은 김소월의 시집 《진달래 꽃》은 시를 알아가게 만들었다. 어려서부터 만화책과 소설책, 영화를 좋아했던 나는 친구도 많았지만 선배 친구들도 꽤나 있어 일찍 사회를 깨우쳤다. 술도 고등학생 시절부터 배웠으나 지킬 것은 지키고 절제를 했기에 선생님을 비롯한 어른들 보기에는 얌전한 '택수'였다.

이름 때문에 겪는 수난은 그렇게 쉽게 끝나지 않았다. 군대를 제대하고 진짜 사나이가 되어 돌아오니 기다렸다는 듯이 예비군 통지서가 나를 불렀다. 예비군 훈련받는 날 중대장의 출석체크 할 때 내 이름은 빠지지 않고 분위기 메이커였다. 온통 예비군이 다 웃어도 나는 위축되지 않고 오히려 "너희들은 내 이름이 불리면 그렇게 좋으냐."며 천연덕스럽게 한술 더 떠서 "너희들은 그것이 없으면 남자도 아냐." 하고 능청을 떠니 싱거운 한판이 되었다. 그러고 나서 나는 그냥 멈추지 않고 내 이름을 부를 때 조심하지 않고 무의식중에 나를 우세시킨 중대장 속을 은근히 썩인 적도 있었다.

그렇게 '창순'이와 '택수'라는 내 이름은 작명을 할 줄 아시는 아버지에 의해서 내 일생에 유난한 영향을 주었다. 울다 웃다, 창피함을 넘어 뻔뻔하게 극복하고 그러나 통성명을 할 때마다 조심스레 성은 먼저 낮은 음으로 시작, 부드럽게 이름으로 넘어간다. '조~택수'라고…….

잊음이 찾아온 나이

추석 전날은 각지에서 모이는 대로 남원에 계시는 조부모 산소에 성묘를 간다. 그해에는 3대가 성묘를 갔다. 손녀들의 재롱에다 점심으로 추어탕에 막걸리 한 사발 먹었더니 정신줄이 풀린 모양이다. 돌아오는 경유지에 있는 밤栗의 고상 순창에 들러 차례상에 올릴 밤을 사기로 했다. 농협 공판장에서 가족들과 나눠 먹으려 조금 많이 샀다. 출발하여 고개를 굽이돌아 강진으로 진입할 즈음 재잘거리던 손녀 자매가 "어, 아빠가 없네?" 한다. 당황하여 차를 돌리는데 아들한테 전화가 걸려온다. 밤을 사고 있는 사이 화장실에 간다는 말을 하지 않고 이탈한 것이다. 스마트폰을 넣어둔 채 상의를 뒷자리에 벗어놓고 내린 것도 그렇고, 모두가 생각 없이 출발한 것이다. 명절이면 추억 속의 주인공들은 어처구니없었던 그날을 들추어 웃고는 한다.

나는 자식들에게 아는 만큼 알려주고 싶어 한다. 미래에 나보다 나은 삶을 안겨주고 싶다. 그런 마음으로 손녀들에게 알콩달콩 꿈을 키워주고 싶은 마음으로 세계 4대 강국의 면모를 보여주고 싶어 일년에 한 차례씩 다니기로 약속을 했다. 먼저 중국을 시작하여 일본 등을 차례로 다녀오기로 계획을 세웠다. 아들 내외를 인천공항에서 만나 반가워 안기는 손녀들을 다독인 후 잘 다녀올 터이니 걱정하지 말라며 헤어졌다. 출국 수속을 하려는데 생각지도 않은 일이 터졌다. 새로 발급받은 여권을 집에 두고 시효가 만료된 여권을 아내가 가져온 것이다.

평소 자식들에게 부모답게 보이려 노력했는데 한순간에 무너지나 싶다. 난감하지만 당황해하는 아내와 불안해하는 손녀들을 다독거려 안심시키고 공항 영사관에 달려가 도움을 요청했다. 급히 사진부터 찍어 임시 여권을 신청하니 오후에나 임시여권이 나온단다. 밤 비행기나 탈 수 있을 것 같아 여행사와 일정을 다시 조율하였다. 한바탕 소동이 지나간 다음 일산의 직장에 있는 아들에게 연락하였다. 한 시간 후 도착한 아들 직장 근처의 호텔에서 시간을 보내기로 하였다.

부모와 떨어져 처음 가는 해외여행으로 기대감과 초조함에 들떠있는 손녀들이 불안할까 봐 신경이 쓰인다. 걱정 안 하고 재미있게 시간을 보내려 하지만 시간은 왜 이리 굼뜨게 가는지 모르겠다. 여권 소동은 나만 경험한 일이 아니고 주변에서도 종종 일어나는 일이다.

북유럽에 갔을 때 일이다. 핀란드에서 일정이 끝나 국경을 넘어 노르웨이에 도착하여 새로운 일정을 시작하였다. 리조트에 도착해서 방 배정을 받아 짐을 풀려니 캐리어 열쇠가 없다. 핀란드 마지막 숙소에서 테이블 위에 늘어놓았던 소품들과 함께 놓았는데 가방을 싸면서 소품가방에 챙겨 넣지 않고 무심코 빠트린 것이다. 가이드를 불러 여러 가지 방법을 논의했으나 별수 없어 호텔 직원을 불러 잠금장치를 부수고 강제로 열었다. 다시 잠글 수가 없어 테이프 한 통을 구해 끼고 다니며 북유럽 일정이 끝나는 날까지 자물쇠 대신 테이프로 뜯었다 붙이기를 반복하였다. 날마다 다른 지역으로 이동하기 때문에 여간 불편하지 않아 새로 구입하려 하였으나 뜻대로 되지 않은 데다 쉽게 버리지 못하는 성격에 국내에 다시 가지고 들어온 바람에 A/S를 받아 다시 사용하고 있다.

부모님이 돌아가신 지 십수 년이 지났지만 자주 부모님 산소에 가는 편이다. 불효한 때늦은 뉘우침에 산소 앞에 엎드려 잡초도 뽑고 빈터에 이것저것 심어 가꾼다. 출발한 지 2~3분도 안 되어 아내와 나는 서로 먼저 말을 한다. "어? ㅇㅇ를 안 가져왔네!" 하면서 곧 바로 차를 돌리는 일이 부지기수다. 오늘은 뭘 빼먹고 나왔지 하고 긴장을 한다.

나는 내 머릿속을 꼭 간직하여야 할 것만 놔두고 개운하게 비우고 싶다. 머릿속에는 쓸모없는 것들이 많이 남아 필요한 기억마저 흐려지고 새로운 정보가 들어오려 해도 심술첨지처럼 방해하고 있다. 지금 나는 아는 것도 별로지만 너무 나서면 안 된다고 자신에게 가르친다. 앞으로 가는 동안 버릴 것은 잊어버리고 비워야 한다고 생각을 하지만 욕심은 쉽게 나를 놔주지 않는다.

사람 사는 곳에 사람냄새가 나며 내심 바라는 것은 좀 더 사람답게 살고 싶다. 나 아닌 다른 사람에게 도움이 되지는 못할망정 짐이 되는 사람이 되면 안 되지 싶다. 더구나 나이가 들어가며 야금야금 기억을 까먹고 금방 한 일도 기억하지 못하는 내가 될까 두렵다. 치매 보고 오지 마란다고 오지 않는다는 보장도 없지만 나에게 치매가 오지 않기를 간절히 기원한다. 나는 날마다 할 일을 스마트폰에 미리미리 입력을 한다. 약속이 취소되거나 변경이 되면 그 자리에서 지우고 다시 입력을 하며 까먹었다는 소리를 듣지 않으려 나 자신을 관리한다.

미국에 있는 모 대학 교수의 발표에 의하면 개인적인 차이는 다소 있겠지만 남성이 여성보다 약 3배 정도 빨리 신경이 둔해진다고 한다. 그 이유는 대뇌 세포 감소로 인한 것인데 옛말에 '늙으면 어린애가 된다.' 는 말이 있다. 어린애의 대뇌에는 아직 입력이 덜 되어 빈자리가 많이 남아 있고 늙은이의 뇌세포는 꽉 차있는 만큼 사용하여 낡아 빠져나가기 때문이다. 인간은 40세가 넘으면 뇌세포의 감소 속도가 빨라지고 잊어버리고 사고력이 쇠퇴하는 증상이 나타나기 시작하는 것을 노화현상이라고 한다. 정상적인 기억력 저하는 뇌의 자연적인 노화현상으로 경험한 것 일부를 잊어버리는데 일상생활에는 지장이 없다 한다.

건망증은 경험이나 기억들을 부분부분 까먹어서 누군가 말해 주었을 때 늦게나마 기억할 수 있는 상태를 말하고 치매는 일상생활에서 정상적으로 기억력이 문제없이 잘 지내다가 여러 뇌질환에 걸려서 기억력을 포함한 인지 습득 능력에 장애가 생기면서 자신의 역할에 문제가 생김을 말한단다. 대화 중 단어가 떠오르지 않으면 '건망증'이냐 '치매'냐? 가 아닌 단순한 잊음이면 좋겠다. 금붕어가 작은 어항에서 그럭저럭 살아갈 수 있는 것은 기억력이 전혀 없기 때문이란다. 다람쥐의 건망증은 더 심하여 땅속에 묻어두고 잊어버려 그 덕분에 싹이 나서 상수리나무 숲을 이룬다고 한다. 우리가 살아가면서 꼭 기억해야 할 것들도 많지만 잊어버려야 할 것들도 많다.

'건망증'과 '치매'의 차이는 '건망증'은 경험이나 기억들을 부분부분 까먹어서 누군가 말해 주었을 때 늦게나마 기억할 수 있는 상태를 말하고 '치매'는 일상생활에서 정상적으로 기억력이 문제없이 잘 지내다가 여러 뇌질환에 걸려서 기억력을 포함한 인지 습득 능력에 장애가 생기면서 자신의 역할에 문제가 생김을 말한다.

꼭 필요한 물건이 없는 상황은 그야말로 황당한 일이다. 다시 일어나서는 안 될 상황은 되풀이되고 있으나 다행인 것은 나의 이야기를 듣고 '나도 그래. ' 하고 토닥거리는 동료들의 격려이다.

졸병 생활

칠월의 논산은 뜨겁게 달아오르고 있다. 길가 미루나무 이파리는 분칠한 것처럼 흙먼지를 뒤집어쓰고 숨이 막힐 지경이었다. 부모님 곁을 떠나 삼 년 동안 고생할 생각 하니 자꾸만 약해진다. 마음을 다잡기 위해 움켜쥔 손에서는 징집영장이 구겨지며 소리를 낸다. 훈련소 입소대入召隊에 도착하니 걸어오는 동안 흘린 땀에 등줄기가 후줄근했다. 이 길은 마치 앞으로 나가야 할 고난의 길의 통과의례 같았다.

입영 장정들이 시간 맞추어 도착하니 정문에서부터 인솔할 병사들이 나와 군기를 잡는다. 오는 대로 줄을 세워 연병장으로 인솔한 후 내복까지 다 벗기고 군용품으로 갈아입힌다. 벗어놓은 옷가지에 휴대품도 같이 넣어 포장한 후 집 주소를 적었다. 이제는 정말 훈련병이 되었구나, 실감이 나고 정신이 번쩍 든다. 훈련받을 연대 배치 전까지 지내는 사흘 동안 잡념을 털어낸다. 어제 만든 화단을 부수고 오늘 다시 만들게 한다. 밤에는 점호며, 불침번에 집 생각을 할 틈을 주지 않는다.

고등학교 입학 후 처음 하숙 생활을 시작할 때, 물이 바뀌어 그런다고 한 일주일간 설사를 하여 고생한 적이 있었다. 한여름 칠월에 군대에 오니 첫날부터 짬밥 냄새도 역겨운데 먹으면 바로 설사를 해 버린다. 어떻게 해야 위기에서 벗어날까 궁리 끝에 PX에 가서 활명수 500mL를 샀다. 식사 시간이 되면 국 대신 밥그릇에 활명수를 부어 밥 말아 먹기를 계속하였다. 점점 나아지더니 나중에는 역겨움도 사라졌다. 배식하는 동기들에게 한 주걱 꾹꾹 눌러 담으라고 요구하게 되었다.

하루는 아침 일찍 중대장이 불러 조교를 따라가니 "키가 얼마냐?" 고 묻는다. "1m 76cm입니다."라고 답변하니 병사카드와 나를 번갈아 가며 훑어본다. 얼굴도 반반하고 키도 자기와 같다며 중대 기수 임무를 부여한다. 1중대 1소대였던 나는 그날부터 우리 연대가 훈련을 나갈 때마다 맨 앞에 서는 기수가 되었다. 훈련소에는 동네 선배가 훈련소장 차 운전을 한 덕분이었는지 우리 동네 사람들이 많았다. 찾아오지 않아도 든든하여 조금은 위안이 되었다.

훈련이 끝나갈 무렵에는 적임자를 차출하기 위해 관련 부대에서 중대본부로 찾아오기 시작했다. 나에게도 가까운 후방지역 근무부터, 특수부대 등 여러 사람이 선망하는 보직을 제의받았다. 거절하면 어느 부대에서는 네가 그렇게 잘났냐며 때리기까지 하였다. 나는 그럴 때마다 부여받은 주특기 부대 아니면 가지 않겠다고 하였다. 그 부대는 인원이 적어 제대해야 채우기 때문에 지금은 자리가 없다며 안타까워했다. 나는 초조하면서도 발령이 나겠지 하며 불안한 마음을 달랬다.

6주간의 훈련 기간을 보내는 동안 삼복더위와 싸워야 했으며 입이 짧아 더 힘이 들었다. 고된 훈련을 싫어했던 나는 자신도 모르게 대한민국의 든든한 육군 사병으로 자라고 있었다. 훈련을 마치고 보충대로 가기 위해 훈련소를 떠나는 날은 비까지 추적추적 내리고 있었다. 대부분 훈련병은 고단했던 훈련 속에 머물렀던 논산은 쳐다보지도 않겠다고 말했다. 칠흑같이 어두운 밤중 빗속을 행진하여 기차에 올랐다.

칙칙폭폭 밤새도록 비 내리는 어둠 속을 달리는 기차 안 또다시 찾아가는 미지의 부대가 어디일까 궁금하고 두렵기도 하였다. 비는 그치고 여명이 밝아 올 때야 강원도라는 걸 알고는 망연자실하였다. 군대 행정을 알 수 없는 나는 정말 큰일이 났구나 싶어 풀이 죽어 보충대에 도착하였다. 조금도 여유를 안 주고 날마다 이리저리 일을 시킨다. 나는 몸도 마음도 아파 내무반 당번으로 남아 누워 있었다. 하루는 누가 내 이름을 부르며 찾기에 일어나다 보니 중학교 선배다. 선배를 보니 체면이고 뭐고 눈물이 먼저 미적거리고 나온다. 선배는 한 일주일 있으면 부대 배치를 받을 거라며 말해 놓을 테니 내무반에서 쉬고 있으란다.

일주일 후 동기들은 부대 배치를 받아 떠났는데 홀로 남아 선배를 찾았다. 사무 착오가 있었다며 의정부에 있는 보충대로 보내졌다. 도착하니 같이 입대한 친구 3명이 먼저 와 있다. 우리는 헤어졌던 이산가족처럼 끌어안고 기뻐하였다. 불안하여 풀 죽어 있던 나는 어디 가고 기가 살아나 원래대로의 모습을 찾았다.

6 · 25전쟁 이후 전쟁의 폐해가 복구되고 경제 개발 5개년 계획으로 나라가 안정되어 갔다. 그동안 전쟁으로 징발되었던 땅을 되찾아야겠다는 민원이 몰려오니 정부는 군대 주둔 지역의 부동산을 조사하였다. 군부대 소유와 민간 소유를 정확히 가려 되돌리든지, 보상하든지 하는 정책이었다. 관련된 임무를 부여받은 나는 비로소 담당 지역에 배치되었다.

부대별로 일정을 잡아 도면과 대장을 현황에 따라 정리를 하였다. 3년 동안 수도권을 비롯한 경기, 강원 일대를 순회하며 맡겨진 임무를 마칠 수 있었다. 사병이지만 상급 부대 소속에 특수한 업무를 수행하여 군부대나 민간인에게 대우를 받았다. 업무 중 군 소유재산을 부실하게 관리하거나 억울해하는 민간인들의 민원을 해결하는 등 어디를 가나 대우를 받았으며 아는 사람들도 많이 만났다. 군 복무 중 잊지 못할 큰 사건은 북한군 김신조 일당의 남한침투사건으로 나라가 흔들릴 정도였으나 우리 군대가 바로 설 수 있는 계기가 되었다고 생각한다.

그리고 운전 교육대에서 만난 초등학교 동기와 유격훈련장에서 만난 친구를 불러 따뜻한 밥을 실컷 먹게 했던 일, 전차부대의 C와

GP에서 근무하던 K는 그 부대에 마침, 출장업무 중 휴무일 때 밖으로 불러내어 1박 2일 동안 여관방에서 막걸리 통을 끌어안고 뒹굴며 우의友誼를 나눴던 추억 등은 군대 생활 삼 년은 나에게 때로는 벅찬 감동을 안겨주었다.

가을이면 철원 최전방지역 무너져 내린 노동당사 부근에 흐드러지게 피어난 수숫대만 한 억새의 아름다운 풍광은 잊을 수가 없다. 찾아간 초가지붕 옴팡집에서 포천 막걸리의 붉은 유혹 등은 다시 돌릴 수 없는 젊은 날의 일기장 속에 숨어들었다. 가장 특별했던 인연은 군번 8자리 중 끝자리만 다른 네 명이 동기다. 00000041의 P, 42의 K, 43의 S, 44인 나와 함께 삼 년 동안 동고동락했던 전우였다. 제일 억울한 건 줄빳다 맞을 때였다. 졸병 생활은 조금 덜 여물었던 나를 철들게 한 나이테였다. 군대 생활은 나에게는 소중한 경험이었으며 자주 등장했던 술 안줏거리지만, 아내에게는 또 '그놈의 이야기'일 뿐이었다.

3부
풍촌 할매

풍촌 할매

동네를 한 바퀴 산책한다. 가벼운 옷차림으로 집을 나서면 누구 집 할 것 없이 화초를 가꾸고 있다. 복숭아꽃 살구꽃이 울긋불긋 곱게 차려입고 내 눈길을 끌어올려 호사시킨다. 울타리 너머로 임 기다리는 새각시마냥 목을 빼더니 어느새 조랑조랑 풋과실을 품에 안은 엄마가 되어 있다. 유월이 가고 청포도 익어가는 칠월이 왔는데도 여전히 형형색색의 여러 가지 화초들은 시샘하듯 탐스럽게 피어 길 가는 사람의 눈길을 호강시켜 준다.

자전거포는 집 뒤 큰길가에 빨간 넝쿨장미를 심어 하얀 벽면에 마치 그림을 그리듯 잘 가꾸어 놓았다. 이어서 돌아가면 가파른 언덕 위의 집을 만난다. 앞마당 한쪽에 심지 않고 집 모퉁이 아랫길을 내려다볼 수 있는 곳에 노랑장미를 심어 막 떠오른 햇살을 받은 장미는 부잣집 며느리마냥 복스럽게 환한 미소를 짓고 있다. 그렇게 화려한 장미꽃도 날이 차면 어깻죽지 내리고 추레해지고는 서서히 말라 비틀어져 오가는 사람의 눈길을 돌리게 한다.

구사동 다리 옆집에 사는 풍촌 할매는 나이가 많아질수록 뚱뚱한 몸을 이기지 못하여 걷지를 못한다. 그런 몸을 구부려 두 손까지 짚어가며 집과 포장도로 늘어진 틈 사이 한 뼘 공간에 고추랑 쑥갓, 시금치를 몇 포기씩 돌려짓기를 한다. 그것도 성이 차지 않은 듯 방문 앞 화분에는 홍매화와 뮛양귀비까지 심어 파란 도화지에 온통 빨간 칠을 해놓은 듯 화려하다.

그러던 어느 날인가 집 대문에 자물쇠가 잠겨 있어 딸네 집 아니면 병원에 갔겠지 했다. 항상 마르지 않고 촉촉이 젖어 있던 채소는 말라 가는데 풍촌 할매는 돌아오지 않았다. 겨울이 가고 다시 따스한 햇살이 잠자는 달래 냉이를 불러내는 어느 날, 현관문 같은 대문이 활짝 열려 있었다. 방안등물이 다 나와 끌려가는 사람처럼 늘어서 있고 사람들이 집안 정리를 하고 있어 불쑥 불길한 생각이 들었다.

그 후 다시 날이 바뀌어 할머니와 닮은 아줌마가 집안을 들락날락 임무 교대하듯 살고 있다, 아마 할머니의 딸인가 싶다.

고향을 떠났던 사람들은 명절이나 애경사에 찾아오거나 개인적인 용무로 고향을 찾아오면 일가친척, 친지를 만나 먼저 하는 이야기 중 '아무개네 할머니는 지금도 살았어?' 아니면 '아직도 펄펄하지?' 하고 안부를 묻는다.

꽃을 심어 나도 보지만 이웃도 보고 멀리 떠나 있던 사람까지 챙기는 따뜻한 마음, 고향에 찾아와 이웃 어른들의 안부부터 시작하여 자식들의 이야기까지 차근차근 동네사람들 안부를 다 물어본다.

생일날은 닭 한 마리 잡아 미역 넣어 한 솥 끓인 후 이웃집을 불러 들여 아침식사를 같이 했다. 모내기 하는 날은 동네 잔치하는 날이다. 햇감자에 갈치 고등어 한 마리 넣고 한 솥 끓여 어른아이 할 것 없이 지나가는 사람도 부른다. 논두렁에 앉아 먹는 사람, 서서 먹는 사람, 자리가 없으면 자리 빌 때까지 기다려 먹는 사람, 그러고도 모자라 집에 돌아와 몸이 불편한 이웃 노인네까지 불러 보리밥을 나눠 먹던 인심은 따뜻했다. 어머니 허리 휘는 일인 줄은 어머니가 드러눕고 나서야 알았다.

밤에는 식구들이 알까 봐 아파도 소리 없이 끙끙 앓았을 거라 생각하면 가슴이 저리다. 요즘 세상은 상상도 못할 일이다. 나와 내 자식만 알고 나만 잘살면 된다는 생각을 하는 사람이 많지만 그래도 아직 덜 바라진 시골 인심이 사람 사는 어느 곳에 남아 있으리라. 나는 조금 모자라도 내 가족, 내 이웃을 먼저 생각하면서 가난하지만 마음만은 넉넉했던 그 시절의 인심이 연어 돌아오듯 다시 돌아오지 않으려나.

감꼭지

나에게는 걷기 운동이 만만하고 무난한 것 같아 매일 한 시간 정도를 하고 있다. 집을 나서면 일본 사람들이 지맥地脈을 끊어 동네를 관통하는 농수로가 나온다. 그 길을 타고 걷다 보면 달동네 꼭대기에 감나무 두 그루와 은행나무 한 그루가 서 있다. 나이가 꽤 듬직한 나무다. 감나무 앞에는 덩치 큰 은행나무가 유세장의 거시기한 놈처럼 떡하니 버티고 있어 눈엣가시다. 옆에 나란히 섰더라면 저희들도 좋고, 보는 사람도 좋았을 것이란 생각이 든다. 그렇지만 감나무와 은행나무는 지나가는 사람들에게 볼거리를 제공한다.

겨우내 무엇을 얼마나 잘못했기에 옷을 홀딱 벗긴 것처럼 앙상하게 뼈만 남아 새카만 모습을 드러내고 서있다. 서쪽 강줄기 따라 불어오는 삭풍과 눈보라에 부대끼는 것 같아 애처로운 마음이 든다.

잘 참고 견디니 어느새 입춘절기가 오고, 대문 앞에는 '입춘대길', '가화만사성'이 새 옷으로 갈아입고 나와 있다. 움츠러들었던 나무들은 잔가지들을 깨워 세상 밖으로 새순을 밀어낸다. 두꺼운 껍질 틈새 사이 세상 밖으로 내미는 모습은 병아리 부리마냥 앙증맞다. 우수경칩에 내리는 봄비에 기운을 차린 감나무는 살 부드러운 꽃망울을 맺는다. 초등학교 시절 옆집 순이와 떨어진 감꽃을 주워 그게 뭐가 그리 소중하였는지 치맛자락에 한 움큼 담아왔다. 햇살 비추는 마루턱에 앉아 실로 꿰어 보석팔찌처럼 만들었다. 등굣길 내 옆에 다가와 내 손에 쥐여 주고 저만치 저희들 일행 속으로 숨어들었다.

감나무에 뾰루지마냥 쪼그맣게 달린 알맹이는 긴 여름 뙤약볕과 비바람을 맞으며 탱탱히 살을 찌운다. 열린 대로 다 키울 욕심을 부리지 않고 허술한 놈부터 바닥으로 떨어트린다. 언덕 풀 섶에 떨어지기도 하지만 재수 없는 놈은 길바닥까지 굴러 차바퀴에 깔리면 흔적이 참 그렇다. 보다 못해 지나면서 발로 밀어 넣거나 주워 강물에 던져 넣는다. 흐르는 물속에 떨어져 몸이 삭으면 물고기 밥이라도 되겠지, 하며 매일 여남은 개를 골 차듯 한다. 어설프게 길을 치우는 사이 남은 열매도 제자리를 잡는다.

소년 시절 여름 방학이면 외갓집에 갔다. 아침이면 마당을 쓸던 외할아버지는 제법 탐스런 놈들을 바가지에 주워 담아 부엌에 건네주었다. 항아리에 쌀뜨물을 받아 안치면 어느새 떫은맛은 사라지고 노란 속살은 간식거리가 되었다.

감나무에서 감 떨어지기가 멈출 즈음 바로 앞의 은행나무는 나이 먹은 값을 하느라 그런지 엄청난 은행을 주렁주렁 달았다. 육아하는 엄마처럼 너무나 힘들었는지 비가 내린 다음 날 작은 알맹이가 많이 떨어져 차에 깔리고 발에 밟혀 만신창이가 되어 악취까지 풍긴다.

입추가 지나면 푸르던 세상은 서서히 변하여 누렇게 익어간다. 향교나 사찰에서 볼 수 있었던 은행나무는 그 어느 해 누군가로부터 가로수에 발탁되어 전국에 걸쳐 도로변에 나왔다. 은행이 어디에 좋단다며 건강식품으로 인기를 누리자 길가에 떨어지기 무섭게 주워갔다. 극성스런 사람은 새벽에 나와 나무에 올라 흔들어 주워 담아 단속할 정도였다. 어느 날 모 방송에 유명하다는 교수가 나와 뭐라고 한마디하니 하루아침에 천덕꾸러기로 전락하였다. 익을 즈음 비바람이라도 부는 날은 꼴불견이었다. 요즘은 어린 암나무의 번식능력을 없애버리고 심는다고 한다.

남쪽에서 날아왔던 제비가 돌아가기 시작하면 새파랗던 감은 터질 것 같은 볼에 발그레 홍조를 띤 듯 익어간다. 은행나무 잘나가던 한때가 있었듯이 감나무도 한때는 집집마다 한두 그루를 심었다. 산간에서는 감 농사가 주업이었고 감 농사로 대통령도 나왔단다. 육종기술의 발달과 함께 과수나무도 많이 개량되었다. 문익점이 목화씨를, 조엄은 대마도에서 고구마를 가져오듯 외래종이 들어와 주인 노릇을 한다. (외세의 침략으로 많은 핍박과 고통도 있었고, 일제 36년 강점기는 내선일체를 한다고 종 부리듯 하였으나, 다행히 놈들이 물러나니 세상은 많은 부분에서 발전하였다.) 특히 농업부분에서 많은 발전을 가져왔다. 그러나 아주 중요한 부분은 우리가 만들지 못하여 많은 로열티를 지불하고 있는 실정이다.

한때 배고픈 시절에 주인 몰래 과일을 따먹던 서리가 있었다. 수확기에는 감을 깎아 싸리나무에 꿰어 곶감을 만든다. 잘못 말린 하품도 설 명절 대목장에 내놓으면 필수제물이 되어 빈곤한 사람의 차지가 되었다. 세상이 변하여 남의 것은 웬만하면 손대지 않는 세상이 되었다. 교통이 불편한 오지가 아니라도 길가의 잘 익은 감을 보기만 한다. 조그맣거나 높이 달리면 사람들의 관심 밖으로 밀려난다. 좋은 자리에 있어도 주인의 능력이 못 미치면 그만이다.

내쳐진 감은 북풍한설 기나긴 겨울 동안 새들의 밥이다. 사람과 새들이 나눠 먹고 남으면 나무에 미운 놈처럼 매달려 있다. 어떤 놈은 꼭지째 바닥에 내동댕이쳐 구르지만 실한 놈은 끝까지 움켜쥐고 놓질 않는다. 비바람에 육신이 찢기어도 고집스레 매달려있다. 벗겨지고 혀 빼문 것처럼 검붉게 늘어진 감꼭지가 울고 있다.

계契 탄 날

아침 식사를 제시간에 먹고는 TV 방송을 보면서 자신도 모르게 눈꺼풀이 내려앉으려 하는데 아내가 창밖을 내다보며 "안개가 자욱해서 오늘 운동은 못 가려나 보다."고 하는 소리에 벌떡 일어났다. 아침밥을 전과 같이 먹었는데 일어나려니 사촌이 논畓 산 일이 없는데 배가 조금 뒤틀려 누워있는 참이었다.

우리 부부는 아침 운동을 거르지 않고 한다. 기상 시간부터 하루를 규칙적으로 시작한다. 물론 일 년 열두 달 365일을 빠지지 않고 한다는 이야기는 아니다. 한 달에 한 번 어디를 간다거나, 여행을 가거나 특별한 일이 있으면 그때그때 일정에 맞추어 생략하거나 시간을 변경할 때도 있다. 눈을 뜨면 밤사이 굳었을 근육을 깨우기 위해 우선 드러누워 몸풀기 운동부터 시작한다. 발바닥 치기 300회, 팔운동

300회, 허리 운동 150회 등 이런 식으로 발끝에서 머리 운동까지 차근차근 30분 정도 나만의 전신운동을 마친다.

다음에는 텔레비전을 켜고 뉴스와 일기예보를 본다. 거창하게 큰 일을 하는 사람은 아니지만, 밤사이에 무슨 일이 있었나, 궁금하고 오늘 날씨를 점검해 본다. 그런 다음 동진강 둑길로 걷기 운동을 나간다.

집 근처에 초등학교가 있어 편리하여 운동장으로 가고 싶지만, 학교에 가면 거동이 불편한 이웃 할머니들이 운동장 트랙을 따라 걷다가 힘들면 쉬다 돌고 있는데 합류하다 보면 한 시간 동안 몇 번을 추월하게 되고 그러다 보면 불편한 그분들에게 괜히 미안한 마음이 든다. 웬만하면 서로 알기 때문에 더욱더 그렇다. 그분들보다 조금 건강하여 빨리 걷지만, 혹시나 그분들에게 나도 저럴 때가 있었는데 하는 좌절감을 안길까 봐 부담스러워 웬만하면 들판으로 나간다.

집을 나오면 한 시간 코스로 동진강 제방을 타고 두다리목으로 돌아서 오면 된다. 주변에는 너른 들판이 펼쳐지고 그 가운데를 가로질러 동쪽에서 시작된 두 갈래 물줄기는 y자로 합수되는 동진강 상류 지역으로 봄, 여름, 가을, 겨울을 제각각의 만들어 내는 자연의 변화는 세파에 시달리는 나에게서 복잡한 잡념을 씻어낸다, 더군다나 동서 양편으로 호남선 철도와 최근 개통한 KTX 철도가 마치 ¥자를 연상하듯 멋지게 남 · 북으로 달리고 있다.

입춘이 지나면 텅 빈 들녘엔 몰려왔던 기러기 떼가 고향 생각에 애처로이 울 때면 따스한 봄기운이 남쪽에서 몰려오고 흩날리던 눈보라는 황량한 들판을 넘어 지난 겨우내 살찌운 철새들을 몰고 북녘 산 너머로 사라지고 훈훈한 봄바람은 화가로 변신하여 버들가지부터 서서히 메마른 대지를 연초록으로 물을 들인다.

벌 나비가 날아들고 꽃이 피면 어느새 한여름 달궈진 태양은 곡식과 과일을 한가득 채우고 서늘한 가을바람은 황금 들녘을 수놓기 시작하면 농부들은 트랙터를 꺼내어 시동을 걸어본다 싶으면 다 걷어간 자리엔 멀리 시베리아에서 청둥오리를 선두로 갈까마귀가 수만 마리 상공을 날면 활기차고 부산했던 평야는 하얀 솜이불 속에 잠이 든다.

물론 세상이 네 폭의 명품만 있는 것은 아니고 깜짝깜짝 놀라게 하는 끔찍한 로드킬도 있고, 맥없이 잘 노는 새를 잡는다고 빵빵 쏘아대는 소리는 여린 내 가슴을 흔들어 놓기도 한다.

걷기를 한 20분 하는데 갑자기 소변이 마려워 참을까 했지만 힘들어 두리번거리니 오가는 사람 하나 없어 전봇대 한쪽에서 시원스레 볼일을 보려니 뒷간 쪽에서 뭔가 같이 나오려는 심상치 않은 느낌이 들어 급히 휴지를 찾아 바지를 내렸으나 깨끗이 처리를 못 하고 흘리고 말았다. 이 무슨 창피 사건인가 싶다.

다행히 휴지가 있었다는 것, 도심 한복판이 아니라는 것, 아직 괄약근 기능이 살아있다는 것을 다행으로 생각하며 앞에 가는 아내를 불러 세우고 돌아가기로 했다. 아내의 뒤쪽에 그림자처럼 가까운 거리를 만들어 집으로 돌아오자마자 화장실로 향했다. 깨끗이 샤워를 하고 나왔으나 마음은 영 아니다. 기분이 가라앉아 나오는 나에게 아내는 "비누로 깨끗이 씻었어?" 하고 잔소리를 하기에 "내가 애기여!" 퉁명스럽게 대꾸하니 "그럼 ×싸고 댕기니 아이지…." 하고 피식 웃는다, 참 잘났다 속으로 대꾸하며 창피하다, 창피 사건이다.

오전 11시에 이평면 사무소 특설무대에서 고부 농민 봉기 기념제에 초청장이 왔기에 늦지 않게 참석하여 서둘러 나가는데 아내는 "스마트폰, 모자, 뭐 잊은 것 없는지 잘 챙겨 나가~." 날마다 하는 잔소리를 뒤통수로 들으며 주차장으로 향했다.

조금 후 면사무소 앞에 도착했으나 어찌 썰렁하다. 내가 잘못 왔나 싶어 초청장을 꺼내어 일시 장소를 확인한 후 면사무소 안에 들어가 직원에게 오늘 행사 없냐고 물으니 초등학교 졸업식이요 한다. 밖으로 나와 인근 친구에게 가니 아침방송도 했다며 AI 조류인플루엔자 때문에 연기했다 한다. 문자도 보냈다고 하는데 나에게는 연락이 오지 않아 이런 일이 생겼다.

오늘 오전에 일어난 잔혹사(?)는 아내와 친구만 따로 아는 사실로 가려지고 오후에 날씨는 흐리지만, 몸과 마음을 재단장하고 다시 집을 나선다. 언젠가는 계 탈 날이 올지 모르잖는가. 이젠 ×싼 날은 제발 나에게 다시 오지 마라.

나이 칠 학년은 어느새 나를 뻔뻔하게 만들었다. 옛말처럼 건강은 누가 뭐라 해도 밥 잘 먹고, 잘 싸고, 잠 잘 자면 된다는 것은 누구나 다 아는 일이지만 생리 현상이 어떻게 마음대로만 될 수 없다. 병원에 누워있지 않은 것만도 얼마나 고마운 일인가. 모두 함께 있는 곳에 낄 수 있음을 감사한다.

나는 지금 지고 산다

오늘도 어머니는 마을회관에 나와 있다. 동네 아주머니들이 모여서 공동취사를 하고 따뜻한 방안 한쪽에서 십 원짜리 화투판을 벌인다. 하지 않은 사람들은 티브이를 시청하거나 돌아가면서 잡담으로 하루를 소일한다.

누가 먼저랄 것 없이 이야기보따리를 풀어놓기 시작하면 어젯밤 사소한 일로 영감님과 타시락거린 이야기나 신세 한탄을 하는 사람 등 시끌벅적하다. 가만히 들어보면 맨날 하는 이야기가 똑같지만, 밥 먹듯 소일거리로 이야기들을 한다. 자기 흉은 모르니 남의 흉 아니면 할 이야기가 없다.

"그 집 며느리는 잘못 들였어, 아들이 순해 빠졌는지 아침 식탁에 빵하고 우유를 챙겨놓고 퍼질러 자고 있다네." 그런가 하면 "우리 딸

시집 하나는 잘 갔어, 사위가 얼마나 착한지 알아서 먹고 나갈 테니 일어나지 말고 더 누워 있으라며 소리 없이 나간다네.”

똑같은 상황을 두고 며느리 잘못 들였다고 하는가 하면 한편에서는 딸이 시집을 잘 갔다고 한다. 시어머니와 친정어머니의 입장이 이렇게 바뀐다.

이웃 마을에 살던 아내는 처녀 시절부터 우리 집에 들락거렸다. 바로 아래 여동생 친구들과 같이 놀러 와 어머니와 함께 자리할 때도 있었다. 어머니는 다음날 식구들이 아침을 먹는 자리에서 예의 바르고 인물도 그만하면 예쁜 처녀라고 칭찬을 하셨다. 입영 영장을 받아 시골집에 와 있던 나의 관심도 자연히 그녀에게 쏠리기 시작했다. 그렇게 시작한 교제는 시간이 흘러 제대 후까지 이어졌다. 누가 누구와 연애한다네, 소문이 나며 결혼 말이 오고 가자, 놀란 어머니의 태도는 돌변하였다. 자신의 진로도 어정쩡한 주제에 철없이 행동하는 아들에 대한 실망과 미움을 상대방으로 몰아간 셈이 되었다. 너는 우리 집 며느리 자격으로는 어림없다며 여동생에게 집에 데리고 오지 말라 선언하셨다.

참, 알다가도 모를 일이다. 딸내미 친구일 때는 괜찮고 아들하고 사귀니 깜이 아니라며, 넘볼 걸 넘보라며 무조건 말도 꺼내지 못하게 하였다. 어머니의 제일 친한 아줌마에게 중매를 부탁하였으나 진도가 나가지 않는다. 마지막으로 어머니가 신뢰하는 수원에 사는 집안 큰고모에게 연락하여 설득을 부탁드렸다. 아버지를 비롯한 가족들이 찬성하고 지인들까지 다 찬성을 하니 막을 수 없는 노릇이어서 억지 승낙을 하고 말았다. 어머니의 승낙이 떨어지자마자 일사천리로 날을 잡고 결혼식을 처갓집에서 전통식으로 올렸다.

남의 집 여인을 들일 때는 행실이 바른 여인의 기준을 세 가지로 삼는다고 한다. 말씨는 무게가 있으면서도 조곤조곤해야 하고, 맵시는 은근하면서도 기품이 있어야 하고, 솜씨는 날렵하면서도 우아한 멋을 풍겨야 한다. 라는 케케묵은 고전이 어머니의 며느리 선발기준은 아니었는지 모를 일이다.

나는 직장 관계로 전주에서 하숙 생활을 하였는데 당장 따로 신혼살림을 차릴 형편이 안 되어 우선 부모님과 같이 살기로 하였다. 신혼이지만 집에 자주 가지 못하자 아내는 전주까지 아기를 업고 찾아와 처음에는 2~3일 지내다 돌아갔는데 나중에는 분가하자고 조르며 일주일은 보통이고 농한기에는 한 달이 되어도 돌아갈 생각을 안 했다. 마음씨 좋은 하숙집 할머니의 배려도 작용했다. 나를 가족처럼 대했던 할머니는 말이 없고 순한 아내가 맘에 들고 안쓰러웠는지 하숙비 올려 받지 않을 터이니 같이 지내라고까지 말씀하셨다.

고추 당초 맵다지만 시집살이만큼 맵지 않다는 노래가 있듯이 처음부터 반대한 어머니는 며느리가 하나부터 열까지 맘에 든 게 하나도 없다. 한 달에 한 번씩 집에 들르니 잘 모를 수 있고 아내는 무슨 이야기를 잘 안 하지만 어머니가 아내에게 어떻게 하는지 짐작은 한다. 며느리에게 살갑게 안 하지 손녀는 유달리 예뻐하셨다. 손녀가 코를 훌쩍거리기만 하면 손수 둘러업고 의원까지 다녀오시곤 하셨다. 그러시는 어머니에게 이제 우리 집사람이 되었으니 며느리에게 관대하시라 부탁드리면 '못난 놈 저 잘되라고 뼈 빠지게 가르쳐 놨더니 부모 공덕은 모르고 각시에게 홀딱 빠져 각시 편만 든다.'고 화를 더 내셨다.

세월이 지나 남매를 낳을 때까지 6년을 아내는 조금만 기다리라는 내 말을 듣고 그렇게 살았다. 그러나 시집살이는 계속되었고 '조금만 참으면 데려가겠다.'라는 내 말은 공염불이었다. 셋째를 임신하자 이제는 더 이상 한집에 함께 살 수 없다는 아내의 강경한 주장에 회사를 그만두었다. 부모님의 동의하에 읍내에 셋방살이부터 시작하였다.

사귈 때는 잘 몰랐는데 아이를 하나하나 낳아가고 분가하여 살림을 시작하니 알뜰살뜰 열심히 사는 아내는 전형적인 남편 바라기 여인이었다. 맨날 친구들과 어울려 술판을 벌이는 남편에게 건강 걱정만 하는 착한 아내였다. 시키지 않아도 티브이 등 전자제품을 사들일 때도 부모님 먼저 사드리고 고등어 생선을 사도 부모님께 드릴 것까지 같이 사며 두 집 장을 봤다.

어머니는 분가하자 시간만 있으면 아들 며느리가 보는 가게에 들러 손자들을 돌봐주며 반찬도 만들어 놓고 집 안 청소까지 하는 등 많이 도와주셨다. 평소에 잘하지 못한다고 꾸지람만 하시던 어머니가 점점 변하기 시작하였다. 면전에서 우리 며느리 잘한다고 칭찬 한 번 하지 않으셨는데 어느 날부터 마을회관에 가시면 은근히 며느리 자랑도 하신다는 것을 알았다. 동네 아줌마들이 장을 보러 왔다가 전해주어 알 수 있었다. 나는 사업을 전주로 옮기고 3대가 살 수 있는 아파트를 마련하여 부모님과 같이 가기로 하였다. 하루는 나

없는 사이 어머니가 오셔서 내일모레 이사 갈 준비하는 아내에게 그동안의 약속을 깨며 "너희만 가거라. 그런데 너희가 전주로 가면 아버지 금방 돌아가신다."라고 하셨단다. 황당해하며 우리끼리 가자는 아내를 다독거리며 부모 없는 자식은 없다, 부모가 우선이라는 내 뜻에 따라 시집살이 37년을 5분 거리 지척에서 살았다. 돌아가시기 전에 치매가 있으신 부모님께 며느리가 할 수 있는 도리는 다하려 최선을 다한 것 같다. 어머니는 돌아가실 때 며느리 품에 안겨 편안한 얼굴로 영면하셨다. 시집살이시키시던 시어머니 곁에서 미음을 끓여드리고, 택시를 불러 동네 의원으로 모셔 치료를 받게 하고, 돌아가실 때는 일으켜 안아 고통을 덜어드렸던 아내에게 지난날 조금 군림했던 나를 반성하며 지금 지고 산다.

내 임과의 언쟁言爭

아내는 올해에도 김장을 한다고 절인 배추처럼 되었다. 그 모습이 안타까운 속마음을 감추고 파스를 붙여준다. 내일 오전 일찍 동네 의원에 꼭 가야 한다고 신신당부를 해본다. 아내는 자고 나면 괜찮을 테니 너무 걱정하지 말란다. 그쯤에서 멈추면 좋으련만 잔소리는 시작된다.

"그러니 내가 뭐랬어, 올해는 김장 많이 하지 말고 그때그때 조금씩 하자고 그랬잖아." "……." 대꾸가 없으니 계속된다. "우리 두 사람 먹으면 얼마나 먹는다고." 묵묵부답이다. "사람 말이 말 같지 않아?" 은근히 부아가 치밀어 오른다.

"자식 놈들은 이제 그만해. 지들이 담가먹든 사먹든 언제까지 뒤치다꺼리할 거요? 그러니 나이 사오십 먹은 놈들이 끄떡하면 부모에게 손 내밀지."

"부모는 평생 자식을 교육적으로 바라보아야지 자식 낳은 죄라는 말이 있잖아." 드디어 아내가 한마디 한다. "부모가 건강하고 능력 있으면 도움도 주고 그걸 복으로 생각해야지." 나의 계속되는 잔소리에 단단히 꼬인 모양이다. 나는 입을 다물고 아내는 이것저것 끄집어내기 시작한다.

사유는 이렇다. 진즉부터 때가 되면 아내는 김장을 줄여야지, 허리가 아파서 안 되겠어 했었다. 더구나 도로변 상가 2층에 살고 있어 인도人道에서 배추절임을 해야 하고 물이 빠지면 2층까지 계단을 오르내려야 한다. 지나가는 사람마다 한마디씩 한다. "아이고, 회장님이 김장을 하네." 시골동네라 뉴스를 탄다. 순식간에 자상한 남편 '너는 시집 한번 잘 갔다.' 하며 친구들은 칭찬을 한단다.

한번은 칠학년 부부동반 모임에서 일어난 일이다. 반백년을 미운 정 고운 정 쌓였는데 무슨 말을 어려워서 못하겠는가, 세월이 겹겹이 쌓였고 더군다나 술 한 잔이 자물쇠를 열어줘 말실수로 가벼운 언쟁도 하였다. "너는 참 좋겠다. 저런 남편 어디서 골라, 나하고 살면 날마다 업어주겠다." 앞에 앉은 아내 친구가 한마디 던진다.

내 입 꼬리가 올라가려는 찰나 아내는 그새를 못 참고 답을 한다. "야, 그렇게 좋으면 데리고 살아라. 나는 별로니까." 나는 깜짝 놀랐다. 아내가 처녀 적 내게 저돌적으로 구애를 할 때는 언제고 이제는 잡아 놓은 물고기가 아니라, 뭐야, 나는 속으로 생각했다. 남의 것은 더 좋아 보이기 마련이다. 겪어 보지 않고 살아보지 않은 친구는 그렇게 말할 수 있지만 결혼 50년차인 우리는 상대를 너무 잘 안다.

물론 장점도 많겠지만 좋은 점도 오래 보면 희석되어 좋은 줄을 모른다. 자상한 남편이 그저 그렇고, 살림걱정 안 하는 건 당연하다. 읍사무소 증명서 한 통, 농협에 돈 때문에 간 적 없는 그녀는 좋은 것도 좋기만 한 것이 아니었을는지도 모른다. 사람은 일상에서 벗어나고 싶어 한다. 아내도 앞치마를 뒤로 두르고 빗자루 타고 날아가는 공상은 아닐지라도 일상에서 벗어나고 싶을 것이다.

아내와 나의 연애시절은 어쨌을망정, 같이 살면서는 별로 유난스럽지 못한 남편이 멋대가리 없는 남정네였을지 모른다. 순전히 그건 내 탓이라는 생각이 든다. 철들자 어쩐다고 이제는 다 양보하고 잘 해주고 싶은 마음이지만 아내가 잘 받아줘야 하는 전제조건 아닌 종전선언이다.

불 꺼진 빈집

나는 매일 아침 일찍 일어나 강변 둑길로 산책하듯 걷기운동을 한다.

마을길 끝자락에는 딱 봐도 정성스럽게 지어진 슬래브로 별장같이 지어진 농가農家를 만난다. 그 집 영감님은 평생을 사식 키우느라 남의 집만 짓는 등 근면 성실하고 부지런히 건축 일을 했는데 자식들을 다 성장시킨 다음인 늘그막에야 오래 살던 오두막을 헐고 그 자리에 그동안 갈고 닦은 솜씨를 발휘하여 외벽 전체를 무늬석으로 타일같이 붙인 것만 봐도 보란 듯이 정성으로 지은 것 같다. 사람들은 속설로 '집 짓고 3년, 산山일 하고 3년.'이라며 3년을 잘 넘겨야 된다고 전하는데, 속설이 사실인 양 할아버지는 안타깝게 오래 살지 못하고 돌아가셨다.

혼자 남은 할머니는 젊은 시절부터 자전거를 잘 타고 다녀 나이가 들어서도 시내로 나와 장을 보거나 볼일이 있으면 자전거를 이용하였다. 그리고 건강할 때까지 식량 할 만큼 쌀농사를 지으며 집 뒤에 있는 텃밭에는 잡초 하나 없이 각종 채소를 알뜰살뜰 가꾸어 자식들을 주며 이웃들과 나눠 먹었다. 울타리 주변을 뺑 둘러 오래된 감나무와 대추나무 몇 그루가 있어 탐스럽게 열리는 가을이면 빨갛게 익어 주변의 코스모스와 어울려 한 편의 농촌 풍경화를 보는 듯했다. 올해는 너나없이 감은 별로 열리지 않았으나 대추는 많이 열렸다. 매일 지나가지만 무심결에 보는 할머니집도 마찬가지로 대추나무 가지가 찢어질듯 많이 열렸다.

어느 날 대추를 수확했는지 아래로 늘어진 가지에 대추가 그대로 붙어 있고 땅바닥에 많이 흘려 있어 노인이 몸이 불편하고 눈도 그전만 못하니 수확을 제대로 못했나 보다. 그러고 보니 할머니를 본지가 꽤 된 것 같다. 지난 늦겨울인가 초봄에 시내 의원을 가는지 유모차를 끌고 걸어가는 모습이 힘겨워 보였던 것 같다. 그 후로는 본 기억이 없다. 집주변을 바라보니 앙증맞은 꽃들이 만발했던 집 앞 화단과 뒤뜰안의 텃밭의 싱싱하고 탐스러운 온갖 채소는 다 어디 가고 잡초만 무성하다. 할머니가 건강할 때 깨끗이 관리하며 가꾸었을 집과 터전은 언제부터인가 빈집이 되어 있었다. 아마 그 때 즈음인 듯하다. 주인 잃은 고양이는 인기척에 놀란 듯이 뒤안 잡초 속으로 사라진다.

요즘 나이 먹은 사람들이 자주 쓰는 말 중에 "안 보이면 요양병원, 아니면 산山으로 갔겠지, 틀림없어 둘 중의 하나여….”라는 말이 사실인가 보다. 불 꺼진 빈집에는 가족 중에 누군가가 자물쇠를 철커덕 채워 놓았다.

쇠말뚝

오늘이 마침 휴일이어서 부모님 산소에 간다. 1km 조금 넘는 거리여서 5분이면 갈 수 있는 거리지만 만만한 길은 아니다. 짧은 코스지만 장애 요인이 여러 개 있다. 자연으로 만들어진 지형지물이 아니라 인간들의 탐욕으로 빚어진 것이다.

부모님 산소 가는 길은 내가 태어나고 자란 마을 한가운데를 통과한다. 이곳을 지날 때는 서행은 기본이고 여간 조심스러운 것이 아니다. 골목에서 농기계나 전동스쿠터를 몰고 누가 불쑥 나올지 모른다. 시골은 젊은이는 드물고 불편한 노인이 더 많다. 1960~70년대 좁고 꼬불꼬불했던 길을 새마을 사업으로 넓히고 폈다. 이왕에 하는 것 조금만 더 양보했으면 하는 아쉬움이 든다. 물론 마을 안길을 보상도 없이 넓히는 데는 한계가 있었다. 그러다 보니 깐깐하고 융통

성 없는 집 앞은 경계선 밖으로 담을 쌓거나 구조물을 설치한 곳이 있다.

차가 한 대 겨우 지나는 커브 길에 시설물이 튀어나왔거나, 농기계나 자동차를 무단 방치해 놓아 조금만 방심하면 사고가 난다. 겨우 동네를 벗어나면 길가 묘지 둘레에다 향나무가 좋다 하여 바짝 붙여 심어 놓은 곳이 나온다. 묘지 안쪽은 가지 자르기를 하니 해마다 길 밖으로 자라나 차 옆구리를 긁는다. 자신도 차를 가지고 있는 사람이 차가 겨우 한 대 지나는 농로를 훼손하여 붕괴되어 위태위태하다. 살아있는 사람의 탐욕은 한계를 넘는다. 비닐하우스를 너무 바짝 설치하는가 하면, 농작물이 성장하면서 툭 터진 길 밖으로 나와 미로를 가는 기분이다.

작물 한 포기씩 안으로 심으면 마음 졸일 일도 없다. 잔뜩 욕심을 부려 놓고 그런 사람들이 합당한 핑계를 찾아 말도 잘한다. 한때 동네 대표까지 한 사람이 농작물 피해를 본다며 큰 돌멩이를 나란히 늘어놓았다. 비에 길이 젖어있는 날은 조심하면서 위태롭게 지나다가 경사진 곳에서 미끄러지고 만다. 염치가 없는지 밭에서 일을 하면서 미안하단 말 한마디 없다. 결국은 트랙터가 겨우 끄집어 올렸다.

우리 인간들의 욕망은 한도 끝도 없다. 논두렁을 까먹고, 담벼락을 경계선 밖으로 쌓고, 경계선을 넘은 작물 보호한다고 철조망을 밖으로 치거나 돌멩이를 늘어놓는다. 얼마 전에는 민원 때문에 마을에서 멀리 떨어진 곳을 찾아 만석보유지 부근에 대형 축사를 지었다며 언론에 보도된 적이 있다. 만석보유지를 찾아온 사람들은 허가해준 관련부서와 축사 주인을 욕하지만 소는 잘 자란다. 부모님 산소를 조성할 때는 한적한 능선에 모셨는데 어느 순간에 축사가 들어섰다. 아내는 같이 갈 때마다 지독한 악취에 코를 막는다. 나는 그런 아내를 이해하라며 달래보지만 참 난감하다.

사람들의 욕심은 언제나 작은 것부터 시작된다. 농번기가 시작되면 못자리부터 하라고 농수로에 물이 내린다. 일을 하다 보면 위아래 순서가 없다. 윗논에서 물을 대면서 물 샐 틈 없이 막아 놓으면 아랫논 사람과 다투기 마련이다. 모내기 일정은 급박한데 서로 겹치면 까딱하면 서로 옥신각신 싸움으로 번지고 만다. 물꼬만 느슨하면 될 일을 속까지 꽉 막혀 결국은 멱살을 잡고 물속에 처박힌다. 삽자루가 흉기로 변해 큰일을 저지르고 만다. 병원으로 실려 가고 파출소로 불려가서야 후회를 한다. 농사가 끝나면 회관에 모여 가래를 타면서 형님 동생하며 술잔을 나눈 것은 말짱 도루묵이다. 하소연을 하면 참아라, 이해하라던 사람이 자기와 이해상관이 있으면 딴 사람이 된다.

둘이서 잘 마무리 지었는가 싶으면 온 동네는 물론이고 근방에 소문이 난다. 발 없는 말은 부풀어 올라 진의가 왜곡되고 평소 좀 미운 행세나 처세를 잘못한 사람은 진위를 떠나 죽일 놈이 되기도 한다. 더군다나 앙숙 간이면 모닥불처럼 살아올라 재탕이 시작된다. 못자리부터 추수할 때까지 번갈아 가며 부딪쳐 평생을 불편하게 지내게 되어 마누라 자식까지 이어간다.

농사가 시작되어 논에 물을 대면 새지 말라고 논두렁을 다지면서 진흙을 바른다. 바닥에서 흙을 추켜올려서 균형을 맞추어야 한다. 논두렁을 너무 까서 붙이면 결국은 논두렁은 상대 쪽으로 기울어 양심이 탄로 난다. 지나는 사람들까지 욕을 해도 아랑곳하지 않는다. 논두렁 밭두렁만 욕망을 제공하는 것이 아니다. 경지 정리와 새마을 사업을 하면서 많은 분쟁을 불러왔다. 형님 동생 아저씨는 언제였던가, 이웃 간의 우애는 날아가고 오직 하찮은 욕심뿐이다. 빗나간 경쟁 심리는 허파에 허황된 바람이 들어 이성을 잃는다.

예전에는 대부분 울타리 없이 지내다 보니 상대편 대소사를 쭉 꿰어 서로 힘을 보태 도왔다. 새로운 음식을 하거나 물고기만 잡아도 나눠 먹었다. 농기계 없던 시절 모내기나 타작을 할 때 일손이 많이 필요하였다. 미리 장을 보아 여유 있게 음식을 장만하여 이고 지고 들에 나가 지나가는 사람들까지 술, 밥을 나눠 먹었다. 집에서는 거동이 불편한 동네 노인과 어린아이 다 불러 식사를 함께 하였다. 힘들고 가난해도 정이 넘치던 미풍양속이 사라진 지 오래다.

이웃 간의 소통은 블록 벽돌로 막아버렸다. 옆집도 만나서 할 이야기를 스마트폰으로 한다. 기름 한 방울도 나오지 않는 나라에서 면세유로 흥청망청, 소형 농기계는 멀쩡해도 고물딱지로 녹슬고 대형 트랙터가 좁은 땅에서 분수 모르고 넘나든다. 집에서 준비하던 식사는 식당에서 배달하면 그만이다. 커피가 유행을 타, 면 소재지에 다방이 우후죽순처럼 생겨나고 다방마다 티코가 대기하던 때가 있었다.

질퍽거리던 농로가 포장되고 마을 안길은 아스팔트에 흰 줄을 긋는다. 들 한복판에 몇 억짜리 축사가 들어서 날씨가 흐리면 악취로 코를 막아 눈살을 찌푸리게 한다. 공기 맑고 경치 좋던 마을 정서는 드라마 〈전원일기〉와 함께 우리 곁에서 떠났다. 웃음은 갈등으로 변했고 세상이 지겨운 사람들이 〈나는 자연인이다〉 프로를 좋아하는지 모른다. 사람으로서의 기본이 되는 규범이나 도리는 멀어지고, 돈 있고 빽 있으면 못할 것 없는 세상이다. 해야 할 일과 하지 말아야 할 일을 구분할 줄 아는 것이 사람이다, 라는 말이 있다. 요즘은 세상이 너무 각박해져 짐승만도 못한 인간이 많아짐에 분노한다.

이웃을 멀리 쫓고 자신은 멍에를 씌워 쇠말뚝을 박는지도 모른다. 쇠말뚝은 소를 뒷마당이나 제방 둑에 매어 놓을 때, 안전하게 고정하던 자물쇠 역할을 하는 것이다.

사람은 욕심으로 망한다고 했다. 소를 밖으로 메어 놓을 때는 자리를 봐가면서 쇠말뚝을 박았다. 주변의 풀을 최대한 뜯어 먹을 수 있게 줄을 느슨하게 하다 보면 자칫 울타리나 농작물에 피해를 주기 마련이었다. 소를 묶던 쇠말뚝을 욕망의 이름으로 자신도 모르게 자신의 심장에 쇠말뚝을 박는다. 본시 인간으로 태어나면 누구나 착한 마음을 가지고 세상 밖으로 나왔다. 힘든 세상을 살다 보니 갖은 세파에 휘둘려 자신도 모르고 욕망의 독을 키웠을 것이다.

올 한 해도 주변을 돌아보며 평소 살던 방식대로 넘치지 않으며 건강관리 잘해야겠다.

시제時祭 가는 길

험준한 산이라기보다 넓디넓은, 모든 걸 다 안아주고 품어줄 것 같은 산이 지리산智異山이다. 지리산 서쪽으로 휘감아 흐르는 강이 섬진강, 서민들의 애환과 고달픔을 토닥여 주며 씻겨 내리고 있다. 지리산과 섬진강이 아우르는 길목에 오리가 내려앉았다는 압록鴨錄역이 있는데 백두산의 압록강과 닮았다 하여 이름을 붙였다는 이야기도, 어린 시절 어른들에게 들은 적이 있어 친숙한 이름이다. 이곳은 섬진강 사이에 구례와 곡성이 마주보고 있다.

구례에서 하동 화계장터까지 섬진강을 끼고 선조들의 묘소가 산재하고 있어 문중에서는 청명淸明 한식절寒食節을 전후하여 이틀간에 걸쳐 봄 시제를 올리고 있다.

젊은 시절에는 아버지와 집안 어른들이 지극 정성이셨고 나는 사업이다 하며 많이 참여를 못하였지만 지금은 어른들은 다 돌아가시고 우리 세대로 넘어왔는데 조상을 섬기는 마음이 예전만 못한 건지 살기가 팍팍해서인지 참여율이 점점 떨어지고 시제가 열리는 날이면 얼마나 모였을까 하며 걱정도 해보지만 늘어나지 않고 평소 오던 사람도 한 사람이라도 안 보이면 혹시나 무슨 일인가 싶어 안부부터 물어본다.

시제 모시러 가는 길은 조상님 뵈러 가는 길이기도 하지만 사람들이 살았고 살아가는 역사와 이야기가 묻어 있는 명품길名品道이기도 하다. 내가 살고 있는 신태인을 출발하면 바로 호남湖南 제일정第一亭이라는 태인 피향정披香亭을 지나 통일신라 최고의 지성至聖 최치원崔致遠 선생을 모신 무성서원과 정극인의 〈상춘곡賞春曲〉이 피어난 칠보를 지난다. 구절재를 오르기 전 우리 남한 최초의 수력발전인 칠보 수력발전소가 발아래 반갑다고 인사를 한다. 옥정호 물을 콸콸 힘차게 쏟아부어 정읍 김제평야를 적셔주어 풍년가를 부르게 한다. 땀을 훔치며 아홉 굽이를 돌아 구절재를 오르면 구름 안개 속에 숨어든 신선들이 살 것 같은 산봉우리들이 무리지어 보인다. 둘러진 사이로 옥색으로 물들인 옥정호가 부끄러운 듯이 쌍긋이 웃으며 얼굴을 내민다. 아침 햇살을 받아 물비늘을 반짝이며 요정들이 춤을 추며 나올듯하다. 한바탕 드라이브하듯 지나면 유명한 다목적댐인 섬진댐을 아래로 굽어보며 임실 강진에 다다른다. 산골 영화에는 시대를 넘나들며 다 포용해 자주 등장하는 순창동계 강변도로를 달리면 춘향이와 이몽룡의 사랑 이야기로 뜨근뜨근한 남원南原이 나온다. 호남 제일루 광한루廣寒樓를 뒤로하고 곧장 달리면 섬진강 압록鴨錄이 나오는데 걸린 시간은 대략 영화 한 편의 상영시간과 맞먹는다고 생각하면 된다. 갈 때는 시제 모시는 시간이 맞추어 바로 가지만 돌아올 적에는 해찰은 다 한다. 특히 섬진강에서 나는 은어회에 막걸리 한 사발 안 먹고 오면 어쩐지 걸쩍지근하다. 마음은 어느새 세상만사 근심걱정 다 잊어버리게 만든다.

언제나 다니던 길을 따라 임도林道를 오르니 초입에 조그마한 과수원 창고가 있는 곳에 다다르니 탁자와 의자로 길을 막아 놓았다. 바리게이트를 치고 차량 출입을 막고 있는가 보다. 한 사람이 내려서 탁자를 들어내고 다시 올라 비포장길에 도착해 보니 도로 중앙에 일정 간격으로 매실나무를 심고 좌우로 줄을 늘어놓은 것이 보인다. 나라에서 지원하여 만든 임도라도 개인소유인 점을 감안하면 틀림없이 산속에서 무얼 꾸미는 사람들과 갈등이 불거진 모양이다 싶어 차를 한쪽으로 비껴 세우고 걸어가기로 했다.

나중에 들은 이야기인데 입구 농장을 최근 인수하여 귀농한 서울사람과 산 안쪽 완만한 지형에 농장을 꾸미면서 중장비를 동원하여 공사를 하는 또 한 사람의 귀농인 간의 갈등 싸움으로 주변에 농사를 짓고 있는 마을 주민들에게까지 피해를 줘 동네 이장과 주민들이 여러 번 화해를 시도했으나 저 잘났다고 골이 깊어 화해가 되지를 않는 실정이란다. 앞으로 정 안 되면 2Km정도 돌아가는 수밖에 없다며 너무 걱정하지 말라는 관리인의 이야기다.

올해는 주변에 떨어져 있는 산소들을 이곳으로 이장하면서 멧돼지 등 유해동물들이 묘를 해마다 훼손하고 있어 둘레석도 설치하는 공사도 하려는데 공사에 차질이 생길까 우려된다. 그래도 관리인이 주변에서 말깨나 하고 사는 사람이어서 일단 걱정은 접어 두고 본격적으로 제례를 시작했다. 아버지가 주관하던 시절은 크지는 않지만 문중 전답에서 얻어지는 소득으로 관리인 부친 때에는 자기 집에서 직접 제물을 준비하여 제사가 끝나면 동네사람까지 다 모여 잔치하듯 했다는데 세월이 지나 아들이 관리하면서 전답만 가지고는 비용이 안 나온다며, 산 아래부터 밤나무를 심기 시작했다. 나중에는 매실나무 밭까지 일구어 집안어른들로부터 아름드리 소나무를 허락 없이 베어 버렸다고 꾸중까지 들으면서도 인정할 수밖에 없었던 것은 뒤풀이 술만 취하면 '나도 이제 나이가 들고 자식들이 못하게 한다.'며 불평을 늘어놓아 달래어 보면 멈추었다가 때만 되면 다시 시작하여 논란 끝에 제사비용을 지원키로 합의, 처음에는 일정금액만 지원했는데 해마다 밤이며 매실이 이익이 없다고 우는 소리를 하는 통에 마음 약한 종친들은 조상 모시면서 인색하면 안 된다고 양보하여 문중 부담률을 높이다가 이제는 제사음식도 '아내가 허리를 수술해서 집에서 준비할 수 없다.' 하여 순천의 전문 업체에서 제물을 시작 전에 배달을 시키고 있는 실정이다.

세 차례에 걸쳐 조상님들의 제사를 마친 후, 엎드렸다 일어섰다 절을 수십 번 하여 허리도 아플 즈음 조상님이 복을 주신다는 음복의식을 시작 삼아 집안 종친간의 안부를 전하며 우애를 다졌다. 지난날 집안 어른들의 말씀에 '산소에서 바로 내려다보이는 구례구역 아래쪽 섬진강 합수지점의 중앙에 모래톱이 쌓이면 집안에서 장군이 나온다.' 는 말씀을 하시면서 5대 조부 산소자리가 좋은 자리라는 걸 가르쳐 주셨는데 지금 생각해 보면 우리에게 집안 간에 우애하고 열심히 살아갈 것을 우회적으로 이야기 해주신 것 같다.

세상은 자고 나면 변한다는 말처럼 장례문화와 제례문화도 종교 간의 차별과 누가 문중 일에 앞장서느냐에 따라 다양하게 변하였으며 사람이 만들어 놓은 기계와 시스템에 따라 반대로 사람이 기계의 지시를 따르는 세상이 되어가며 안타깝게도 인성人性은 메마르고 있다.

식목일

오늘은 나무 심는 날이다.

사월이 오면 겨울 동안 잠들어 있던 산천초목은 서서히 기지개를 켜기 시작한다. 따스한 햇살이 대지를 푸근히 감싸주면 새싹은 밤사이 꼬물꼬물 움트기를 시작한다. 동면했던 나무들이 잠에서 깨어나기 전에 심을 자리를 정해 옮겨 심는가 보다. 사람이든 동식물이든 옮기지 않고 자라면 고생을 안 하지만 옮겨야 할 형편이라면 될 수 있는 한 어릴 적에 옮겨야 몸살을 덜한 다.

우리나라는 과거 6 · 25전쟁으로 국토가 거의 황폐화되어 건물은 허물어지고 산은 나무 하나 없는 벌거벗은 민둥산으로 변하여 여름철 장맛비가 내리기라도 하면 산사태가 나고 강물은 성난 것처럼 황톳빛으로 벌겋게 물들어 휘몰아 제방을 무너뜨리고 저습지대의 마을과 농경지를 덮쳐 이재민이 발생하고 피해가 엄청났었다. 나라에서는 관 주도로 녹화사업을 한다고 전 국민이 나무 심기에 전력을 다한 것 같다. 소나무를 주로 많이 심었지만 죽지 않고 잘 자라는 아까시나무, 오리목나무를 산에 많이 심었다. 하천 주변은 포플러나무를 심었다. 속성수로 빨리 자라 산림녹화는 물론 벌목하여 성냥공장이나 나무젓가락 공장에 넘길 수 있다 보니 울안에까지 심어 유용하게 사용하였다.

난방용으로 도시에서는 연탄을 사용하기도 하였지만 대부분 아궁이에 불을 때던 시절이라 나무장수에게서 구입을 하지만 농촌에서는 땔나무가 없으면 직접 산에 가서 썩은 나무 밑동부리까지 잘라왔으며 솔가리라 하여 땅에 떨어진 소나무 낙엽은 물론 하천의 잡초까지 베어왔다.

내가 사는 인근에는 야트막한 정토산이 있다. 산자락 중턱에는 움막집을 짓고 사는 아편 중독자의 한 가족이 있었다. 들리는 소문에 의하면 아편은 주기적으로 역전 다방 2층에서 비밀리에 주사로 맞는다는데 약발도 떨어지고 돈도 떨어지면 살고 있는 산속에서 이제 막 땅맛을 알아 곧게 잘 자라고 있는 어린 나무들을 잘라 어둠이 채 가시기 전 동이 틀 무렵 사람들의 왕래가 없는 시간 남자는 지게에 지고, 아내는 머리에 이고, 큰아들은 멜빵 걸어 짊어지고 마을로 내려와 골목을 누비며 필요할 만한 임자를 찾아가 현금이든 곡식이든 빨리 처분하였다. 누가 신고라도 해서 지서(파출소)에서 경찰들이 집으로 출동 연행을 하면 "애들아, 큰집에서 데리러 왔다."는 아버지를 선두로 칠팔 명의 식구가 이불까지 걸쳐 메고 따라나서 어떻게 하지도 못하고 골머리를 앓았다.

그 시절에는 부업으로 집집마다 가축을 길렀다. 혼기가 찬 자녀가 있는 집에서는 잔치 때 푸짐하게 쓰려고 돼지를 길렀으며 마당 한편에 원두막 같은 우리를 지었는데 나무가 귀한 세상이어서 아편쟁이가 집까지 가져온 목재는 값도 싸니 단속을 피하면 꽤나 인기가 있었던 것 같았다.

그러나 나무 심기를 권장하고 관리하는 행정당국은 골머리를 앓았다. 군청에는 산림공무원을 두고 오토바이와 권총까지 지급하여 사법권을 가진 산림 경찰 제도를 운영하며 불법 벌목을 단속하였다.

배고픈 그 시절에는 보릿고개가 있었다. 기나긴 겨울 동안 비축해 둔 식량은 바닥나고 봄이 오면 춘궁기라 하여 먹을거리가 떨어지면 들로 산으로 초근목피 풀뿌리 나무껍질까지 채취해다가 허기를 채웠으니 풋대죽으로 입에 풀칠한다는 말까지 있었다. 그나마 배고픈 옆집 아이들이 굴뚝에 연기 나는 집을 찾아 기웃거리기라도 하면 어머니는 솥에다가 물 한 바가지 더 붓고 불러들여 같이 나눠 먹던 가난하지만 인정이 넘치는 사람들이 살았던 시절이었다.

농기계가 나오지 않았던 시절이라 사람의 힘으로 소를 이용하거나 직접 파서 농사를 지었고 농토가 10여 정보가 넘으면 일꾼으로 한 해 머슴을 두고 농사일을 물론 궂은일을 전담 시켰으며 인건비는 세경이라 하여 쌀 90㎏ 기준 열 가마 정도를 지불하였다. 일 잘하고 힘이 센 사람은 상일꾼이라 하여 세경을 더 받았다. 어려운 사람은 대부분 미리 선불로 일부를 받아다 알뜰살뜰 가족부양을 하였으나 그중에는 꼭 속없는 사람이 있어 할 일 없는 겨울 주막이나 골방에 모여 도박으로 탕진하여 목숨까지 버리는 일도 있었다.

가정마다 식구는 많은데 물자는 부족하고 궁핍한 시절이어서 농사를 많이 짓는 집의 자녀들은 시골에서 초등학교를 졸업하면 상급학교에 진학하기 위하여 도시로 유학을 갔으나 어려운 가정의 자녀는 대부분 초등학교만 겨우 졸업하고 농사일을 하거나 공장에 취업하기도 하였다.

학교수업이 끝나면 대부분의 아이들은 곧장 집으로 돌아와 가정일을 도와야 했다. 남자아이들은 하천에 메어둔 소를 끌어오고 여학생들은 빨래하고 걸레도 빨아 방안 청소를 하고 부엌에 들어가 밥을 지었고 소죽도 끓이며 군불을 지폈다. 불을 땔 때는 솥 안에 감자나 고구마 등을 몇 개 넣어 함께 찌거나 아궁이에 구워 먹는 맛이란 이루 말할 수 없다. 뜨거워 입천장이 데여도 모를 정도이다. 혼날까 봐 어른들 모르게 형제들과 나눠 먹는 맛은 양보다 정을 나누며 형제간의 우의를 다졌다.

배고픈 시절의 간식으로 학교를 오고가며 봄에는 독세기풀의 이삭을 털어 볶아 먹었고 공동산 길을 돌아 삐비를 뽑아 먹었다.

가을에는 풋콩, 옥수수, 고구마를 몰래 서리 해먹었는데 그만큼 먹을거리가 귀하고 없었다. 점심시간에 꽁보리 주먹밥을 소금을 찍어 먹는 친구가 있는가 하면 도시락을 못 가져온 친구는 학교 우물가에서서 두레박으로 퍼 올린 물로 허기진 배를 채웠다. 그렇게 가난하고 힘든 시절이지만 어른의 말씀은 곧 법이요 거스를 수 없었다.

내가 중학교 일학년 때 아버지께서 토요일 퇴근길에 감나무 두 그루를 사들고 오시더니 집 양쪽에 한 그루씩 심자고 하신다. 텃밭에 채소 심기도 좁은데 뭐 하러 나무를 사왔냐며 뭐라 하시는 어머니의 잔소리는 한쪽으로 흘린 채 아버지는 나무뿌리 길이에 맞추어 구덩이를 파신 후 감나무를 넣고 뿌리를 바르게 편 다음 준비한 모래 한 줄, 퇴비 한 줄, 자갈 한 줄, 흙 한 줄 켜켜이 넣으신 후 다독다독 잘못될까 조심스레 정성스럽게 다지신다. 그런 다음 나보고 아버지가 하신 대로 심어 보란다. 마음에 안 들면 다시 반복하여 감나무를 심게 하셨다.

그해 가을 정성이 통하였는지 두 그루의 감나무는 죽지 않고 자랄 만큼 잘 자라 줬다. 어느 날 이웃동네 친구가 놀러와 호기롭게 자랑하기까지는 좋았는데 며칠이 지난 후 울타리 쪽의 감나무가 사라지고 없다. 아무리 생각해도 이웃마을 친구가 의심되어 찾아가 담 너머로 기웃거리니 잃어버린 감나무가 한쪽에서 시들하여 마치 우는 것처럼 보인다. 찾아다 다시 심었으나 겨울을 이겨내지 못하고 봄에 새잎을 피우지 못한 채 말라 버렸다. 나머지 한 그루는 내 키만큼 훌쩍 곧게 자랐을 적 공동우물에 가서 물을 양동이에 담아 이고 오시는 어머니를 위한답시고 감나무를 잘라 물지게를 만들었더니 어머니는 기특하여 웃으셨지만 아버지는 화를 안 내셨지만 밝은 표정은 아니셨다. 철이 들어서는 어머니와 함께 장에 묘목을 사다 감나무 배나무 등 몇 그루를 심었는데 지금까지 남아 부모님도 안 계신 빈

마당에 남아 추억을 담고 서있다.

올해는 난생처음으로 감나무 접을 붙여 봤는데 어설퍼서 성공하려는지 모르지만 실패하면 내년에는 좀 더 신중하여 다시 시도할 것이다. 죽은 자리에 새 묘목을 심고 움이 나오면 어여쁜 꽃이 피고 벌나비를 불러 모아 나를 풍요롭게 하여 상상의 도화지에 풍경화를 그리고 과일이 익어갈 때쯤은 근방 비둘기, 까치들은 내 고생도 모른 채 잔치판을 벌일 것이다. 내 몫이 줄어들지라도 조금은 속상해 하면서 힘이 있는 한 내 마음속에 잡초를 뽑으면서 희망의 꿈나무를 심을 것이다.

자식 걱정

어제 큰아들한테서 전화가 왔다. 부모의 안부를 묻자마자 대뜸 "아버지 어머니. 이번 여행 가시는데 입고 갈 옷도 사고 남으면 맛있는 것도 사서 드시라며 송금했으니 통장 찍어 보세요."라고 말을 꺼낸다. "돈도 고맙지만, 집에 자주 와라."고 대꾸하니 이제는 일감도 예전보다 줄어 야근도 없으니 집에 자주 들러서 부모님도 뵙고 반찬도 가져다 먹겠단다. 이번 일요일에는 오후 5시에 내려가 저녁 식사도 같이 하고 엄마가 담가 놓은 김장김치도 가져가겠다고 약속한다.

농협에 들러 통장을 찍어 보니 생각보다 많은 돈을 부쳤다. 지난 일요일에는 딸 내외가 인사차 들러 여행에 보태 쓰라며 용돈을 주고 갔는데 큰아들은 더 많이 보내어 부담스럽다. 혼자 살고 있으니까 가정을 꾸리고 사는 형제들보다 덜 부담스럽겠지, 생각하면서도 부모 마음은 그게 아니다.

드디어 오늘은 큰아들이 오기로 한 일요일이다. 오전부터 목을 기다랗게 빼고 기다렸다. "자그르." 차가 집 앞에서 멈추는 소리가 들리면 큰놈이 왔는가 싶어 벌떡 일어나 얼른 창문을 열고 내다보면 아니다. 벽시계를 보니 오후 다섯 시를 훌쩍 지나 빠르게 넘어가고 있다. 일껏 오래간만에 약속한 큰아들이 아직 오질 않으니 수상하다. 하루해가 다 가도록 깜깜무소식이다. 은근히 마음이 초조해진다.

아내는 아들이 모처럼 온다고 토종닭도 한 마리 사다 몸에 좋다는 약재를 넣고 푹 고아 놓고는 올여름 더위를 잘 넘길 수 있겠다며 좋아했는데 어쩐지 틀린 것 같다. 아내는 맞을 준비를 멈추고 내일 아침에 한다던 세탁기를 돌린다. 조급한 마음에서 두 번이나 전화했는데도 받지를 않는다. 아마 지금 내려오느라 운전 중이어서 전화를 못 받을 수도 있겠지, 하는 생각도 가져 보지만 시간이 지날수록 안 올 확률이 높다.

과거에도 이런 일이 있었기 때문이다. 갑자기 일이 생겼다며 안 오고, 회사 동료가 교통사고가 당해서 다음에 오겠다는 등 핑계를 대고 오지 않았다. 서운하지만 그럴 때마다 사실을 확인할 수도 없는 노릇이니 어찌하겠는가. 믿어야지.

혹시 어제도 토요일이라 친구들과 저녁에 회식한다고 잘 못 마시는 술을 과음이나 안 했는지 걱정이 앞선다. 다음 날 아침에 깨워서 술국이라도 끓여 줄 사람도 없는데 온종일 아무것도 먹지 못하고 잠자리에서 퍼져 있는지 부모로서 애만 탄다.

아직 결혼하지 않은 큰아들은 허우대도 멀쩡하고 가방끈 사이즈도 표준이고 직장도 반듯한데 미혼이다. 요즘 세상은 남자 혼자 의식주를 해결하며 사는 데는 별 어려움이 없는 데다 독신자가 늘어가는 추세여서인지 모르겠다. 어쩌다 결혼 적령기를 놓치다 보니 집안 식구들이 모이기만 하면 언제 장가갈 거냐? 사귀는 여자는 없냐?는 등 결혼 이야기뿐이니 집안 행사에 점점 빠지는 횟수가 늘어가고 있다. 결혼을 안 하는지 못 하는지 알 수가 없는 노릇이다.

이런저런 걱정으로 안절부절못하고 있는데 전화벨 소리가 들려 받으려 일어나니 TV 방송 '쌍둥이 아빠 이**'라는 프로에서 들리는 소리였다. 하필이면 쌍둥이 아빠 이**가 큰아들 또래다.

4부

정읍사井邑詞

정읍井邑 이야기

정읍에는 너무나 많은 이야깃거리가 많다. 요즘 말로 양파 까기와 같다.

정읍에는 호남의 삼신산三神山(변산 방장산 두승산)의 하나인 두승산斗升山이 고부를 감싸고 있다. 백제시대 그 이전부터 정치와 군사적 요충지로 고대도시였었다. 그 근방에는 한 많은 만석보萬石堡터를 간직한 채 동진강東進江은 만고풍상을 숨기고는 무심한 듯 흘러내린다. 그사이 구릉에는 녹두밭 사연의 황토현黃土峴이 있고 강 언저리에 정읍평야가 펼쳐진다.

두승산斗升山은 평탄지에 위치한 산(해발 443m)이어서 더 높이 보이고 우람하다. 전략적 요충지로서도 활용되기도 하였지만 민초들의 기도도량이었다. 4월 초파일이나 단오, 칠석이면 김제 등 멀리

타지에서 이고 지고 모여든다. 촛불 켜러 새벽부터 집을 나선 아낙들의 행렬이 줄을 이었다. 그런데다 권력자들의 착취에 넌더리가 난다. 숨을 돌릴 만하면 강을 타고 범람하는 태풍의 피해와 왜구의 노략질이 지긋지긋하다. 순하기만 하던 시암골 사람들의 야성과 근성을 날카롭게 일깨웠다.

전래문화와 가사문학이 꽃피어 백제가요 〈정읍사〉와 정극인의 〈상춘곡〉 전봉준을 노래한 〈새야 파랑새야〉는 정읍의 대표적인 자랑으로 남아있다. 지금까지도 우리의 삶 속에 자리하고 있다. 행상 나간다며 저잣거리로 돌다 보니 그전까지 바로 섰던 남편은 세파에 물들어 집에 기다리는 아낙의 속을 태운다. 이제 오려나, 저제나 오려나. 기다리는데 한두 됫박 남은 소금마저 팔고 오려고 그러는지 아님 주막거리에서 주색잡기에 휩쓸렸는지 동구 밖 어귀에서 애를 태운 흥얼거림이 천년의 두껍만큼 입에서 입으로 들불처럼 꺼질듯 하다 다시 살아남아 우리들의 노래로 전해졌을까?

풍류를 아는 유식한 정극인은 벼슬길을 마치고 고향을 버리고 처가인 칠보를 찾아들어 풍류한마당에서 〈상춘곡〉을 지어 후세에 명작으로 남길 정도로 동진강 상류에는 봄의 여신이 아지랑이 여울져 시심詩心을 자극하였었나.

녹두밭을 짚신발이 발에서 벗겨진지도 모른 채 휩쓸려 지나간 농민군의 함성은 내장산 속까지 파고들며 스며들어 그렇잖아도 곱디곱고 얌전한 듯한 저 붉은 애기단풍을 휘감아 흔들었는지 어느 시인은 내장의 단풍을 남성적인 단풍이라고 노래한 적도 있는데 내장저

수지 옆 기념공원에는 전봉준 장군을 비롯한 한 많은 지도자들은 동상으로 변신한 채 켜지지도 않는 횃불을 치켜들고 지하의 원혼들과의 한을 파랑새에 품어 날려 붉은 애기단풍은 더 처절하게 울고 있는가 보다. 그걸 보고 누군가는 단풍미인이라는 이름까지 붙였다. 농민군들이 그때 야영하며 떠다 먹었던 녹두밭 두물머리 샘물은 지금도 뽀글거리며 멈추지 않고 솟구쳐 세월 따라 우리네 삶을 이야기한다.

천재적 당나라 유학파 최치원은 금의환향하였으나 금성(경주)기득권세력의 매몰찬 눈길을 피하여 고향(군산) 쪽인 태산(태인) 군수를 자원하였는지 궁금하나, 호남 제일정인 피향정의 의연함과 칠보 무성서원에 존치된 영정은 마치 생각은 자유라는 듯 찾아오는 이들을 물끄러미 바라보고만 있다. 요즘의 정치권에도 조직이 없는 유능하고 신선한 인물을 불러다 놓고 왕따(?)시키는 것은 동서고금을 막론하고 무변의 일상이 아니겠는가. 다행히 유네스코에 등재되면 잘은 모르지만 정읍이 더 자랑스러울 것 같다.

근대의 정읍에서는 영남유교풍토에서 내몰린 동학지도자는 호남에서 주로 머물렀고, 동학이 중심이 된 농민군의 활약은 한때 정읍에서 시작된 '동학란東學亂'으로 배우기도 했다. 새로운 신천지를 주창했던 증산교甑山教와 강증산 보천교普天教의 차경석, 미륵교彌勒教(조천자) 등 전국적으로 관심을 끈 신흥종교와 지도자를 배출했다. 수많은 관련자와 학자들은 자기가 알고 이야기하거나 땀 흘려 쓴 글들이 듣는 사람에 따라 다를 수도 있으나 별반 차이도 없으니 언젠가는 정확한 기록으로 정리되리라 믿는다. 남겨진 우리의 숙제다.

오늘 양파 까기는 아쉽지만 그만하고 기회가 있으면 다시 해보련다.

다시 찾은 성황산

새해 첫날 새 아침이 열리고 있다. 한 시간 전에 내려왔던 성황산 城隍山을 다시 찾았다. 시청 앞 전광판에 "더불어 행복한, 더 좋은 정읍"의 구호가 선명히 반짝이는 이른 새벽 해돋이 행사에 참여한다고 시민들이 하나둘씩 모여들었다.

한쪽에서는 풍선을 준비하고, 한쪽에서는 참석 인사를 점검하는 등 조용하면서도 바쁘게 움직이는 모습들이 보인다. 출발 시간에 맞추어 삼삼오오 무리 지어 자유롭게 성황산 쪽으로 발걸음을 떼었다.

충무공 이순신의 영정과 위패를 봉안한 충렬사를 가로질러 한 계단 한 계단 밟았다. '외삼문'과 '선양루'를 지나면서 이순신 장군의 덕과 충의 정신을 다시 기려본다. 주위로 심어진 은행나무의 화려했던 풍광은 가고 황금빛 은행잎은 어디론지 자취를 감추어 엄마 잃은 새끼처럼 쭈그러진 은행들이 널브러져 있다. 한때는 건강에 좋다고 익기도 전에 흔들었는데 누가 한마디했기에 천덕꾸러기처럼 외면당하는 신세가 처량한데 그마저 밟히며 지독한 냄새로 소리 없이 아프다고 말하는 것 같다. 세월이 가면 누구나 낙엽 신세가 되어 언젠가는 흙으로 돌아간다. 그러고 보면 모두가 한때가 있었음을 다시 한번 느껴본다.

우리나라의 대표 서예가인 강암 송성용 선생이 쓴 '교충문' 현판을 바라보며 정읍 국악원 우측으로 돌아 역사의 흔적들을 지나면서 정읍 현감 시절 이순신은 성황산에 몇 번이나 올랐을까 초대 현감으로 발령받아 온 정읍은 어떤 느낌이었을까 하는 부질없는 생각도 가져본다.

근무하는 동안 얼마나 정붙이고 잘했으면 떠나는 그를 다시 돌아오라 백성들은 애원했으리오. 청산은 그대로인데 세월 따라 오르는 사람만 바뀌었을 뿐이다. 집무에 머리가 아프면 머리도 식힐 겸 산책 삼아 자주 올랐을 법하다. 아직 물러가지 않은 어둠 속의 충혼탑忠魂塔도 밤새 추위에 떨었는지 웅크리듯 시가지를 내려다보고 있다.

성황산은 그리 크지 않은 산이지만 시내에 자리 잡고 있어 접근성이 좋다. 시민들의 공원으로 체력 단련 장소로 많이 이용되고 있는 산이다. 산의 이름도 신령스러움이 있어 사찰(절)도 있고 빨간 깃발이 매달려 있는 집을 보면 무속인들도 있는가 보다.

산 아래에 시청 청사와 백 년 전통의 민족 학교였던 정읍 농고(현 제일고)가 좌우로 크게 자리하고 있으며 시청사 옆에 이순신 현감을 기리는 충렬사와 향교鄕校, 국악원國樂院이 모여 있다. 6 · 25전쟁 시 목숨을 잃은 국군 용사들을 기리기 위한 충혼탑과 이순신 현감, 전봉준 장군, 박순승(독립선언 33인 중 한 분) 지사 등 3분의 흉상을 만든 조각상, 팔각정 등 그냥 산에 오르기보다는 조금만 주변을 살펴보면 편안한 쉼터 같은 공원 속에 다사다난했던 역사의 한 페이지를 느낄 수 있다. 역사를 알고 문화를 배우는 길이기도 하다. 높은 산도 아니고 규모가 큰 공원도 아니지만, 오밀조밀 아담스럽게 자리하고 있어 건강과 휴식을 가볍게 챙기기에 적합하다.

산에 오르는 길은 여러 갈래로 서쪽 능선에 오르는 길이 있는데 동편의 등산길보다 오르기가 완만하다. 그쪽은 기념물이나 시설물은 없으나 시누대 숲길도 있고 멀리 보면 고고한 느낌을 주는 왜가리의 집단 서식지도 있다.

오르고 있는 동편 길은 조금 경사진 곳이 많아 어떤 곳은 디딤돌로 쌓았고 어떤 곳은 콘크리트 계단이 있고 요즘은 뜨고 있는 나무 각목을 깔아 만든 너덜길도 있고 그냥 그대로 맨바닥인 흙길도 있다, 처음 만들 때는 다지고 각지게 만들었을 텐데 비바람에 할퀴고 씻고 망가져 세월을 가늠케 한다.

알맹이가 떨어져 나가거나 움푹 팬 그 위를 눈까지 날리고 있다. 길 위에 떨어진 낙엽은 얼마나 바스러졌는지 밟아도 바스락거리지도 못한다. 출발한 지 얼마 되지 않아 사각정이 있는 정상에 도착했다. 높지 않은 산이지만 앞뒤로 고층 아파트 단지를 비롯하여 옹기종기 모여 사는 동네가 시가지와 함께 어우러져 아름답다. 정읍천井

邑川 건너엔 초산이 보이고 초산 아래에도 올망졸망 멋진 풍경을 연출하고 있다.

해돋이 행사를 끝내고 떡국 한 그릇씩 먹은 다음 할 일이 있어 집으로 곧장 달려와 주차장에 차를 세웠다. 소지품을 챙기면서 까맣게 잊고 있던 윗주머니 속 안경이 생각나 더듬으니 안 보인다. 가방 속도 확인하고 차 안을 차근차근 챙겨 봐도 안경은 사라지고 없다. 집에 들어와 빠트릴 만한 곳곳을 곰곰이 생각하다 우선 떡국을 먹었던 음식점에 아내 모르게 전화를 해보니 내가 지적하는 장소에 안 보인다면서 만약 안경이 나오면 전화 주겠다고 한다.

아! 잃어버린 그 안경을 어떻게 찾는다지? 곰곰이 되짚어 생각해 보았다. 오늘 새벽 성황산에 오를 때 숨이 차오르자 둘러쓴 마스크 사이로 김이 새어 나와 안경알이 뿌옇게 흐려져 할 수 없이 안경을 벗어서 외투 상의 새끼주머니에 찔러 넣었던 기억이 났다. 그런데 그것이 화근이 될 줄이야. 주머니에 넣으면서 손으로 다독이고 흘리지 않도록 해야 했는데 주위의 소란스러운 움직임 속에 묻힌 상황이라 그렇게 신경 쓸 겨를도 없이 그만 안경을 잃어버렸다는 생각에 이르렀다.

오후에는 예약한 전주의 병원에 가봐야 하므로 마음이 조급했다. 우선 안경 잃은 것을 찾아야 했지만 잃어버린 정신 줄도 함께 찾고 싶었다. 맞춘 지 얼마 되지 않았고 여간 마음에 들어 사랑 땜도 못 하였던 터라 다시 새로 맞출까 맘먹다 가도 한 시간 정도면 다녀올 것 같아 살짝 집을 나섰다.

오늘 새벽 처음 올랐을 적엔 어둠이 채 가시지 않아 선명하게 보이지 않았는데 두 번째 올랐을 적엔 시가지가 한눈에 잘 보인다. 정읍 시민들의 소망을 안고 날려 보낸 풍선은 지금쯤 어디만큼 가고 있는지, 중간에 터져버렸는지 나뭇가지에 걸린 놈 하나 없이 하나도 안 보인다. 오르면서 혹시나 어디에 떨어져 있을까 두리번거리면서 올라왔다.

이윽고 사각정에 당도하니 마루 한편에 단정히 놓여 있는 안경이 보였다. 주변에 흘린 걸 보고 누가 주워서 그렇게 놓아두면 주인이 다시 찾을 거라는 믿음으로 그렇게 가지런하게 놓은 모양이다. 얼른 집어 들기 전에 절로 감사하고 고마운 마음이 앞섰다.

나이를 먹어가는 어느 날부터 무얼 까먹거나 잊어버리면서 세월도 잃는다. 사람들은 치매가 왔다고 걱정을 한다. 주위에는 무관한 누군가에게 솜이불같이 따스한 온기를 불어넣는 사람이 있는 것 같다. 새해 새 아침 다시 찾은 성황산에 오른 시민 중 분명히 그런 고마운 사람이 있음을 확인했다. 2019년 원단을 맞아 두 번째 산행하면서 안경을 찾게 해준 시민에 대한 고마움으로 마음에 훈기가 맴돌았다.

돌아오지 않는 청둥오리

매일 아침 5시면 일어나 아내와 함께 걷기 운동을 한다. 집에서 출발하여 구사동 동네 앞 농수로를 거쳐 동진강 지류인 백산천 둑방길로 두다리목까지 간 다음 되돌아오는데 집에 도착하면 대략 사오십분 걸리는 것으로 보아 3km이상 되는 것 같다 걷기 운동은 꽤 오래했지만 바쁘면 빠지고 추우면 안 나가고 했으나 1년 전 퇴직하고부터 본격적으로 열심히 하고 있는 편이다.

오늘 나는 걷기운동이 아니라 농수로에 날아오던 오리가족 이야기를 하려고 한다. 2013년 5월 어느 날 다른 날과 같이 구사동 농수로를 지나는데 못 보던 오리 한 쌍이 솜털이 보송보송 갓 태어난 10여 마리 새끼들을 데리고 헤엄치며 먹이를 찾고 있었다. 인기척에 놀란 그들은 빠른 속도로 반대 방향으로 달아난다. 우리 부부도 놀랐다. 수로 앞에는 마을이 있고 건너편에는 왕신여중고등학교가 있다.

언덕에는 수십 년도 더 될 법한 아름드리나무들이 일 자로 제방 따라 숲을 이루고 있어 비둘기, 참새, 까치 등을 비롯하여 각종 조류들이 둥지를 틀거나 쉬어가기도 한다. 봄이면 샛노란 개나리에 하얀 면사포를 쓴 새색시 같은 벚꽃부터 시작하여 진한 향기를 내품는 아까시 꽃과 밤나무 꽃은 인근까지 널리 퍼져 벌 나비를 유혹하며 글 쓰고 싶은 시심을 일깨운다.

옥정호에서 방류한 옥같이 푸르디푸른 물은 징게 맹경(김제 만경) 들을 향하여 힘 있게 흘러내리고 겨울이면 어김없이 수백 마리의 까마귀 떼가 어디서 오는지 날아들어 기존 터를 잡고 살고 있는 까치와 신경전을 벌이는데 우는 소리도 요란하고 길가 도로에는 그놈들이 싸놓은 똥들이 하얗게 널려 있어 좋지 않다. 아마 그 숲 어디에 둥지를 틀어 알을 품어 부화시킨 다음 농수로에서 새끼를 키우기로 작정한 모양이다.

오가는 사람들과 차량까지 지나다니는 쉽지 않은 곳에서 새끼를 낳고 키워보겠다는 오리 부부의 행동이 당차 보이기까지 하다. 그만큼 세상의 인식도 달라졌다는 이야기다. 한적한 곳의 밀렵꾼이나 들고양이를 비롯한 수많은 천적보다 동네 안이 더 안전할지도 모른다.

우리 부부는 그날 이후로 운동 나오면 오리 보는 즐거움과 밤사이 족제비나 들고양이 등 천적으로부터 이상이 없었는지 새끼 오리 숫자부터 세어 보고 잠은 어디서 잤는지 물이 많이 내릴 때와 적게 내릴 때의 수위가 다르기에 안전하게 잤는가 걱정을 한다. 하루 사이에 더 민첩하게 헤엄치며 제법 세찬 물줄기를 거스르며 어미 따라 일렬종대로 가는 모습하며 하루하루 쑥쑥 자라는 모습에 내가 직접 기르는 착각에 빠질 정도가 돼 버린다. 한 달이 지나면 거의 어른 새만큼이나 커서 잠수도 하고 물위를 스키 타듯 물살을 일으키며 노는 모습을 보면서 행여 놀랄까 조용히 소리 없는 박수를 보내곤 한다.

새끼오리가 다 커가다 보면 어미 오리도 자리를 비우는 날이 많아져 아침 일찍 떠나 있다 밤이면 돌아오곤 하면서 새끼들 스스로 살아갈 훈련시키는 것 같다.

그러던 어느 날 드디어 어미 오리가 힘차게 떠오르고 그 뒤를 이어서 새끼 오리들이 차례차례 줄을 지어 날아오른다. 다 떠났구나 하고 보니 한 마리가 날지 못하고 뒤처지고 말았다. 아마 막내여서 한 번에 같이 날아오르기에는 조금 부실했던가 보다. 낙오된 새끼를 그대로 놔두고 제2의 보금자리로 떠났던 어미 오리는 다음날 저녁 무렵이면 찾아와 남은 새끼 오리와 날아오르기를 반복하며 몇 차례 실패하더니 드디어 날아오르니 데리고 그 어딘가로 떠난다. 오리들이 무사히 성장하여 떠나고 나니 기쁘면서도 왠지 마음이 아쉬운 듯 허전하다.

다음 해에도 그만 때가 되니 새끼들을 데리고 떠났던 어미 오리 한 쌍은 어김없이 찾아와 나무 둥지에 알을 낳고 품어 새끼가 태어나면 바로 물위로 뛰어내려 그날부터 새끼 키우기를 한다. 다행히 하루에도 수십 차례 사람들이 오가며 자동차와 농기계들이 지나는데 그럴 때면 물가에 늘어진 나뭇가지나 수초 사이에 몸을 숨기기도 하나 사람들은 대부분 무관심하여 다행이었다.

무사히 새끼 키우기에 성공한 오리 가족이 떠난 후 작년 가을 농수로에 물떼기를 하고 나니 고인 물에 송사리 같은 작은 물고기가 떼를 지어 노는 모습을 보게 되었다. 인교동 다리에서 내석동 사이에 수만 마리 (아니 아내 주장은 수십만 마리)가 수백 마리씩 따로 집단을 이루며 수초 등 먹이가 많고 따스한 햇볕이 드는 곳에서 헤엄치는 모습에 또다시 얼마나 자랐지. 안전한가. 얼어 죽지 않고 겨울을 나야할 텐데, 괜히 상관없는 걱정까지 하게 되었는데 유독 서리가 하얗게 많이도 내린 어느 날 아침 수로에 왜가리 떼 수십 마리가 떼 지어 날아와 물고기를 잡아먹고 있어 깜짝 놀라 돌멩이를 주워 던지니 놀라서 날아오른다. 다음 날부터는 왜가리를 볼 때마다 쫓아내곤 했으나 내가 떠나고 나면 다시 찾아와 며칠만에 정말 한 마리도 남기지 않고 싹쓸이한 후에야 농수로에 찾아오지 않았다. 올해는 오리마저 오지 않아 너무 쓸쓸하고 허망하다. 오리 가족이 오지 않으니 왜가리에게 먹이사슬로 사라진 어린 물고기 떼가 생각나서 그 후는 곱게만 보이던 왜가리가 밉기까지 했다. 청둥오리 가족이 이곳보다 나은 환경의 보금자리에서 잘 살아가기를 빌어본다. 바람은 오지 않았던 오리 가족이 죽지 않고 살아 있다면 내년에는 다시 찾아들었으면 한다.

보리밭

나이 든 사람들은 걷는 운동이 제일 적당하다. 하여 매일 아침에 일어나면 들판으로 나간다. 밤사이 기온이 뚝 떨어져 세찬 바람이 옷깃을 여미게 한다. 늦가을 콩 수확을 끝낸 밭을 내년 봄까지 휴경지로 좀 쉬게 하려나 했다. 어느 날 요란한 소리를 내며 트랙터가 들어오더니 콩 수확하느라 어지럽게 거칠어진 밭 흙을 잘게 부순다. 그런 다음 순식간에 융단을 펼쳐 놓듯 평평하게 만들어 버린다. 이 모작으로 보리를 파종한 모양이다. 비둘기 등 새 떼가 날아들어 살판났다. 내 것도 아닌데 맥없는 걱정을 한다. 여러 여건상 농사 망치지는 않았나 했는데 겨울비가 촉촉이 내린다. 메말랐던 땅을 촉촉이 적시니 하나둘 보리싹이 고개를 내민다. 대지는 연초록 옷으로 갈아입은 듯이 살아난다. 실오라기같이 가냘프기만 한 새싹이 하루가 다르게 탐스럽게 자란다.

6·25전쟁 이후 나라는 온통 피폐하여 너 나 할 것 없이 궁핍하여 먹을거리가 부족한 시절이었다. 보리는 가난한 서민들에게 쉽게 다가올 수 있는 친숙한 주식이었다. 많은 식구들의 배고픔을 달래주며 어머니의 눈물을 닦아 주었다. 얼마나 식량난으로 힘들었으면 관련부처와 학자들이 쌀보다 영양가가 많다며 혼식을 권장하였다. 장려운동의 하나로 학교에서는 도시락 검사를 하였다. 어려운 살림에도 자식 잘 키우고 싶은 어머니 마음은 쌀을 더 넣은 밥을 싸주었기 때문이었다. 귀한 음식은 언제나 어른부터 아들이 우선이었다. 항상 여자들 몫은 부족하고, 없기도 하였다.

정부에서는 행정력을 총동원하여 식량 증산에 힘을 쏟았다. 밭은 물론이고 벼 수확이 끝난 논에는 이모작으로 보리를 심게 권장하였다. 영남지방에서 주로 재배하는 겉보리 수매가격을 쌀보리보다 높이 책정하여, 호남지방에서는 역차별한다고 들고 일어나게 했다. 통일벼 개발에 성공해 농가에 보급되면서 식량난이 나아지며 보릿고개는 물러났다.

한동안 우리 곁에서 보리밥은 잊히나 했었는데 건강식으로 관심이 높아졌다. 당뇨, 고혈압 등 현대병에 시달리는 사람들이 많아 건강에 좋다는 곡물로 변하였다. 아내는 방송에 나오거나 병원에서 의사가 권하면 무조건 따라간다. 사람들이 모이는 자리에는 건강식품이 우선이고, 어느 병원이 치료를 잘한다는 정보가 화제이고 인기다. 그동안 사라졌던 혼식이 좋다며 잡곡밥을 홍보하니 너도 나도 잡곡밥(쌀, 보리, 콩, 수수, 조)이다. 요즘 마트에 가면 견과류를 포함 16곡 상품까지 나와 있다.

일제 강점기 홍수 방지와 농업용수 개발을 위해 동진강에 제방을 쌓았다. 전국의 노동자들은 대규모 토목공사에 몰려들었다. 일자리를 찾아 객지에 모여든 노동자들은 제방 공사 현장에 움막집이나 판잣집에 기거하며 돈을 벌었다. 일당으로 현금을 지급하지 않고 밀가루 전표를 발행하여 나눠줬다. 일이 끝나면 잠자리에 들기도 하지만 별의별 사람들이 모이다 보니 인근에 술집과 여자도 모여들어 주색잡기판도 벌였다. 노동의 대가로 받은 전표를 한 장 두 장 모아, 대부분 사람은 명절을 맞아 집에 가는 날은 미곡상 등에 할인하여 현금으로 바꿔갔다.

일부의 노동자들은 술 한 잔 들어가면 꼬임에 빠져 고생을 하며 받은 일당을 송두리째 잃어버린다. 본전 찾을 요량으로 빌린 돈까지 날려 불행의 나락으로 떨어지기도 하였다. 고향에는 돌아갈 생각은 포기한 채, 알코올 중독자도 모자라 아픔을 달랜다고 마약인 아편까지 흡입하기도 하였다. 많은 사람이 흘린 땀의 노력으로 장마 지거나 가물면 실농했던 들녘은 옥토로 변하였다. 농민들은 농번기에 한시름 덜고 농사를 경작하게 되었다

세찬 겨울바람을 뚫고 자라난 보리들은 날로 변한다. 모내기 전에 자리를 비워야 하기에 모가지를 내놓고 알맹이를 토실하게 키우는 등 할 일을 한다. 학교 갔다 오는 길에 통통한 놈만 골라 한 움큼 꺾어 보리타작을 한다. 제방 아래쪽에 삭정이를 주워 불을 피우고 쭉

둘러앉아, 보리를 구워낸다. 서로 한 모가지라도 더 먹으려 정신없이 손바닥을 비벼대고 입으로 후후 불어 껍질은 대충 날리고 털어 넣다 보면 얼굴은 온통 까맣다. 서로 숱검댕이 묻은 얼굴을 보며 웃고 떠들었다. 보리타작으론 성이 덜 찬 아이들은 돼지, 닭 사료로 개구리를 잡아 온 철사 꾸러미를 챙긴다. 그중에서 큰 놈을 골라 껍질을 벗겨 타다 남은 모닥불에 얹어 구우면 금세 닭고기 맛이 나는 개구리뒷다리구이가 됐다.

추억 속의 친구들은 진학한다, 취업한다며 고향을 떠나고 홀로 둑방길을 걷고 있었다. 이른 아침 물안개가 피어오르는 동진강 제방 아래 보리밭에는 무슨 미련이 남았는지 새벽부터 날아든 비둘기 까치가 놀라 하늘로 날아올랐다. 해코지를 않을 텐데 속도 모르고 멀리 달아난다. 멀리 간 친구처럼….

보리는 근성이 있다. 혹독한 환경에도 강인한 생명력으로 살아남아 구수한 속살을 제공한다. 배고픈 시절 서민들에게 허기를 달래주던 고마운 이웃 같았다. 건강을 챙기는 시대의 우리들에게 파란 꿈을 안긴다.

알란가 모르것네

“알란가 모르것네.” 이 말이 요즈음 유행하는 말이다.

지난 2월 하순 어느 날 ‘시암골 사람들’이란 이름의 예쁜 리본을 단 분홍색 작은 꽃이 송알송알 피어오른 조금 큼지막한 화분 한 점이 배달됐다.

해가 뜨면 나오고 해가 지면 집으로 향한 지 어언 만 25년이 덧없이 지났다. 늘상 출퇴근하던 직장을 임기가 10여 개월 남은 상태에서 정리하고 집으로 돌아왔다. 주변에서는 잘했다는 측과 아직 건강한데 하는 데까지 하지 그랬느냐는 측으로 갈렸다. 평균수명에 견주어 나를 되돌아보는 자신을 위해 여생을 보내야 되겠다는 의지가 강했던 것 같다.

그러나 막상 돌아오고 나니 무엇을 어떻게 해야 할지 모르겠다 싶다. 우선 머리를 식힐 겸 평소에 꼭 가보고 싶었던 인도 네팔여행을 한 보름 아내와 같이 다녀왔다. 귀국 후 곧바로 비어있는 작은방에 나만의 공간을 꾸몄다. 먼지를 뒤집어쓴 채 창고에 버려진 물건을 하나씩 꺼냈다. 자식들이 사용했던 헌 책상부터 꺼내다가 물걸레로 닦아 들여놓으니 그런 대로 쓸 만하다. 컴퓨터를 연결한 후 인터넷부터 깔았다. 밖으로의 소통도 필요하지만 어설픈 글도 쓰며 좋아하는 사진을 마음대로 올리고 싶어서다.

한쪽 벽 책꽂이에 전공인 농업서적과 후배 글쟁이 박사가 본격적으로 글을 써보라며 도움이 되라며 퇴임식 날 한 보따리 보내준 문학관련 서적들을 정리하였다. 컴퓨터를 제대로 배우지 못하여 걱정부터 하던 차, 마침 집에서 가까운 곳에 있는 복지관에서 컴퓨터 강좌가 있으니 나오라는 연락이 왔다. 주변에서 친구들은 무슨 복지관타령이냐며 비아냥거린다. 운동한다며 밤에 한두 번 와 봤지만 겉으로만 봐 왔을 뿐 솔직히 나하고는 연관 없는 노인당처럼 생각했었다.

인생은 삼세번이라고 하지 않았던가, 다시 시작하는 마당에 작심을 하고 찾아와 보니 잘 왔다는 생각과 함께 한마디로 놀라웠다. 웬만한 강좌는 다 있다. 잊혀가는 추억을 되살려 동심의 세계로 돌아가는 국어, 산수 공부가 있다. 효도관광으로 외국 갈 일 있으면 써먹으라고 영어, 중국어에다 건강 챙기라며 당구 탁구며 라인댄스와 풍물반, 바둑 장기까지 있다. 하모니카 노래방까지 있으니 한마디로 무엇부터 시작해야 할지 즐거운 고민이 아니겠는가.

배꼽시계가 울리는 점심시간에는 2천 원이면 해결할 수 있으니 한마디로 없는 것 빼고 있을 건 다 있는 셈이다. 화훼반에서는 가을축제 때 사용한다고 1천여 개가 넘는 화분을 구슬땀 속에 가꾸고 있다. 모종을 여유 있게 키워 무료분양까지 하고 있으니 천사가 따로 없다. 평소에 관심이 있던 서예나 게이트볼도 생각했으나, 다음으로 미루고 우선 컴퓨터부터 배워 보기로 하였다. 여행을 좋아하다 보니 국내는 물론 외국도 많이 다녀서 이제는 기회가 온다면 덜 부담스럽고 가까운 일본이나 중국을 다닐 요량으로 중국어반에도 등록했다.

곧 칠학년이 될 터이지만 아직은 노인이 아니라는 생각인데도 기억력이 자꾸 무디어져 가는 것 같아 자신이 당황스럽기도 하다. 이것이 치매 시초인가 싶어 걱정도 된다. 누가 그랬다. 늙으면 어린아이가 되어간다고, 그러나 분명 차이가 있다. 어린이는 하루하루 새로운 세계를 접하며 기억 속에 입력한다면 늙은이는 그동안 모아둔 기억들이 하나하나 지워진다. 그러다 보니 철없는 행동이 애들 같아서일 것이다. 그렇다 더 늦기 전에 늦었다고 생각하는 지금이다.

단체생활은 정신적 사회적 건강을 가져다준다. 하루 시간이 지루할 때도 있었지만 부모님 부양에 자식 교육 등 먹고 사느라 눈코 뜰 새 없이 앞만 보며 살다 보니 세월은 덧없이 가버렸다. 누구에게나 언젠가는 다가올 인생길의 종착역이 오기 전에 영국 사람처럼 사과나무는 심지 않더라도 자신을 돌아본다. 여유 있게 즐기며 사는 법을 가르치는 복지관이란 꿈의 공간에서 누구의 간섭은 없다. 그러나 여러 사람들이 모인 만큼 지켜야 할 기본질서와 도리에 따른다면 그것마저도 어찌 불편하다 하겠는가, 지키지 않는 자유는 방종이다. 학생 시절에나 겪었던 여름방학도 손주들과 즐겁게 보냈다. 만나는 사람마다 나이를 제대로 안 쳐준다. 이게 다 인생의 배터리를 재충전 시켜준 복지관 때문이란 걸 알란가 모르겄네.

시골 장날

장날은 고향을 떠난 실향민들에게는 애틋한 향수와 추억을 떠올리게 하는 날이다. 신태인 장날은 3 · 8장(3일 8일, 5일 간격)이라고 부르기도 하였다. 장날에는 유달리 비 오는 날이 많아 질척거려 각시 없이는 살아도 장화 없이는 못 산다는 우스갯말이 나올 정도였으며 신태인을 진태인이라 부를 정도였다. 지금도 장날이면 궂은 날이 많지만 포장이 잘되어 질퍽거릴 염려가 없다.

장에 가는 날은 그동안 생산한 농산물을 내다팔고 필요한 생활용품을 구입하는 등 활력이 넘치는 날이다. 구입할 물품 기록도 필수다.

6 · 25동란 후 먹고 살기 힘들었던 시절, 어머니의 손을 잡고 장에 가는 날은 마냥 신이 났다. 우리 마을에서 오 리(2km) 정도의 두 갈래길이 있다. 한쪽 길은 마을 앞 다리를 건너 논두럭길로 가는 지름

길이다. 조금 빨리 갈 수는 있지만 이슬에 옷이 젖거나 신발이 진흙에 묻힐까 봐 신경이 쓰인다.

다른 길은 우마차가 다니는 농수로 길로 비가 오는 날이면 많이 다닌다. 쌍수문을 지나면 바로 호남선 기찻길 건널목이 나온다. 시원한 그늘을 제공하는 포플러나무가 늘어서 있는 신작로가 나온다. 어쩌다 자동차가 지나면 흙먼지가 세상 만난 듯 지나가는 사람들을 순식간에 뽀얀 먼지로 뒤집어씌운다. 길가의 벼는 날마다 분단장한 듯 아예 내맡겨 놓은 듯하다. 우마차(소 구루마)는 마을마다 여간 편리한 운송수단이 아니었다.

그리고 이 길은 장보러만 가는 길이 아니라 둥지에서 밖으로 나가는 길이었다. 동진강 제방이 있는 곳에서 두 길이 만난다.

장에 가려면 어머니는 쪽 찐 머리부터 감고 면경을 벽에 세운 후 실을 이용해 얼굴에 난 솜털을 다듬고 분단장을 한다. 장롱 속에 넣어둔 무명치마 저고리로 단정히 차려입고 나서는 어머니의 모습은 곱다. 생각하면 이 세상 어디에도 찾을 수 없는, 내 가슴속에 아련히 남아 있다. 어머니는 나무 함지박 속에 모아 두었던 계란을 한 줄씩 짚으로 묶어 머리에 이고 나선다. 계란 한 줄은 양계장이 생긴 이후 값어치가 떨어졌지만 그 시절에는 제법 쓸 소용이 있었기에 모아서 장에 내다팔았다. 장에서 1Km 정도 떨어진 제방까지 장꾼들이 나와서 초입으로 들어서는 사람들을 붙잡는다. 농민들 각자 생산한 가축(소, 염소, 닭 등)이며 곡식(쌀, 보리, 잡곡 등)을 붙잡고 말로만 금(물건값)을 잘 쳐주겠다며 반강압적으로 흥정부터 한다.

시내버스가 다니고부터는 버스터미널에는 옮겨간 상인들로 붐볐으며 특히 잡곡과 고추가 주산지인 감곡 방면의 버스가 오는 시간이면 서로 앞에서 물건을 잡기 위하여 자리다툼으로 아수라장이었다.

시장 안으로 들어서면 냉장시설이 없던 생선전에는 온갖 생선들은 다 모였다. 근방에만 가도 비린내가 코를 찔렀고 여름철엔 더욱 심했다. 생선전 옆에 광목포장으로 가림막을 한 난전에서 장작불로 국수와 돼지머리를 삶는다. 메케한 연기를 타고 구수한 냄새가 술시가 되기를 기다리는 술꾼과 허기진 사람들을 저렴한 가격으로 유혹한다.

주막은 장터만 있는 게 아니라 신태인장으로 들어오는 길목마다 있었다. 부안, 김제 장꾼들이 화호삼거리를 지나서 우령리 삼거리에서 만난다.

남쪽 정읍 방면의 여러 마을 사람들은 강줄기마냥 삿갓번지에서 모두 만난다. 반가움에 한잔하며 고단한 다리를 잠시 쉬어가게 한다. 짙게 화장한 주모의 걸쭉한 입담은 고단한 삶을 잠시 내려놓게 한다. 장에 갈 때 신신당부하였지만 한 잔 술은 열 잔 술을 부르고 길가에 쓰러지기도 하여 집에서 기다리는 아낙네를 애태운다.

태인 방면 초입의 검문 없는 검문소 같은 두다리목의 주막은 그야말로 호황이었다. 다리 밑에는 뱀꾼들의 사탕집까지 있어 부녀자와 어린아이에게는 호기심과 두려움을 주는 곳이기도 하였다. 봉남, 원평쪽의 사람들까지 신태인장에 몰렸다. 감곡역과 초강역 주변의 주민들은 기차를 이용하거나 철길을 도보로 이용하기도 하였다.

철길은 위험하지만 우선 높이 자리 잡아 시야가 넓으며 직선으로 나 있어 사람들에게 인기가 있었다. 우마차는 쌀과 비료 건축자재 등 무거운 짐을 실어 나를 수 있어 동네마다 편리한 운송수단이었다. 리어카(손수레)나 자전거가 있는 집은 요긴하게 쓰는 재산이었다. 우마차가 지나가면 개구쟁이 학생들에게 인기였으나 인색한 아저씨의 호령에 꼼짝도 못하였다.

신태인 우시장은 각지에서 몰려들어 꽤 큰 장이었던 것 같다. 남으로는 장성, 정읍, 고창에 부안, 임실, 순창에서 왔다. 북쪽에선 함열, 대야에 고산, 강경, 논산에서까지 몰려들었다. 장이 서는 날은 소몰이꾼뿐만 아니라 소여물까지 먹여주고 재워주는 주막이 있을 정도였다. 각 지역에서 많은 사람들이 모이다 보니 각종 애환도 끊이지 않아 사건 사고가 일어났다. 형사들이 범죄자를 잡으려 심혈을 기울였으나 도둑 하나를 열이 지키기 어렵다고 사기도박에 소매치기, 등 농민들의 눈물을 빼내곤 하였다. 장날마다 그냥 지나가는 법이 없을 정도다.

우시장 입구에 돼지전이 열렸다. 사람들은 학자금을 준비한다든지 혼기에 찬 자식이 있으면 유용하게 쓸 요량으로 새끼 돼지를 사러 나왔다. 어느 날 장이 끝나는 늦은 시간에 잘 아는 선배 부인이 돼지새끼를 안고 헐레벌떡 찾아 왔다. 오전에 산 새끼 돼지가 항문이 없다며 같이 가서 해결해 달란다. 시장 부근에 살아서 상인들과 안면이 있던 터라 전후사정을 말하였다. 장이 끝나는 시간이어서 다 팔 리고 몇 마리만 남아있다. 그중에서 나은 걸로 골라 주었더니 상인들은 자기들도 몰랐다며 이런 경우는 흔치 않는 일이라 한다. 미안한지 돼지새끼 한 마리를 반값에 준다 해서 억지로 키운 적이 있다.

우시장은 한곳으로 통합된 후 빈터로 남아 가끔씩 약장수가 들어와 마을마다 노인들을 모셔다 쌈짓돈을 홀렸다. 그나마 개인 땅으로 넘어가 버리고 쇠말뚝까지 뽑혀서 그 흔적마저 지워져 버렸다.

우시장 뒤 역전에서는 증기기관차들이 거친 숨을 토해내듯 내뿜는 하얀 연기는 우렁찬 기적소리와 함께 아련한 추억 속으로 사라지고 KTX까지 등장하여 서울까지 한 시간 반이면 갈 수 있는 세상으로 바뀌었다.

신태인에 큰 장이 열릴 수 있었던 것은 기차역이 생기면서 사람과 물자들이 활발히 오고갈 수 있어서다. 지금은 신태인보다 부안장이 크게 열리지만 당시에는 부안장이 신태인 다음에 장이 열렸다는 것은 물류이동이 철도 중심이었음을 말해주고 있다.

신태인에서 사라진 업종도 상당한 것 같다. 소주공장, 연탄공장, 국수공장도 번창했었다. 지금은 타지에서 들어오며, 대신 음식점과 주유소가 자리하고 있다. 여름철이면 인기 있던 밀짚모자 제작, 아이스케이크 집도 슬그머니 사라져 마트나 모자점에 가면 있다. 겨울이면 방한이나 혼수 목적으로 솜 트는 공장도 잘 돌아갔는데 캐시밀론 등 화학제품에 밀려나고 말았다.

우마차 리어카를 만들었던 제작소, 농방, 그 흔했던 양복점, 양장점은 기성복에 밀리고 학교 앞 서점이나 명찰 박아주던 가게도 주변에서 찾아보기 힘든 업종이 되었다. 시장 중심가에 자리했던 중국인이 경영하던 송방, 만두빵집도 옛날의 향수를 부른다. 역 앞에 쭉 늘어서있던 말 구루마도 없어지고 자동차에 밀려나고 다방과 양화점 구두 닦는 사람까지 사라졌다.

주막집 대폿집 기생집 등 유흥업소는 한우나 오리, 닭, 횟집 등 일반식당으로 바뀌었다. 20여 곳이었던 정미소와 흥청댔던 푸줏간도 흔치 않다. 예식장, 사진관이 없어져 카메라점만 명맥을 이어가고 있다. 많았던 구멍가게는 슈퍼마켓이나 24시 체인점으로 바뀌었다. 집집마다 자동차가 있고 교통망이 좋아 자기가 원하는 물건은 큰 도시에 나가 구매하며 안방에서 홈쇼핑을 이용하니 정부가 지원해도 전통시장은 생기가 없다. 그나마 시골에 노인만 남고 젊은 사람이 적으니 마을마다 빈집 정리로 골칫거리다.

1년이면 한 번씩 찾아오던 약장수며 서커스나 유랑극단까지 사라지고 없다. 사라진 공장 대신 농공단지가 들어서고 육가공 단지가 생겼다. 우리에게 필요한 생필품이 아니고 노동력까지 흡수하여 버렸다. 농기계화가 되었지만 농사철이면 인부들을 구하는 것이 큰 문제가 되었다.

신태인 장터는 한때 흥청거렸던 세월의 흔적은 사라지고 공연장처럼 생긴 현대식 건물은 속 빈 과자처럼 허전하다. 장날이면 외지 상인들까지 오지만 이용객은 적은 편이다. 지자체의 도움을 받아 전통시장으로 옛 명성을 되찾으려 방송사와 연계하여 활성화 노력을 하고 있다. 기획공연을 하면 가수나 보고, 경품 뽑기가 더 관심거리

같다. 앞으로 신태인만의 특성화를 지닌 어떤 꺼리를 만들지 않으면 외지인은커녕 지역민들조차 마트에 자리를 내주고 있어 안타까울 뿐이다.

정월 대보름날의 추억

설날의 감흥이 사라지기 전에 정월 대보름날이 다가온다. 정월은 한 해를 다시 시작하는 달로서 행운을 기원하며 한 해를 점쳐보는 달이었다. 오순도순 아버지 주위로 가족이 모여들면 《만세력》과 《토정비결》 책을 편다. 큰아들부터 순서대로 한 해의 운수를 봐주신다. 좋다고 웃고 나쁘다고 우는 우리에게 너무나 믿을 건 아니지만 주의할 것은 미리 조심하는 것이 일 년을 무사히 넘길 수 있는 거라고 말씀하셨다. 그 말씀은 세상을 살아가는 데 경거망동하지 말고 열심히 살라는 어른의 가르침이셨다는 것을 나도 부모가 돼서야 알 수 있었다.

정월 대보름에는 복조리 걸어놓기, 부럼 깨먹기, 더위팔기, 귀밝이술마시기, 쥐불놀이, 농악놀이 등을 하며 놀았다. 민속놀이를 통하여 한 해의 질병과 재앙을 막아내고 풍년농사와 무사안녕을 빌었다.

정월 대보름날 밤이면 동네 사람들은 마을 입구 다리 앞이나 당산나무 앞에 모였다. 차례로 쌀바가지에 식구들의 생년월일 생시를 적은 소지(한지)와 돈을 올려놓고 촛불을 켜고 절을 하였다. 당골 할머니와 함께 소원을 빈 다음 소지를 불살랐다. 잘 타오르면 그해는 잘될 거라며 기뻐하시던 어머니의 모습이 아직 선하다. 당골 할머니한테는 동네에서 여름에 보리 한 말 겨울에 나락 한 말씩 걷어다 주었다. 집안에 누가 아프거나 무슨 일이 있으면 액땜을 한다고 빌었으며 그때마다 별도의 사례로 금전이나 곡식을 주었다.

어머니는 대보름 전날 밤 오곡밥을 지으셨다. 밤에 잠을 자면 눈썹이 하얗게 변한다면서 우스개 이야기를 들려 주셨다. 아무리 잠을 안 자려고 하였으나 어머니의 옛날이야기 속 꿈나라로 숨어들었다. 다음날 일어나 걱정 되어 거울부터 보면 눈썹은 그대로여서 안심했던 일이 생각난다. 어머니는 많은 일을 하고 나서 언제 눈이나 붙이셨는지 모른다. 새벽에 일어나 머리를 감고 마당 한가운데에 미리 준비해 놨던 마른나무 가지를 적당히 쌓아 모닥불을 피운다. 자식들을 깨워 차례로 소원을 빌며 나이만큼 뛰어넘게 하였다. 잠이 덜 깬 채 입이 나왔지만 어머니의 자식 사랑이라는 것을 철없던 어린 시절이라 어찌 알았으리.

오곡밥은 철따라 준비한 호박, 가지, 토란대, 고사리 등 마른 나물과 집(방 아랫목)에서 기른 콩나물로 나물을 만들어 보름나물로 먹었다. 음식에는 고춧가루를 사용하지 않았다. 제사가 많은 집에서는 설날 차례상에 먹고 남은 조기와 명태 대가리에 굵게 자른 무와 함께 넣고 가마솥에 푹 고아서 내놓았다. 풍족하지 못했던 시절이어서 식구 많은 집의 인기 좋은 명절 끝 반찬의 하나였다. 어머니는 밥 먹기 전 대문 앞에 짚을 잘 추려 깐 다음 오곡밥과 반찬들을 얹어 내놓았다.

우리들은 숟가락을 놓자마자 옆집을 찾아가 대문 앞에서 친구 이름을 부른다. 대답하기 무섭게 "내 더위"를 먼저 외치며 한 해 더위를 팔지만, 친구가 먼저 "내 더위"하고 소리 지르면 더위를 팔기는커녕 남의 더위까지 떠안고 낙심한다. 다시 다른 친구를 찾을 때는 조금 굼뜬 만만한 녀석을 골라야 한다. 더위팔기놀이는 더위를 팔았다고 더위 안 탈 리 없지만 강한 정신력을 기르라는 우리 선조들의 지혜가 아니었나 생각한다.

아침 일찍 더위팔기가 끝나면 냇가에 얼음이 얼었으면 썰매를 타거나 팽이치기를 한다. 바람이 불면 벽장에 넣어둔 연을 꺼내들고 들판으로 달려간다. 초보는 가오리연을 띄우고 고학년 형들은 방패연을 띄운다. 실을 감는 사각 연자새(얼레)를 구비하면 어깨에 힘이 들어간다. 연을 날리면서 연싸움을 하는데 비법으로 깨진 백사금치 조각을 주워다 절구통에 잘게 찧었다. 밥풀에 짓이긴 다음 남이 모르게 연실에 바르면 아무도 나를 이길 수 없었다. 겨우내 틈만 나면 놀았던 연날리기도 정월 대보름이 지나면 연실을 끊어 날려 보냈다. 어머니는 아침 설거지가 끝나면 오곡밥을 김 한 장씩에 크게 말아서 대나무 석작(소쿠리)에 담아 놓으신다. 그렇게 만들어 놓아 식구들이 먹을 수 있게 한 어머니의 사랑과 정성이 가득 담긴 간식거리였다.

하루가 가기가 무섭게 해가 넘어가기도 전에 우리들은 동네 앞 수로에 모여 쥐불놀이를 서서히 시작한다. 그동안 시장 상가를 돌며 주워온 깡통에 바람이 잘 통하도록 구멍을 내고 돌리기 좋게 줄을 맨다. 연료는 학교에서 돌아올 때 인근 산에 올라 떨어진 솔방울과 마른 나뭇가지를 신주머니에 담아 왔다. 깡통을 준비하지 못한 아이들은 논두렁에 쥐불을 놓아 추위에 몸을 녹인다. 다른 아이들보다 큰 깡통에다 광솔(송진)가지를 준비한 형이 언제나 맨 앞 선두에서 건너 마을 앞으로 진격(?)하며 싸움을 건다. 상대편 동네 아이들이 적으면 중학생 형들이 지원하는데 용케도 그걸 알아챈 우리 형들도 합세한다. 어른들은 짚벼눌에 불이 옮길까 봐 감시도 하고 구경하다가 사태가 심상치 않으면 작대기로 위협하며 소리를 질러 우리를 쫓아 버렸다. 내 기억에는 우리 마을이 한 번도 진 일이 없었다.

조금은 아쉽지만 쥐불놀이가 끝나면 각자 맘에 맞는 짝들끼리 모여 대보름 오곡밥을 얻으러 다녔다. "밥 좀 주세요." 하며 몰려다니면 일찌감치 대문을 걸어 잠그거나 아예 호롱불을 꺼버리는 집이 있었다. 오곡밥을 준비하지 못했다며 미안해하면서 흰쌀밥을 주시거나 귀한 배추동치미나 아니면 무싱건지를 양푼에 가득 담아 주시는 집도 있었다. 오곡밥은 다 똑같은 밥이 아니라 재료는 비슷하나 그 중에서 어떤 곡식을 많이 넣느냐는 비율에 따라 다르다. 찰밥(찹쌀)

이니 서숙(조)밥이니 하여 색깔도 다르고 맛도 달랐다. 대추나 밤, 감말랭이를 넣으면 인기 좋은 특식이었다. 나의 어린 시절인 1950년대는 가난하고 배고픈 시절이었다. 6 · 25전쟁, 3 · 15부정선거와 4 · 19학생운동 등 격변기의 겨울은 유달리 추웠으나 인정 많은 세상이었다.

코로나와 설날

퇴근하여 집에 들어서자마자 아내가 말을 꺼낸다. “오늘 애들하고 통화했는데 연휴 동안 따로따로 다녀가기로 했으니 그리 알아요.” 한다. 설날 전날은 큰아들이 다녀가고 설날은 수도권에 사는 막내아들, 다음날은 시집 들렀다 오는 맏이인 딸내미가 온단다. 마지막 휴일에는 큰아들이 가까운 곳에 사니 한 번 더 들르겠단다. “그래, 알았어.” 하면서도 어째 마음이 개운치가 않다. 코로나19가 1년에 몇 번 안 모이는 가족 사이를 갈라놓는다.

우리 민족의 최대 명절인 설날 연휴에는 보고 싶더라도 자제해 달라는 정부의 방역 방침이다. 5인 이상 사적인 모임도 불허하며 주소가 다른 가족끼리도 모이지 말 것을 권유하고 있다. 2019년 12월 중국 우한에서 처음 발생한 이후 중국은 물론 전 세계로 확산되었다.

코로나는 일 년이 지났음에도 전 세계에 변이종까지 합세하여 전파되고 있다. 우리나라는 2020년 1월 들어와 확산되자 국가 재난으로 선포하고 정부지침에 따를 것을 매일 방송으로, SNS로 권고한다. 한마디로 인류재앙이다. 코로나19는 사람의 생명을 빼앗고 살아남은 사람의 생계를 빼앗아가고 있다. 현대의학으로도 막을 수 없어 의사와 과학자들이 땀을 쏟고 있다. 방역 대책 본부장은 본의 아닌 스타가 되고 관련부처가 신설되어 장관급 초대 청장이 되었다.

정부의 방침이 아니어도 국민으로서 지켜야 할 의무인데도 일부 종교인들을 비롯하여 몰지각한 사람들이 온 국민을 당황하게 한다. 이를 어쩌면 좋단 말인가, 제발 멈춰줬으면 하는 마음으로 TV를 켜면 매일 증가 추세다. 우리나라 온 국민이 코로나로 인해 마스크로 얼굴을 가린 채 활동한다. 아는 사람을 만나도 긴가민가 당황하는 상황에 익숙해져 가고 있다. 처음에는 답답하여 목에 걸치고 다녔으나 이제는 스스로 마스크를 한다. 어느 곳을 방문하여도 입구에서 발열체크를 하고 기록한다. 처음에는 짜증도 났으나 지금은 수고한다고 먼저 인사를 건넨다. 의학이 발달하지 못한 조선시대 이전에는 전염병이 왔을 때 얼마나 두려웠을까? 나의 조부님도 신혼의 꿈도 깨기 전, 약관 25세에 전염병으로 돌아가셨다고 한다. 그러한 연유로 친가 쪽에는 사촌이 없다. 생각하면 선조들은 얼마나 공포에 떨었을까 상상을 해본다. 마을 입구를 막고 집집마다 쌈줄을 쳐놓아 외부인의 접근을 막았다. 전염병이 휩쓸고 지나가면 그 마을은 쑥대밭이 되었다고 한다.

아내가 전할 때는 가장인 내 말도 듣지도 않고 저희끼리 결정했나 싶어도 시원했다. 연휴를 보내면서 자식 손자들이 한자리에 모이지 못하니 허전했다. 연휴가 지나가니 정말 잘했다, 지혜로운 결정을 했다는 생각이 든다. 나는 친가 쪽 사촌이 없다. 아버지는 혈혈단신 유복자이시다. 할아버지께 결혼 첫해 사랑땜도 하기 전 전염병으로 스물다섯 젊은 나이에 요절하셨음을 고1 때에 알았다. 아버지는 춘향제에 참석하시면서 처음으로 나를 데리고 성묘를 갔다. 아버지 나이 다섯 살에 엄마 품을 떠났다. 삼촌 손을 잡고 남도 천릿길을 걷다 업히다 사흘 걸려 아랫녘 고흥을 찾아 갔다. 작은할아버지(내게는 증조부)께서 한의원을 하셨는데 천석꾼이셨다. 딸 하나를 두셨던 증조부는 형제들의 자손들을 한곳에 불러 모여 살게 하였다.

다행히 6남매의 장손이었지만 집안 대소사 등이 있을 때에는 외로움을 느꼈다. 장성한 후 동생들은 객지로 시집, 장가가서 나가 살아, 고향에 홀로 남아 평소에도 외로울 적이 있는데 아버지는 어떠셨을까? 그렇다고 생전에 외롭다는 말씀을 하신 적이 한 번도 없었다. 아버지의 고단한 삶을 생각하면 저절로 눈시울이 촉촉해진다. 작년부터 몰려온 코로나19는 언제 끝날는지 모른다. 정부에서 백신 구매 계획을 세워 수입계약을 체결하였다고 한다. 백신 접종순서는 환자를 치료하는 의료진부터 접종을 시작하고 있다. 국민 전체를 나눠 실시하는 접종 계획을 보면 나는 6~7월에는 접종 순번이 올 것 같다. 늦어도 올해 안에는 전 국민에게 접종 가능할 것 같다. 제발 코로나 바이러스가 멈추고 백신접종 계획 일정과 물량확보에 차질이 없으면 하는 바람이다. 온 국민들은 정부의 지침대로 잘 따르고 수칙을 지켜야 한다.

2022년 설날에는 모두가 건강한 모습으로 돌아오기를 기원한다. 다시는 코로나19로 이산가족이 되어서는 안 된다.

징 장수 어른

건너편 풍물가게에서 L 씨 아저씨가 나에게 오라고 손짓하고 있다. 오늘도 무슨 부탁할 일이 있는 모양이다. 사람들은 풍물가게를 하는 L 씨 아저씨를 '징 장수' 아저씨라 부른다. 조금 전 집배원이 다녀가더니 뭣이 온 모양이다. 아저씨와 인연은 아저씨 가게 옆에 개업하면서부터 시작됐다. 몇 년 후 내가 먼저 가게를 옮겼는데 아저씨도 가게를 종교단체에 처분하고 우연히 건너편에 이사 오시면서 가깝게 지내게 되었다.

아저씨는 한글을 배우지 못하셔서 편지가 오거나 쓸 일이 있으면 나를 부른다. 군인 장교인 아들이 진급을 하거나 손자가 진학을 했다는 희소식은 읽어 드릴 때 부담이 없다. 그러나 명절이나 아버지 생신에 바빠서 못 올 것 같다는 내용을 읽을 때는 앞에 앉은 아저씨의 표정부터 본다. 나는 아저씨의 가족들이 찾아오는 것을 본 기억이 별로 없다. 어쩌다 한 번씩 잠깐 들렀다는 가는 모양이다. 아저씨도 가정사를 자식뻘 되는 남에게 시시콜콜 말씀을 하실 리 없다.

아내는 반대로 아주머니와 가깝다. 아저씨와 뭔 일이 있었거나 영감님이 외출하면 차 한 잔 타놓고 살짝 부른다. 같은 여자끼리여서 이 이야기 저 이야기 신변 이야기를 하나 보다. 아주머니는 남도南道 아랫녘에서 '징 장수' 아저씨와 재혼해서 살다가 이곳으로 온 모양이다. 어느 가정이나 마찬가지로 본실本實 자식과 잘 풀리는 새엄마는 많지 않나 보다. 지금은 세상이 바뀌어 의식도 많이 변하고 생활의 여유가 있어서인지 예전보다는 나아졌다. 상처한 후 고향을 떠나고 싶던 차 큰딸이 시집와서 살고 있는 이곳으로 이사를 왔단다. 우리 아버지는 수리시설이 잘되어 있는 곳을 찾았다지만, 이주한 것은 같아 더 의지를 하나 보다.

아저씨의 외아들은 재혼한 아버지와 사이가 그리 좋지 않았다. 다행히 공부를 잘해서 해군사관학교를 나왔다. 현역으로 복무를 하고 있어서 자주 오지를 못하는 모양이다. 아들은 공무로 그렇다지만 며느리 손자는 따로 다녀간 일이 없다. 못 오는 대신 한 달에 한 번씩 용돈과 더불어 안부편지는 꼭 보낸다. 군인정신인지 모르지만 자식 된 도리를 지킨다는 생각이 든다. 명절이나 아저씨 생신에는 편지 속에 일정 금액의 우편환이 함께 들어있는 등기 우편물이 온다. 읽어드리고 나면 꼭 답장을 대필해 달라 말씀하신다. 그러고 보면 아버지도 부모로서 할 도리를 다하고 있다. 받아쓴 답장을 우체국에 가서 부치고 우편환도 현금으로 찾아다 드린다.

술을 좋아하시는 아저씨는 편지받은 날은 물론이고 가끔씩 간단한 술상을 마루에 내놓고 나를 부른다. 간단한 주안상에는 막걸리와 마른 가오리가 올라와 있다. 짝짝 찢은 가오리를 찹쌀고추장에 찍어 먹으면, 쫄깃거리고 씹히는 맛이 일품이다. 특별한 날에는 백합전과 육회가 나오기도 한다.

내가 본 아저씨와 아주머니는 성격이 다른데다 나이 차이가 많아서인지 자주 타시락거린다. 심하게 싸운 날은 아저씨는 빗자루 들고, 이방 저방 아주머니를 찾는 모습이 숨바꼭질하듯 한다. 그런저런 인연으로 내외분은 우리 부부에게 잘하시는 것 같다. 상담사, 도우미는 아니지만 아저씨는 내 담당, 아주머니 담당은 아내인 셈이다. 성격이 독특한 아저씨 내외는 동네사람들과는 별로인 것과는 사뭇 다르다. 인간관계는 서로가 어떤 사이냐에 따라 사람마다 다르다. 물론 가게에 풍물을 사러온 손님이나 농사일로 일꾼들하고 언성이 높아지는 것을 여러 번 봐서 안다. 화나면 안 무서운 사람 없다지만 조금 그렇기는 하다. 여러 사람과 껄끄러운 일이 자주 있다 보니 평소 강한 모습과는 달리 외로워 보인다.

이웃면에 사는 큰딸은 장날이면 가끔 들러 안부를 확인한다. 후덕스럽게 생긴 딸은 우리 내외에게 찾아와서 감사의 마음을 전하곤 한다. 편지를 대필해주는 등 어려운 일이 있으면 도와주는 말동무가 있어 고마운가 보다. 젊은 시절 힘들어하던 나는 징 장수 어른을 비롯한 지인들의 도움으로 큰 가게를 장만하였다. 고생은 하였지만 이웃 어른들의 살아가는 모습을 보면서 배우고 노력한 만큼 이루면서 살아온 것 같다.

잠을 달고 사는 사람

온 들판에는 사람이란 사람은 다 나와 모를 내고 있다.

'자~아,' '어~어,' 못 줄잡이가 소리로 신호를 하면 얼른 손을 떼고 허리를 폄과 동시에 한발 뒤로 움직인다. 바로 뒤에 있는 모 타래에서 한 움큼 움켜쥐고 다시 엎드려 옆 사람과 손발을 맞춰줘야 한다. 뒤에서는 모를 고르게 배분하는 사람을 모쟁이라고 부른다.

모내기철이 되면 강아지도 쓸모가 있다고 말할 정도로 바쁘다. 농번기에는 일손이 얼마나 필요한지를 말하고 있다. 동네마다 작업단을 만들어 남자들은 모를 찌고 여자들은 모를 심는다. 일종의 공동품앗이인 셈이다. 우리 동네 남자들은 모내기 하루 전날 모를 쪄 놓는다. 볍씨를 40여 일 못자리에서 적당히 키운 어린 모를 한 움큼씩 일정하게 묶어 놓는다. 모 찌는 사람 중에서 힘센 젊은이 한두 사람이 미리 정지 작업을 마친 논에 지게로 나른다. 여자들은 스무남은 명이 모심기를 한다. 못줄을 잡는 사람 중 한 사람이 총단장을 맡아 작업 일정을 조정한다. 단장은 모내는 일정에 따라 작업일지를 쓰고 참석한 인원을 체크한다.

총단장은 당연한 것처럼 반장인 '김 씨' 아저씨가 맡았다. 아저씨는 중학교까지 다녀 우리 동네에서 많이 배운 사람 중 한 사람이다. 외아들로 태어나 귀한 아들로 성장했다. 용모가 헌칠하여 호남형인데 성격이 온화하였다. 술 좋아하고 시도 때도 없이 어디서나 졸고 있는 것이 큰 흠이다. 아버지가 주색잡기 등으로 가산을 탕진하자 어머니는 두부 만들기 시작하여 어려워진 살림을 꾸려갔다.

처음에는 두부를 만들어 콩나물과 함께 팔았다고 한다. 그러다 보니 막걸리도 팔고 생필품들 들여다 파는 점방으로 발전하였단다. 각자 집에서 사가기도 하지만, 허기질 때 또래끼리 모여 방금 만들어진 뜨끈뜨끈한 두부를 안주 삼아 마시는 막걸리 한 사발은 세상 부러울 게 없다. 여기에 막 무친 겉절이나 한겨울 김장김치를 곁들이면 정말 맛있다. 두부가 떨어진 날은 김치, 깍두기로 대신해야 한다.

어머니는 오직 아들만을 위하여 평생을 사신 셈이다. 아저씨는 동네 사람 모두에게 친절하여 좋은 사람이나 실속은 별로 없었다. 부창부수夫唱婦隨라는 말처럼 부인도 성격이 원만하여 금슬도 좋았다. 슬하에 아들 다섯을 낳아 넉넉지 않은 살림은 더욱 어렵게 하였다.

아저씨의 잠 많다는 소문은 동네 사람은 물론 이웃 마을까지 다 알 정도다. 잠이 좀 많으면 크게 문제될 일이 없지만, 시도 때도 없이 졸고 있다. 방에 누워서 자는 것은 기본, 앉아서도, 서서도 졸았다. 걸어가면서 졸고 일하면서도 못줄을 잡으면서 졸았다. 줄잡이가 못줄을 옮겨 놓기만 하면 간단한 것 같아도 조율이 필요하다. 모 심는 사람들이 나이와 솜씨가 서로 다르기 때문이다. 시간 조절을 잘해서 줄을 똑바로 맞춰 나가야 잘한다는 소릴 듣는다.

논 주인에게 칭찬을 들어야 새참도 넉넉하게 나온다. 새참은 주로 찐빵, 잘 나오면 국수, 막걸리를 준비하는데 홍어회무침이 따라 나온다. 일하기 좋을 만큼 내놓아야지 배가 고파도 안 되고 너무 배가 불러도 안 된다. 술은 더 문제다. 한두 잔 술로 주량을 조절해야지 도를 넘으면 작업에 지장을 초래한다. 상대편 줄잡이는 단장이 먼저 소리하면 따라서 답을 하며 줄을 옮긴다.

그런데 단장인 아저씨가 잘나가다가 아무 소리가 없으면 못줄작대기를 지팡이 삼아 연신 논바닥보고 절을 하고 있다. 모심는 여자들은 그 참에 잠깐이라도 허리를 편다. 다시 졸면 그중 목소리 큰 아줌마가 시동을 건다. "지금 뭐 허고 있는 것이여, 밤새도록 잠 안 자고 맷돌질을 했디야~." 오고가는 농담 속에 한바탕 웃음소리가 인근 들녘을 울린다. 허리도 아프고 고단한 일터에 한 사람의 졸음은 청량제로 변하여 노래가 시작된다.

아저씨는 단장 일을 매끄럽게 하지 못하는 게 단점이다. 못줄잡이 하면서 졸고, 저녁에 작업일지 쓰며 졸다가 계산까지 잘못하여 나중에 시끄럽다. 모내기가 끝나면 남자들은 돼지를 잡고 여자들은 안주를 장만하여 결산을 본다. 농사 많이 짓는 사람은 돈을 내놓고 적게 짓는 사람은 돈을 찾아간다.

아저씨는 자전거를 탈 줄 몰라 2Km쯤 떨어진 시장을 걸어 다닌다. 점방에 필요한 물건 보따리를 꾸려 어깨에 메고 온다. 장에 가는 날이면 집에서 기다리는 식구들은 애가 탄다. 오다 가다 졸아 논으로 미끄러지는 일은 다반사이며, 철다리에서 떨어져 냇물에 빠진 적이 있다. 그나마 조그마한 개울이어 다행이었다. 성장한 아들 따라 부산으로 이사를 가신 아저씨는 고향 한번 안 오더니 오래전에 영면하셨단다. 그 집 아들하고 친구인 동생이 지난 이야기를 하며 전해준다. 이제는 누가 아저씨를 깨울 일도 없다.

한때는 천여 명 가깝게 살아 북적거리던 동네는 텅 비다시피 조용하다. 아저씨가 살았던 빈 집터에는 늦게 핀 똘갓들이 마치 샛노란 유니폼을 입고 천진스럽게 놀고 있는 어린이처럼 보인다. 한쪽에 잔뜩 웅크린 채 등 굽은 할머니처럼 한 보따리 이고 지고 앉지도 서지도 못한 채 나를 쳐다보는 것 같다.

5부

첩첩산중疊疊山中

첩첩산중 1

KTX 편으로 용산역에 도착하니 막내아들이 마중을 나왔다. 애초에는 내가 직접 운전하며 돌아볼 계획이었는데 아들이 아버지 나이가 몇이냐며 강원도는 산악지대에다 군 주둔지역이라 위험하다며 극구 말리며 이틀 휴가를 낸 것이다. 아들이 사는 의정부로 갔다. 코로나19로 인하여 학교가 문 닫아 불규칙한 생활을 하는 며느리와 손녀들을 오랜만에 만날 수 있었다. 몇 년 만에 찾은 의정부는 날로 발전하고 있었다. 서울과 가깝다 보니 내 집 마련이 어려운 사람들이 외곽으로 몰려 인구가 45만 5천여 명이라니 놀랍다. 서울로 출퇴근하는 내 아들도 그러니 내가 미안해진다.

잘 다녀오라는 며느리와 손녀들의 인사로 아쉬움을 대신하며 밖에 나오니 안개비가 흩날리고 있다. 여행 좋아하는 사람에게는 날씨가 큰 몫을 한다. 120 mm 폭우가 온다는 일기예보를 듣고 걱정을 많이 했는데 다행히 모처럼 여행에 신의 가호가 있는 모양이다. 올해에 계획한 국내외 여행은 물론 답사 견학 등이 모두 코로나19로 멈춰 버렸다. 누가 오란다고, 내가 어딜 가고 싶어도 선뜻 나서질 못하는 형편이다.

강원도의 동부전선부터 시작하여 중부 전선의 최전방 지역을 돌아보고 싶었다. 이른 봄부터 4박 5일 일정 계획을 세웠으나 두 번이나 물렸다. 아까시 꽃냄새가 진동하다 지고 나니 이러다가 무더운 여름이 오면 어쩌나 조바심이 난다. 평소 보고 싶었던 유적지를 쉬엄쉬엄 돌아보기로 하였다. 그 지방만의 특색 있는 음식을 찾고 드러누우면 내 집같이 편안한 곳에서 쉬었다 다시 떠나는 여유 있게 일정을 잡았다.

서울 양양 간 고속도로로 접어들었다. 가다가 홍천 휴게소에 들러 커피 한잔에 호두빵을 곁들여 잠깐 휴식을 취하였다. 주차장에서 널려 있어야 할 관광버스는 보기 힘든 대신 승용차들이 많이 나와 있다. 느닷없이 차 이야기가 나와 아들이 아버지 차를 바꾸란다. "내 나이가 몇 살인데, 정리할 나이야." 하니 "아버지는 앞으로 10년은 차가 필요해요."라고 말한다. '바꾼다면 2천CC LPG나 바꾸고 싶다.' 하니 '안전을 위해 아버지는 대형차가 맞다.'라며 권한다. 사주지도 않을 놈이 말로만 생색을 낸다. 아내가 거들기에 "시끄러워! 그런 차로 할아버지 산소나 밭에는 어떻게 가냐, 최소한 일주일에 한 번은 가야 하는데." 해답 없이 대화는 끝냈다.

인제나들목으로 진입하여 인제군에 있는 부대에 도착하였다. 아들이 2년 반을 근무했던 곳이란다. 부대는 옮겨가 빗장이 걸려있고 장교 숙소는 철거하고 없었다. 아들의 군대 생활을 이야기를 듣고 있던 아내는 '면회 올 생각을 미처 안 했는데 미안하다.'라며 목소리가 젖는다.

강원도 지역은 전체가 산이라 해도 과언이 아니다. 드문드문 마을이 있으나 사람이 살 만한 곳에 있다. 집들도 번듯하고 승용차, 트럭, 농기계 등 있을 건 다 있다. 우리 사는 곳이나 똑같다. 무릉도원은 아니지만, 오히려 별장처럼 아름답고 공기도 맑다. 점심때가 되어 산채 황태정식을 하는 식당에 들렀는데 산나물 반찬이 20가지여서 놀랐다. 요즘이 나물 철이니 많이 드시라는 주인은 익산이 고향이라며 서울에서 생활하다 은퇴 후 강원도로 왔단다. 어디서 '봄은 나물을 뜯고 가을에는 약초 캔다.'라는 말을 들은 적이 있다.

찾아간 백담사는 만해 한용운과 전두환의 이름값을 톡톡히 하고 있었다. 만해 한용운의 흉상 주변으로 기념관, 교육관 등 관련 시설이 넓게 자리하고 기념비에는 그의 대표작인 〈님의 침묵〉이 새겨져 있다. 전두환이 머물렀던 방이나 전시한 물품들은 얼마 전에 깨끗이 치워져 있다. 극명하게 대비된 두 분의 흔적이 '사람은 어떻게 살아야 잘 사는가.'를 가르치고 있다.

절 앞에 흐르는 개울에는 자갈돌로 쌓은, 셀 수 없이 많은 돌탑이 펼쳐져 있다. 사람마다 돌을 주워 올리며 무엇을 염원했을까 생각하니, 기념으로 작은 돌 하나 주워 돌탑 하나 골라 그 위에 얹는다. 큰 물에 쓸려 가면 누가 시키지 않아도 쌓을 사람이 다시 온다. 한톨 한 톨 올려 봐야 몇 개에서 하나 더 올려도 거부한다. 돌아서면 비바람은 다시 와 장난하듯 무너트리고 돌탑은 자갈돌이 되어 쓸려 가면 다음 사람이 바람을 등지고 서 있다. 기다린 듯이 다시 쌓고 무너지고 반복하며 윤회하듯 사람들은 세월에 묻혀 가나 보다.

고성으로 이동, 찾아간 통일전망대는 코로나19로 출입을 금지하고 있다. 금강산 출입국 관리사무소부터 차량을 통제한다. 해변을 타고 내려오니 거진항 주변의 민박집 음식점들은 사람의 발길이 끊겨 쓸쓸하기만 하다. 휴일에는 그래도 가족 단위로 관광객들이 조금씩 찾는단다. 날씨는 종일 흐렸다 개었다 변덕을 부린다. 이슬비가 흩날려 우산을 펴고 모래사장에 접근하니 비바람이 몰아치며 물보라를 일으켜 날려 멀리서 온 사람도 몰라본다.

속초 전통시장에 들르니 황태와 오징어가 주연이다. 황태와 마른 오징어를 치켜드니 값이 장난이 아니다. 아내는 육지나 같다며 기념으로 조금만 산다. 저녁 식사로 '물회 정식'을 먹고 계산하려니 아들이 선수를 친다. 이번 여행경비는 자기가 '효도' 명목으로 준비했다니 자식 키운 솜이 나나 보다. 청초호 주변 리조트에 들어와 누우니 잠도 잘 온다.

영랑호를 품은 해변의 도시 속초는 인구 8만여 명이 사는 아름다운 도시였다. 6 · 25동란 때 이북의 실향민들이 많이 내려와 살았다

한다. 언덕배기 해변에 모여 살아 아바이마을이라는 명칭이 있을 정도다. 대부분 어업이나 노동으로 살아가며 망향의 봄날을 꿈꾸다 스러지고 있다.

설악산에 터널을 뚫어 미시령 고속도로가 나 있어 양구 화천지역으로 가는 데 편리하다. 김삿갓 시대의 방랑 삼천 리가 어디든 하루면 갈 수 있게 변했다. 뭉게구름이 설악산 봉우리 사이로 피어올라 울산바위를 덮으려 한다. 설악산에는 골짜기마다 구름 공장이 여러 개 있나 보다. 아이스크림 공장도 하나 있으면 좋을 걸 그랬다. 잠시 헛생각에 고개를 넘으니 용대리 황태마을이 나온다. 집마다 마을마다 황태 광고로 도배를 했다. 동해안이 다 그랬다.

양구로 들어서니 어제와 같이 마을은 별로 없고 군부대가 계속 나타난다. 어쩌다 부대 주변에 마을이 옹기종기 모여 있다. 고개를 넘고 넘어 돌아가도 온종일 산중이다. 도로변은 철망이 둘려 쳐 있거나 일부에서는 아직 공사 중이다. 아프리카 돼지열병으로 멧돼지 등을 막기 위해서다.

첩첩산중 2

찾아간 펀치볼마을은 말 그대로 대형 화채 그릇을 닮았다. 생각보다 넓고 큰 분지였다. 공식 명칭은 해안면亥安面이다. 옛날 뱀이 많아 주민이 들어올 때 돼지(亥)를 몰고 와서 돼지들이 뱀을 잡아먹게 해 뱀이 없어 편안(安)해졌난다.

북쪽 너머에는 휴전선(DMZ)이 가로막고 가까운 곳에 금강산이 있다. 을지전망대, 제4땅굴 등은 코로나19로 출입이 중단되어 가 볼 수 없어 아쉬웠다. 펀치볼 입구에는 검문소를 설치 경찰들이 대북 전단 날리기 때문에 출입을 통제하며 차 트렁크까지 일일이 검문하고 있다. 최전방에 와서 보니 우리는 남과 북이 무엇 때문에 총부리를 겨눈 채 누구를 위하여 불편한 관계를 유지하고 있을까 생각하니 가슴이 답답하다. 복잡한 마음을 아는 듯 밖에는 여전히 잔뜩 흐린 채 비가 오다 말다 한다. 마치 해와 구름이 싸우듯 서로 뒤엉켜 있는 듯하다.

양구군청 주변에는 보건소, 의회, 교육지원청, 우체국, KT 등 기관들이 몰려 있다. 근처에 있는 최근에 복구한 양구향교에 잠깐 들렀으나 문이 잠겼다. 향교에서 내려와 전통시장에 들러 감자떡, 수리취떡과 커피를 나눠 먹으며 잠깐 휴식을 취하였다. 두타연에 들리니 돼지열병의 통제로 인해 입장할 수 없다. 이곳에서도 돼지열병(구제역) 방역을 차량으로 하고 있었다. 마을 주변 비탈진 밭에는 옥수수, 콩, 감자밭 등 작물을 심고 감자밭에는 이제 막 수확을 하고 있었다.

북한댐을 방류하면 서울이 수몰된다며 성금 모아 만든 '평화의 댐'이 있는 화천으로 옮겨갔다. 그때의 논쟁은 사라지고 주변의 경관과 어우러진 공원은 탐방객들만 띄엄띄엄 찾고 있었다. 한편에는 김대중 전 대통령을 비롯한 노벨 평화상 수상자들의 형상을 세워 조성하고 있어 기념사진을 찍고들 있다. 고원에서 내려오니 파로호와 북한강을 이용한 화천 수력발전소가 강변에 널찍이 자리하고 있다.

한 고개를 넘으니 김화가 나온다. 어제까지 돌아본 지역이 아들의 추억이 묻어 있다면 이제부터는 아버지의 군대 생활이 묻혀 있는 곳이다. 군에서 부동산 업무를 보았던 나는 당시의 기억을 살려보려 했으나 반백 년이 흐른 지금 많이 변하기까지 해서 어딘가 어딘지 잘 모르겠다. 당시 3년 동안 철원, 포천 일대의 4개 사단 지역과 군단 위수지역의 군 부동산 업무를 정리하느라 현지 출장을 다닌 적이 있어 감회가 새롭다.

날이 저물고 피곤하기도 하여 숙소인 한화리조트가 있는 산정 호수에 도착하니 어둠이 깃들고 있다. 짐을 풀고 바로 온천탕에 몸을 풀었다. 저녁 식사는 유명한 포천 이동 갈빗집에서 아들이 효도한다.

아침 6:00 궁예의 어린 시절 이야기와 김일성 별장이 있다는 숙소 인근의 산정 호수에 갔다. 널빤지를 깔아 만든 둘레길에 들어서니 여러 사람이 나와서 걷고 있다. 주변은 개발한다고 많이 변해버리고 머릿속엔 부사관학교에 유격 훈련을 받으러 왔던 추억만 남았다. 점심시간에 우리를 둘러싸고 있던 훈련병 중에서 알은체하는 고교 동창 G를 만났었다. 들고 있던 빈 식기에 밥을 꾹꾹 눌러 담아주었다. 밤에 불러내어 PX에 데려가 빵 등 간식거리를 한 보따리 사주었다. 어떤 훈련병은 배가 고파 밤중에 짬밥통까지 뒤진다고 이야기하면서 눈물을 흘린다. 그 후로 지금까지 만나지를 못했다. 출장 중 관하 수색 중대에 근무하던 K와 탱크부대에 있던 P를 따로 찾아가 외박증을 받아 하룻밤을 보내며 우정을 쌓았는데 학생 시절 의형제를 맺었던 두 친구는 무엇이 바쁘다고 저세상에 먼저 가고 없다.

아침 식사로 리조트 뷔페를 예약했는데 1인당 1만8천 원이란다. 아침 식사로는 과하다는 생각이 들어 취소했다. 인근에 있는 해장국집에서 배추곰국(7천 원)을 먹었다. 가격과 비교해 엉터리였다. 신철원 지포리에 있는 삼부연폭포에 들른 후 동송읍에 있는 천년고찰 도피안사到彼岸寺에 들렀다. 철조 불상의 영원한 안식처답게 입구부터 절마당까지 보랏빛 산수국이 줄지어 하나둘 얼굴을 펴기 시작한다. 국보 1점(철조비로자나불좌상)과 보물(3층 석탑) 1점을 보유하고 있는 아담한 사찰이다.

강원도 철원은 신라 말 궁예가 후고구려의 도읍으로 정했던 곳으로 그의 가혹했던 흔적이 잠들어 있으나 통제구역에 있다. 북한 측이 1946년 노동당사를 준공했으나 6 · 25동란의 격전지로 지금은 남쪽 땅이 되어 뼈대만 앙상히 남았다. 찾는 사람들에게 동족상잔의 비극을 일깨우며 안보 교육의 현장으로 남았다. 1960년대에 왔을 때 폐허로 남아 갈대만 무성했는데 지금은 인근에 사람들이 들어와 살고 있다. 구 철원은 전쟁이 비껴갔다면 인근의 개성 못지않은 큰 도시로 남았을 안타까움이 가슴을 짓누른다.

인근 귀농인들이 생산한 농산물을 파는 장이 열리고 있었다. 누구 제안인지는 몰라도, 얼마의 지원이 됐는지 이건 아니다 싶다. 진정한 자유는 먼저 책임과 의무이고 그다음이 권리다. 남과 북이 대치 상태인 꼭짓점에서 최북단까지 와서 대북 전단을 날리고 장에서야 하는가, 참 난감하네.

노동당사 터에서 나와 더 들어가니 백마고지 전적지가 나온다. 6 · 25 기념식에 새로 단장했는지 새것인 대형 태극기를 주위로 수많은 태극기가 물결처럼 살아 펄럭이고 있다.

구 철원 동송읍 시장의 음식 골목을 찾아 한탄강 민물고기를 맛보러 찾았으나 문 닫고 없다. 근처 국숫집에서 국수 한 그릇씩 늦은 점심으로 먹은 다음 비들기낭폭포로 향했다. 비들기낭폭포는 현무암이 침식작용을 일으켜 만들어진 협곡의 한탄강 언저리에 소재한 폭포다. 떨어지는 물줄기 바닥이 비둘기 보금자리마냥 닮았다. 인근 40m 높이의 수직 낭떠러지에 흔들다리(하늘다리)가 신설되어 관광객들이 많이 와 있다.

이쯤에서 아쉽지만, 몸도 피로하고 마음도 지쳐 다음을 기약하며 모든 일정을 접고 아들 집으로 돌아왔다. 저녁 식사는 며느리 생일이라기에 데리고 나가 한우전문점에서 축하 자리를 마련했다. 내일은 예정보다 앞당겨 집에 가서 쉬어야지….

구름 위를 달리는 열차

구름 위를 달린다는 칭창열차를 이용, 티베트 여행을 다녀오기로 했다. 갈 적에는 항공편이요 돌아올 적에는 라싸에서 서안까지 열차다. 우선 패키지로 신청한다 해도 모르는 사람끼리라 불편하여 아내보고 같이 가자 청하니 일언지하 거절이다. 안구 건조증으로 여행하는 것도 고통이지만 비슷한 네팔을 다녀왔으면 됐지, 안 간다고 한다. 말해 봐야 입만 아프고 감정만 상할 것 같아 포기하고 혼자 가니 좋은 쪽만 생각하기로 했다. 돈도 벌고 마누라 신경 쓸 일도 없으니 세상만사가 편하구나, 그렇게 출발한 여행이었다.

하늘을 달리는 세계 최고(평균 해발고도 4,500m), 최장(총 길이 1,142K)의 고원 열차를 이용하여 티베트 라싸에서 서안까지 꼬박 48시간을 내려오기로 했다. 열차에 오르니 칸마다 왼편에 복도 맞은

편에 객실이 배치돼 있다. 1실당 6명, 양면에 3층 침대를 설치했다. 나는 2호 칸인데 50대 교수 부부를 위해 14호 칸으로 양보하였다. 14호 칸에 가니 같은 일행의 부부가 방이 따로따로다. 남편과 내가 같은 호실이다. 부부가 불안해 하니 가이드가 같은 호실로 합치려 노력했으나 안 되었다. 그 모습을 보고 생각 끝에 내가 홀로 있기로 작정하고 바꿔줬다. 어차피 홀로 여행 아닌가, 중국인들 틈에 끼어 말도 통하지 않아 불편하겠지만 '이게 진짜 여행이 아니냐.' 바꾸어 생각하니 뭐 그리 대단한 일도 아니다, 그렇게 마음먹으니 편하다.

드디어 기차가 달리니 혼란스럽던 마음도 평정을 되찾아 차창 밖을 바라본다. 보리밭이 펼쳐지고 방목한 소나 말들이 한가로이 풀을 뜯고 있다. 기차 길옆 강물이 흐르고 강과 나란히 도로가 달린다. 멀리 있는 험준한 산들까지 병풍 치며 함께 달린다.

차량은 총 14칸, 식당 1칸, 침대 10칸, 일반좌석 3칸으로 구성되어 있다. 보이는 집들은 세월의 때가 묻어 우중충한 구조의 단독주택이 옹기종기 모여 있다. 큰 고을에는 개발붐이 부는지 아파트 다세대 주택을 건설하느라 흙먼지가 하늘을 가린다. 마을에는 빠짐없이 빨간 오성기가 나부끼고 있다.

우리 방에는 맞은편 젊은이와 위 침대에는 엄마와 소녀, 두 팀 다 티베트인으로 휴일을 맞아 고향에 다녀오는 것 같다. 맨 위 침대엔 관광을 다녀오는지 중국인 청년 커플이 타고 있다. 처음에는 서로 서먹하였으나 시간이 지나자 조금씩 마음의 문을 열고 간식도 나눠준다. 나는 컵라면과 컵밥을 나눠주니 한국제품이라 아주 좋아한다.

마주한 제약회사원이라는 젊은이가 티베트 전통 떡과 간식을 권한다. 호기심에 받아 먹어보니 우리 떡 맛과 비슷하다. 모녀는 내가 준 선물을 수줍어하며 받아 기뻐하며 아예 가방에 넣는다. 일행들의 자리 배치가 끝났는지 가이드가 찾아와 자리 바꿔준 것을 고마워한다. 맨 위층 커플이 스마트폰을 들이밀어 읽어 보니 "내려가서 네 침대에서 밥 좀 먹어도 되니?"라고 한국말이 중국어와 같이 쓰여 있다. 나는 속으로 '얼려' 하며 얼른 "그럼!" 하고 자리를 내주었다. 복도로 나온 나는 오늘은 참 힘들고도 지루한 날인가 싶다.

창밖 높이 보이는 파란 하늘엔 양떼구름, 뭉게구름이 춤을 추듯 한편으로 가고 있다. 깊은 계곡에 구름이 피어오르는 모양이 계곡에 대형 솜틀공장이 있는가 보다. 장면이 바뀐 초원엔 야생화가 만발 습지와 어우러지고 펼쳐진 평원 조금 낮은 지대에는 양 떼들이, 높은 곳엔 야크와 소 떼가 이리저리 풀을 뜯고 있다. 철길 옆으로 도로와 강줄기를 사이에 두고 나란히 달린다. 간격을 벌렸다 좁히기를 하며 마치 티격태격 사랑싸움이나 한 것처럼 달려도 끝이 없다. 거기엔 전신주도 한몫을 한다. 지루하다 싶으면 마을이 등장하거나 풍경이 달라진다. 깃발이 펄럭이는 화장터나 조장 터도 보인다. 이 모든 것이 살아 있는 한 폭의 풍경화다. 같은 하늘 아래 산과 초원이 비슷하면서 다르다. 하늘을 나는 새들도, 가축을 모는 사람도, 흐르는 강물도 각자 역할을 하며 새로운 세상을 만들고 있다. 한참을 내려가니 하늘 한쪽이 시커멓게 변하여 한바탕 비를 쏟아 붓는다.

다시 맑은 하늘이 비치니 설산이 보이기 시작한다. 아직도 해발

5,000m 이상을 통과하는가 보다. 보기 어렵다는 야생사슴과 라마 몇 마리도 보인다. 너무 높은 고산지대여서 방목하는 풍경도 없다. 아까는 비가 왔는데 진눈깨비가 날린다. 빙하는 녹아 아래 습지에 물과 토사가 흘러 강으로 간다. 그 속에 살아 있는 수많은 생명체가 나름의 방식대로 적응하며 살아갈 것이다, 밖에 어둠이 찾아와 카메라 배터리를 충전시켜 놓고 고단한 하루를 접는다. 고산증인지 몸살 감기처럼 고단하다. 열차 충격 등 같이 이겨내려 약을 먹고 잠을 청한다.

여명이 밝아 일어나 볼일을 본 다음 차가운 물로 세수를 하니 한결 마음이 가볍다. 기차 가까이 산 하나가 지나는데 온갖 풍상을 혼자 다 겪은 듯 비바람과 세월에 깊게 파여 라싸의 전통시장에서 만났던 할아버지 할머니의 모습과 닮았다.

일행 중 홀로 있어 언어만 불편할 뿐 서로 지킬 것을 지키며 소지품도 내놓고 사용했다. 사실 자리 인심을 쓰기 전 '나 홀로 떨어지면 어떡하지.' 하는 괜한 걱정을 했나 보다. 시간이 가고 마음이 안정되니 수시로 바뀌는 풍경을 사진 찍느라 정신을 빼앗는다.

드넓은 초원에는 서너 집이 모여 있기도 하고 홀로 있거나 철 따라 풀 찾아 옮겨 다니는 것 같다. 서안으로 갈수록 승용차나 트럭들이 나타나고 천막들이 많이 보인다. 고원에서 내려갈수록 초원은 짙은 녹색으로 변하고 건물들도 깨끗해 보인다. 고개 너머로 가게끔 그러나 꼭 나타나는 깃발과 탑도 보인다. 네 것 내 것을 구분 짓는 철조

망도 보인다. 양 떼를 돌보는 목동 옆에는 사자견이 보인다. 초원의 풍경은 동서양을 막론하고 비슷하여 닮았다. 그동안 다녀본 여러 나라의 초원이나 주변이 척박하다 보니 환경에 적응하는 공통점이 같을 수밖에 없나 보다.

날이 바뀌어 오전 9시쯤 서령에서 바꿔 탄다는데 도착 직전 역 밖에서 갑자기 열차가 멈춰 버린다. 지금도 시간상 3시간이 연착되고 있는데 미운 짓을 한다. 환승역 1개를 사이에 두고 선로 사고가 있어 열차가 갈 수 없다고 한다. 빨리 복구하면 3시간 지연이 된다고 하니 예정보다 6시간이 늦어진다. 그런데 승객들이 아무런 동요 없이 기다리는 모습을 보니 어리둥절하다, 우리 일정도 차례로 밀려 한 코스 빼먹게 생겼다. 이에 따른 책임은 어디에 물어야 하지? 컵라면 하나 끓여 먹고 시간이 해결하겠지 하는 애써 편한 마음으로 잠깐 눈을 붙이니 그사이 운행하여 환승역(서령역)에 도착하였다.

역은 광범위한데 환승할 때 각자 따로 움직이는 통에 잘못 찾아갈까 봐 애를 먹었다. 광활한 중국에 홀로 남으면 어떡하지 하는 생각을 하니 섬뜩한 생각이 들었다.

출발 전 이 사람 저 사람 일행들의 청을 들어주다 보니 따로 떨어지게 되었기 때문이다. 차표를 확인하니 서안까지의 차표가 아니다. 나중에 알았는데 우리 일행 21명의 서안행 확보가 어려운 과정에서 생긴 일이었나 보다. 사전 설명도 없어 확인했더니 서안을 지나는 열차표여서 문제가 없단다. 한바탕 기우는 가라앉았다.

밑으로 내려오니 서령지역은 역시 나무 없는 산에는 붉은 사암층과 퇴적층 등으로 이뤄진 것 같다. 시내는 나무 숲속에 건물들이 크고 깨끗하며 아파트도 많다. 한편 계곡에는 얼마 전까지 사람이 살았다는 토굴들이 산재해 있다. 과수나무나 옥수수도 잘 자라 땅이 비옥해 보인다.

늦게야 찾아온 여행사 가이드가 서운하여 2시간여를 이야기했다. 좋은 일 하고 소외된 느낌으로 환승 때 놀랐던 가슴이 풀리질 않았었다. 서운한 감정을 누르며 내 인생을 경험 삼아 가이드의 역할에 대하여 조언을 해줬다.

한참을 지나니 주변은 양배추를 비롯한 채소 재배가 한창이다. 한쪽에서는 약 치고 한쪽에서는 수확한다. 양배추밭은 엄청난 면적이다. 이 일대가 다 양배추밭이다. 구획정리가 덜된 그대로 지형지물을 이용하여 산마다 두렁밭이 많았다. 큰 산 자체가 밭이고 경작지다. 어느 지역이나 개발 중이어서 덤프트럭을 비롯한 공사용 차량이 달리고 있어 온통 먼지투성이다.

티베트 일정을 마치고 서안西安으로 돌아오기까지 짧고도 긴 여정이었다. 서안은 13개의 왕조가 수도로 삼았던 곳으로 옛날 이름은 장안長安으로 불렸다. 장안이란 이름은 한고조 유방에 의해서 붙여졌다고 한다. 다음날 일어나니 7시 반이다. 하룻밤을 호텔에서 편안히 자고 나니 몸이 한결 상쾌하다. 짐 정리를 마치고 아침 식사를 했다. 그동안 문명사회와 비문명(원시라기엔 좀 그렇고) 사회를 비교 체험을 한 기분이다.

눈물 젖은 백두산

1.

백두산 하면 말만 들어도 마음이 뭉클하고 가슴이 찡하다. 이유는 뭘까, 나만 그럴까. 우리나라 땅이었던 백두산은 모두 열여섯(북한6봉 중국7봉 경계선3봉)개의 봉우리로 최고봉은 북한 쪽의 장군봉(해발2750m), 다음은 중국 쪽의 천문봉(2661m) 순이다. 정상에 천지(깊이 2200m)가 자리 잡고 있으며 많은 부분을 차지한 중국은 진작부터 장백산이라 쓰고 있다. 동북공정 한다더니 우리 민족의 시원인 백두산을 만주족의 발상지라며 북파로 가는 마지막 도시 이도백하 중앙에 누루하치 동상을 세 마리의 말과 함께 세워 놓았다.

백두산은 북한으로는 직접 갈 수 없어 중국 쪽에서만 가능하다. 중국과의 국교가 재개되면서 북파(공식명칭 북풍경구)부터 시작하여 서파(서풍경구), 남파(남풍경구는 일부 개방)까지 차례로 문을 열기 시작했다.

처음에는 북경공항에서 비행기를 갈아타고 연길공항에 내린 후 비포장도로를 버스로 여섯 시간을 달려야 찾아갈 수 있었다. 최근에 장백산공항(송강하)을 개항, 공항에서 30분이면 서파까지 갈 수 있다. 장춘에서도 고속철도가 건설 중이어서 고속도로와 더불어 두 시간이면 찾아갈 수 있게 만들고 있다. 자기들 13억 내수를 대비하고 있는 것 같다.

행정구역은 중국 길림성 연변조선족자치주 안도현 이도백하진이다. 하늘 아래 첫 동네라는 이도백하는 우리 조상들이 척박한 땅에 터를 잡고 황무지를 일구고 오랜 세월을 삶의 터전으로 삼고 살아왔다. 그동안 백두산 일원에 지원은커녕 관심조차 없었던 중국은 동북공정 한다고 이도백하를 길림성 직할 휴양지구로 개발, 떠나고 남은 사람까지 밀어내며 우리의 자본으로 투자됐던 호텔 등 위락시설을 계약기간이 남았는데 제대로 된 보상도 받지 못한 채 쫓겨나듯 철수당했다.

2.

백두산에 맨 처음 찾았을 때 9월 하순인가 그랬는데 전날 첫눈으로 폭설이 내려 백두산 등정은 할 수 없었다. 업소도 9월 말이면 다 철수하는데 우리 팀이 마지막으로 예약된 한 곳만 남았다는 현지가이드의 말에 한마디로 황당하였다. 민족의 영산인 백두산에 올라 천지 물을 마셔본다는 간절한 소망이 한순간에 눈 속으로 사라지는 기분이다. 가이드에게 우리는 오직 백두산천지 때문에 왔는데 오르지 못한다면 모든 일정을 취소하고 서울로 돌아가겠다며 어르고 달래어 매표소까지 가보니 몇 사람이 들어가고 있다.

안 된다는 가이드는 제쳐놓고 직접 관리소직원에게 좌우사정을 이야기했더니 들어간 사람들은 미리 사진촬영허가를 받았단다. 마침 조선족이어서 통하였는지 나보고 각서를 쓰게 한 다음 안전장비를 나눠주고 따라나섰다. 눈 속을 헤치며 비룡폭포 앞을 지나 달문계곡을 통하여 악전고투 끝에 천지(평균수온 10도)에 도착했다. 일행은 경쟁하듯 엎드려 얼굴을 처박고 천지 물을 마셔댔다. 말과 글로는 표현할 수 없어 가슴 뿌듯이 차오르는 묘한 감정이었다.

비룡폭포는 달문(천문봉(해발2679)과 용문봉(2595) 사이)을 1킬로 가까이 흘러 60m높이에서 떨어지는 웅장한 모습을 마치 용이 하늘로 승천하는 형상 같다 하여 비룡폭포라 부른다. 중국은 장백폭포라 부른다. 천지는 지하에서 나오는 물과 눈과 빗물이 합해져 일 년 내내 폭포가 마르지도 얼지도 않고 흘러내린다. 내려오며 온천물(유황온천 평균온도 60~70도)에 삶은 달걀을 사먹고 온천탕에서 지친 몸을 담갔던 추억이 떠올랐다.

도착한 첫날 저녁부터 시작한 장맛비는 내렸다 그쳤다 반복하며 나그네의 마음을 더욱 애타게 한다. 북파 코스는 버스로 올라 빗속에서나마 그런대로 천지를 볼 수 있었다. 비가 내리는데도 불구하고 중국인들이 휴일이어서 구름처럼 몰려왔다. 매표소 입구부터 적정

인원씩 그룹으로 나누어 시차를 두어 입장시켜 안전사고를 미연에 방지코자 진행을 하고 있었다. 비 오는 천지를 둘러보며 3년 전 아내와 왔을 때 어찌나 하늘과 천지가 쪽빛처럼 그리 고을 수가 있을까 싶었는데 천지는 그때 제대로 보았다. 이번에 함께하지 않은 아내가 잘한 것 같다.

그동안 가을에만 다녔기에 새로 선보인 남파 코스와 1,800여 가지의 야생화가 핀다는 고산화원을 가보고 싶었다. 미리 계획을 세웠으나 모객이 늦어져 꽃도 많이 진 데다 장마 때라서 고생할 것 같아 계약금을 포기하고 안 가겠다 하니 다시 권유를 받아 왔지만 예상대로다. 야생화가 없는 것은 아니지만 거의 져버린 데다 그나마 남아있는 꽃들은 속 끓는 내 속을 아는 양 비에 흠뻑 젖어 부끄러운 듯 축 늘어져 있다. 우비를 입었어도 바지와 양말까지 젖어버린 내 모습이 어정쩡한 조합을 이루고 있다.

3.

다음날은 서파 코스다. 일요일이어서 더 많은 사람들이 몰려들었지만 하늘은 그렇게 녹록지 않았다. 안개가 지척까지 분간할 수 없을 만큼 시야가 가려 다 틀렸다는 답이 나왔다. 일말의 기대를 걸고 인파에 묻혀 1,442계단을 조금 빠른 걸음으로 올랐으나 둘러싸인 봉우리와 천지는 신이 거품을 풀어 놓은 듯 뿌연 안개 속으로 몸을 감추어 버렸다.

중국 10대 명산 중 6위에 든다는 백두산은 1년 중 시즌은 잘해야

3~5개월 동안(5월 하순~10월 중순)이며 150여만 명의 관광객 중 한국인은 10여만 명에 불과하다. 누가 산 이름이 백 번 오면 두 번은 볼 수 있어 백두산이라거나, 천지는 하늘 아래 제일 높은 연못이라 3대를 덕을 쌓아야 볼 수 있다는 사실 같은 이야기가 있을 정도다. 백두산 6봉을 트래킹 하여 오른 적이 있는 나는 그동안 네 번을 올 때마다 조상의 음덕이었는지는 몰라도 한 번도 놓친 적이 없는데 오늘은 완전 허탕이다. 안개 속에 숨어버린 천지를 마냥 기다릴 수 없어 내일 남파에 오르면 볼 수 있겠지 하며 내려왔다.

셋째 날 어제의 경험을 거울 삼아 잘 준비했더니 그나마 카메라와 옷도 덜 젖었으나 마음속은 물먹은 솜처럼 젖어 있었다. 다른 코스는 시큰둥하여 그저 스쳐지나가는 바람이렷다. 백두산은 6월 초나 9월 초가 그래도 제일 좋을 것 같다는 생각이 든다.

백두산 천지 등정은 중국 쪽에 세 코스가 있다. 북파코스는 개방되었을 때 우리 기업의 자본이 집중 투자되었다. 주변경관이 빼어난 걸로 보아 옛날부터 시인묵객들이 찾아들었고 현재도 문인, 사진작가는 물론 무속인들까지 신 내림을 받는다며 우리나라 사람들이 제일 많이 찾는 곳이다. 서파 쪽은 최근에 산불로 금강대협곡이 발견되자 북파는 휴양지로 바꾸고, 많은 사람들이 접근하기 쉬운 코스로 개발한 것 같다. 남파는 옛날부터 사람들의 북한 쪽 가는 길이거나 수렵이나 임산물을 채취하는 통로로 오래되었음 직한 길이다. 지금도 확장 공사 중이어서 가는 동안 많은 시간을 도로에서 허비해야만 했는데 하늘은 오늘도 비만 내리고 있다.

빗속을 헤치고 바람에 맞서 정상에 갔으나 천지도, 정면으로 보인다는 달문과 주변의 산봉우리까지 안개 속에 모습을 숨어 버렸다. 중국 국경수비대 군인들은 차에 동승하여 도로 안쪽으로는 못 들어가게 한다. 그러고 보니 T자형 철조망에 전기가설까지 하여 긴장감이 돈다. 가이드 설명으로는 탈북자들이 이쪽으로 많이 넘어 온다고 한다. 화산폭발로 용암이 흐르던 자리에 생긴 압록강 대협곡과 용암 속에 통째로 묻혔던 탄화목 유적지를 거쳐 내려올 수 있는 힘든 코스다.

일행 중 몇 명은 첫날 옷차림을 소홀히 하여 감기몸살이거나, 몇 명은 어제 저녁 식당물이 그 좋다는 백두산 지하수였지만 빗물에 섞인 통에 배탈이 났다. 어떤 사람은 식사도 못하고 차 속에서 드러누운 채로 고통스러워한다. 여행은 첫째로 건강이 제일인만큼 소홀히 했다간 낭패다. 옷가지와 상비약 등 장비까지 챙겨주며 자기는 한번 다녀왔다며 쏙 빠진 아내가 새삼 현명하게 느껴진다. 빗속에 구경도 제대로 못하고 돈만 버렸다고 푸념할 필요도 없으니 말이다.

4.

돌아오는 길에 같이한 일행 중에 초행인 사람들이 가이드의 부추김에 계획에도 없는 북한 쪽을 보겠다는 바람에 국경도시 백산시로 돌아오게 되었다. 두만강 건너편에는 국경선이 철조망으로 둘러 쳐 있고 예전에 보았던 대로 낡고 어두운 곳에 우리의 동포가 살고 있다. 변한 거라곤 계절이 바뀌어 산천초목의 푸르름이 더할 뿐이다.

철조망 중간에 일정한 간격으로 검문소가 있고 군인들이 통제하는 것 같으면서도 강변에 내려와 빨래하는 아낙들과 멱 감는 아이들, 낚시하는 사람(군인)들이 한가롭게 비쳐지는데도 왠지 그 모습이 쓸쓸하게만 느껴지면서 부아까지 치밀어 오른다.

같은 동포끼리 갈라져서 한쪽은 구경거리고 한쪽은 구경하고 중국은 돈을 받아 챙기니 그렇다. 제발 우리 민족이 하루빨리 금강산과 개성도 다시 갈 수 있도록 문을 열었으면 한다. 관광수입도 남 주지 말자. 이산가족도 죽기 전에 한 사람이라도 소원 풀게 하고, 그렇게 하면서 통일도 이뤄 강소국으로 도약했으면 한다. 언젠가는 이뤄질 수 있는 혼자만의 꿈일까, 누구에게 물어보고 싶다.

간절한 소원이라면 살아생전 북한을 통하여 백두산에 오르고 싶다. 통일로 가는 길이 멀고 험할지라도 한 걸음씩 앞으로 나가야 한다. 우리 민족의 염원이 하루 빨리 이뤄지기를 기원한다.

동진강 새鳥들

삼월 삼진날이 오면 남쪽에서 제비가 날아들며 봄이 오고 있음을 알 수 있다. 계절에 따라 철새들이 날아오지만 수풀에 가려서인지 몰라도 우리들은 가을 겨울에 날아드는 철새들만을 철새라고 인식하고 있는 것 같다.

난 동진강 둑길을 매일 걷기 운동을 한다. 탁 트인 들녘은 일 년 365일 큰 그림을 그려놓고 사시사철 일곱 빛깔 무지갯빛으로 찬란하게 갈아입는다. 자연을 연초록으로 물들이면서 민들레, 매화를 시작으로 색칠을 한다. 너른 들판에 트랙터가 움직이며 모내기를 하는가 싶었는데 어느새 수확을 한다.

논바닥을 흘린 이삭을 찾아 휘젓고 다니는 겨울철새는 텅 빈 들녘의 볼 만한 동영상 풍경화다. 겨울철 인근 벽골제를 지나게 되면 도로변 논바닥이나 전깃줄에 앉은 까마귀 떼를 십수 년째 장관을 이룬다. 새까만 까마귀 떼 수천 마리가 어느 해부터인지 내가 사는 곳까지 날아든다.

아침 먼동이 트면 어김없이 날아왔다가 저녁이면 어디로 돌아가는지 사라진다. 다시 아침이 오면 제각기 무리를 이루며 날아와 "까르륵 까악" 신고를 하듯 어지럽게 소리를 지르며 요란을 떤다. 그리곤 무단 점령한 것처럼 몰려와 시장 앞 도로변 전깃줄에 먼저 온 놈이 선점을 한다.

다음에 날아온 놈은 차례로 빈자리를 찾아 체육관 주변 한적한 곳까지 새까맣게 먹칠을 하는 바람에 마치 무시래기로 굵은 동아줄 꼬아 놓은 듯 보인다. 까마귀 우는 소리는 한두 마리 소리지, 떼로 앉아 울어대면 난장판 아우성이다. 도로변에 불법 주차했다간 차 지붕이 온통 배설물스티커다.

뭘 먹고 그리 싸대는지 치우려면 역겨울 때도 있다. 인근에 살던 까치는 주위를 맴돌며 날아다니며 주인 행세를 한답시고 텃세를 해보지만 중과부적衆寡不敵이다. 시절 만난 비둘기는 누가 오든지 말든지 자기 배만 채우면 그만이다. 텅 빈 들녘 하늘에 큰 기러기가 누굴 찾아 어딜 가는지, 사람 인人 자 대오로 정렬하여 한가로이 날아간다. 그 뒤로 한두 마리가 "끼억 끼억" 울며 허둥지둥 따라간다.

그런 모습이 어쩌면 사람이나 동물들이 하는 짓이 같아 보일까? 어릴 적 통학하던 시절, 역 앞에 사는 놈이 책가방 옆에 끼고 부산하게 뛴다. 어머니는 교회 새벽종소리에 일어나 밥을 안치며 아들을 깨운다. 하지만 게으름을 피우다 몇 숟가락 뜨는 둥 마는 둥 허둥대며 기차역을 향해 달렸던 기억이 새롭다.

큰 기러기들이 남쪽을 향하는 것 같더니 얼마 지나지 않아 산을 넘지 않고 동쪽으로 방향을 튼 것을 보면 합수지점合水地點의 너른 들에서 식사를 할 요량인 것 같다. 내가 걷고 있는 동진강 주변으로 돌아오고 있다. 앞서가는 대장이 아마 먹을 것이 있는 장소를 물색하며 나는가 보다. 높은 하늘에서 조그마한 눈으로 땅에 떨어진 먹을거리들이 보이나 보다. 아니면 직감으로 내려앉는 것일까? 눈이 크다고 다 보이는 것이 아니다. 내가 다 보았다고 그게 옳은 것도 아니다. 마치 내가 본 것처럼 해서도 안 되는 것이 세상이치世上理致다.

지금은 법으로 금지되었지만 규제하기 전에는 신고 없이 총이나 독극물 등 도구를 사용하여 철새를 잡아 왔다. 농한기에는 청둥오리나 비둘기, 꿩 등을 마구잡이로 싹쓸이를 하였다. 동진강 주변 마을 사람들은 농사를 마치고 나면, 겨울철에는 부업으로 오리나 토끼를 잡는 사람들도 있었다.

이동경로의 좁은 목을 골라 그물을 쳐 놓고 기다린다. 어두컴컴한 밤에 오리들이 내리다가 그물에 걸려든다. 우리나라 텃새인 꿩을 잡으러 공기총을 가지고 나갔다가 허탕을 친 일이 있다. 꿩은 아침 해가 뜰 무렵 산에서 들로 내려온다, 포기하고 내려오는데 까마귀 떼가 있어 꿩 대신 까마귀를 쏘았다. 까마귀 떼는 도망가지 않고 총 맞은 동료 주위를 돌다가 우리를 에워싸며 슬피 울어 놀란 적이 있다.

겨울철새는 한동안 힘을 키워 대동강 물이 녹는다는 우수 경칩이 오면 북쪽으로 떠난다. 개중에는 다문화 가족처럼 이 땅에 정착하는 것들도 볼 수 있다. 우리들이 운전할 때 내비게이션을 쓰는 것처럼 기러기나 철새들은 머릿속에 어떤 장치를 하고 찾아오는 것일까.

올해도 봄이 오면 기러기는 머나먼 북쪽으로 자리를 옮겨가고, 남쪽나라에선 제비들이 자기 집들을 찾아오겠지. 사람들은 뭘 잘 잊는 사람을 보고 새대가리라고 욕을 한다. 철새들이 뒤처지거나 낙오되는 놈을 보고 사람대가리라고 놀려댈까? 말도 안 되는 생각을 해본다. 정치인들이 이리저리 옮겨 다니면 철새라고 욕하는 건 잘한 비유가 아니다.

영특한 철새를 보며 분수 모르는 사람보다 낫다는 엉뚱한 생각이 든다. 가난한 시절 농한기에 이뤄진 수렵생활은 절실한 삶의 방편이었다. 자연보호를 한다고 규제를 하다 보니 오히려 사람이 야생동물에 치이는 건 아닐까? 저 멀리 나는 철새들을 따라 무작정 미지의 세계로 따라가고 싶어진다.

세 여자를 따라간 아리산阿里山

얼마 전 대만의 최남단에 자리한 가오슝에 3박 4일 일정으로 다녀왔다.

가오슝은 대만 남서부의 바다와 맞닿아 있는 미항美港으로 일 년 내내 여름 날씨이며 우리나라의 부산과 비슷한 분위기를 풍기는 대만의 제2도시이기도 하다.

여행 둘째 날은 대만의 최고 명산이라는 아리산국가풍경구를 돌아보는 일정이다. 아리산은 18봉우리들이 옹기종기 모여 일출, 운해, 삼림의 웅장하고 아름다운 3대 경관을 자랑하며 최고봉은 2,663미터에 달한다. 가오슝에서 버스로 1시간 30분을 이동 아리산 자락에 자리한 해발 3십 미터에 있는 자이현嘉義縣휴게소를 들른 후 본격적으로 2시간 동안 꼬불꼬불한 산길과 터널을 반복하며 돌고 돌아오른다.

대나무부터 보이기 시작한 숲은 오를수록 다양한 침엽수들이 군락을 이루고 있다. 버스도 힘이 드는지 가쁜 숨을 몰아쉬며 곡예하듯이 정상으로 향한다. 가는 도중 바라본 차창 밖의 아찔한 풍경에 자신도 모르게 주먹이 쥐어지고 브레이크를 밟는다. 멀리 보이는 깎아지른 산허리엔 운해가 겹겹이 걸쳐있고 장개석 군軍을 피해 숨어든 원주민의 집들이 틈 사이로 빠끔히 얼굴을 내밀고 있다.

웃고 떠들며 시끌벅적하던 버스 안은 갈수록 점점 조용해지더니 1천 미터 지점을 통과한 후부터 두어 사람이 멀미를 시작하며 비닐봉지를 찾고 웩웩거린다. 괜찮던 나도 머리가 어지러운데 산은 어서 오라 부른다. 버스는 2천 미터 지점 부근의 간이 휴게실에 들렀다가 기차역이 있는 꼭대기로 이동한다. 아리산 삼림철도는 인도의 히말라야 등산철도, 페루 안데스 산악철도와 함께 세계 3대 고산철도 중의 하나다. 협궤철도는 1911년 일제강점기에 아리산에서 벌목한 나무들을 운반하기 위해 만들었다. 가슴 아픈 흔적을 지우지 않고 관광열차로 이용하고 있는 것이 인상적이었다.

일본은 청일전쟁의 전리품으로 대만을 빼앗은 뒤 남벌한 편백나무를 자기 나라로 가져가기 위해 산림철도를 만들었다. 일본으로 가져간 적편백 나무는 신사神社마다 입구에 세우는 'ㅠ'자 모양의 '도리이'에 사용되었다.

일제 56년의 지배에도 서로를 적대적으로 대하지 않고 오히려 유화정책으로 일제가 남긴 잔재를 경제 발전의 디딤돌로 삼아 관광 자원으로 활용하여 소득으로 연결시켰다. 대만의 유순한 국민성 때문만은 아닌 것 같다. 차창 밖으로 펼쳐진 수려한 풍경은 한층 깊이를 더한다. 푸른 숲에서 풍겨져 나오는 맑고 상쾌한 공기는 온갖 세파에 찌든 마음부터 개운하게 한다.

짧은 코스를 감아 돌아가는 빨간색 미니열차는 앙증맞기까지 하다. 마주보는 사람끼리 무릎이 닿을락 말락 할 정도로 좁다. 열차는 그래도 힘이 부치는지 덜커덩덜커덩하다 커브를 돌아갈 때에는 끼이익 긴 숨을 내지르듯 토해낸다. 마찰음을 존재감처럼 잠자듯 고즈넉한 산림 속의 정적을 냅다 소리치듯 깨우고 있다. 거대한 고목들이 하늘을 뚫을 듯 치솟아 대지의 창틀인 양 촘촘히 박혀 있다. 품어져 나오는 피톤치드 향이 몸속까지 스며든다는 생각에 꽉 싸맸던 단추를 풀어본다. 식민지 시절 남벌된 숲을 인공 숲으로 조성하여 아픈 상처를 울창한 숲으로 복원한 청년 편백을 보는 듯하다.

거목군잔도巨木群棧道에 들어서니 완만한 곳엔 널빤지를 깔고 경사진 곳에는 돌계단으로 길을 만들었다. 습기 머금은 이끼 냄새가 코끝을 스멀거리며 멀리서 온 사람들을 반긴다. 숲속의 팔백 년에서 천팔백 년 된 적편백赤扁柏나무들을 신목神木이라 부른다. 많은 세월을 견뎌내고 지탱해온 나무들을 바라보니 신비함에 저절로 고개가 숙여진다. 나무들은 광합성의 지혜로 양분을 많이 흡수하여 성장점을 자극, 튼튼하게 자랄 수 있게 하여 제 몸집을 키워 하늘을 덮어버렸다.

소나무보다 5배가 많다는 피톤치드를 발산하는 편백나무는 강력

한 항균작용과 살균작용을 한다니 머무른 만큼 이상을 자연치료하고 영혼까지 맑아지게 한다. 숲으로 스며드는 고산바람은 나무가 보여주는 아름다움을 신령스럽게 한다. 바쁠 것 없는 정해진 일정 속의 산림욕은 편안한 안식처인 양 마음까지 안정되니 발걸음도 가벼워진다. 꺾이면 그 위에 다시 새 움을 틔워 3대를 견뎌냈다는 3대代 나무는 천년세월의 흐름을 선명하게 보여준다. 각기 다른 기이한 형상의 모습을 한 나무들을 돌아보니 자신도 모르게 세상만사를 다 잊은 신선이 되었다.

나무를 베어낸 자리는 인공 숲으로 가꾸어 울창하게 잘 자라고 있었다. 숲은 나무라는 개별적 자아를 버리고 평등성에 의존하여 함께 살아가는 진리를 깨우쳐 준다. 모두가 서로 얽힌 인연의 숲으로, 하나의 나무만으로 된 것이 아닐 것이다. 이렇게 보나 저렇게 보나 그 뜻은 나에게 영원한 가르침을 준다.

아리산 꼭대기에 자리 잡은 초등학교와 이웃에 아담하게 세워진 산림박물관을 돌아 내려오니 고즈넉한 자매담姉妹潭이 있다. 자매담은 규모가 작아 호수라기보다 아담한 연못에 가까웠다. 산림 속의 연못은 무척이나 경관이 빼어나 자연이 빚어낸 천연의 다양한 색깔을 드러내어 보는 사람을 유혹한다. 숲 사이를 비집듯 찾아 내리는 햇살을 잡아끌어 맑은 물속에 투영된 자연그림자를 담아 한 폭의 풍경화를 만들어 내고 있다.

자매담은 두 자매가 한 남자를 사랑하고 있음을 알고 차례로 사라진 후 그 자리에 두 개의 연못이 생겼다는 가슴 아픈 전설을 담아 전해져 오고 있다.

아리산 곳곳을 빠짐없이 돌아보지 못하는 아쉬움을 안고 내려오는 도중 관자령에 있는 온천에 들렀다. 물과 진흙이 섞인 회색빛의 온천탕은 말랑말랑한 느낌의 말간 스프를 담아 낸 것 같았다. 1시간을 넘게 몸을 담그고 났더니 저절로 진흙마사지를 한 것 같아 며칠이 지난 지금도 피부가 매끄럽다.

돌아오는 비행기 안에서 중국의 반대로 '중화민국'이라는 국호를 인정받지 못하는 나라, 외침보다 중국의 침략을 두려워하는 나라, 대만의 아픔은 우리와 다를지 몰라도 분단국가로서의 겪어야 하는 동병상련이 아닐까 생각해 본다. 이번 세 여자와의 일정은 하나밖에 없는 아내의 남편으로, 둘도 없는 딸의 아빠로, 어여쁜 처제의 하나밖에 없는 형부로, 1인 3역의 역할에 조금은 점수를 딸 수 있는 즐거운 여행이었다.

어느 날의 에피소드

훌쩍 두 학기가 끝나갈 때다. 경영학을 공부하는 것부터가 억지였다. 계산 않고 살 수 없는 세상 이치인데 수학을 별로 좋아하지 않는 나는 농학을 전공하는 거로 자기 합리화해버린 나다. 회사의 대표 자리가 부담스러워 다시 공부한답시고 세무학과에 등록했었다. 남한테 무시당하기 싫어하는 나만의 고육지책이었다. 그리고 책임감이었다.

강의가 있던 어느 날, 수업이 끝나고 학생 회의가 있다고 다들 소강당으로 모이란다. 교수들까지 같이 한 자리에서 국제학술대회를 자매결연한 대만의 모 대학에서 한다는 요지였다. 각본은 이미 정해 놓고 한 사람도 빠져서는 안 되고, 빠지면 학점을 안 주겠다고 한다. 더군다나 부부동반을 제의한다. 여행이면 귀가 쫑긋해지는 나는 집

사람에게 묻지도 않고 그 자리에서 부부동반으로 신청을 해버렸다. 일 년 전에 다녀왔지만 나 혼자였고 신혼여행을 안 했기에 같이 가 보고 싶었다. 나는 집사람과 연애할 때 결혼하면 뭘 어떻게 하겠다고 나름대로 한 약속이 있다. 50년이 지난 지금 생각하면 물질적인 약속은 지켰는지 몰라도 정신적으로는 아쉬움이 크다.

인원이 확정되자 덕진 반공회관에 가서 교육을 받고 출발 전날 모여 오리엔테이션까지 마치고 여행사에서 나눠준 일정표와 준비물들을 다시 한 번 빠진 게 없나 최종점검을 마쳤다. 대학원장님은 주로 대한민국 국민으로서의 체통을 강조하시며 해외에 나가면 싹쓸이하는 국민성을 나무랐다. 자기부터 돈은 꼭 필요한 만큼만 가지고 가겠다고 말씀하시기에 다른 사람은 몰라도 원장님은 지키겠지 하는 믿음에 존경스럽기까지 했다.

대만에 도착하여 통관절차를 거쳐 공항 밖으로 나오니 열대지방이라 숨이 턱턱 막힌다. 식당부터 들렀다. 현지 시각으로 점심시간이지만 우리나라로 따지면 늦은 셈이다. 더군다나 전주에서 새벽에 김포로 출발했기에 많이 시장했다. 아홉 명씩 원형 식탁에 자리 잡고 앉아 우리나라에서 먹던 맛있는 짜장면이나 우동을 상상하니 배가 더 고프다. 그 원조인 나라에 왔으니 얼마나 맛있는 음식들이 나올까? 잔뜩 기대하고 있었으나 순식간에 무너졌다. 첫 음식이 나오자마자 진한 향료의 냄새에 다들 코를 찡그린다. 사실은 음식점에 들어서부터 향료 냄새가 역겨웠지만 더 지독할 줄은 몰랐다. 그렇다고 안 먹을 수는 없겠다 싶어 배고픈 생각에 입이 까다로운 집사람

걱정도 잊어버렸다.

먼저 차려진 음식들과 중앙에 자리 잡은 향료들을 살펴본 다음 어떻게 조합을 하면 먹을 수 있을까 생각을 했다. 일 년 전에 다녀갔던 경험을 되살리며 우리나라 음식과 비슷한 음식을 찾아 밥부터 빈 접시에 퍼 담은 다음 비슷한 양념을 선발하여 비빔밥을 만들었다. 마치 훈련소 짬밥 먹듯 어느 정도 시간이 지났다 싶은데 너무 조용하다.

고개를 들어 보니 옆에 앉은 집사람을 비롯하여 여덟 사람이 먹질 못하고 나만 바라보고 있다. '먹을 만해?' 그제야 집사람이 미소를 지으며 말문을 연다. "아니, 오늘 지낼 일을 생각해서 억지로 먹는 거지." 대답하는 내게 일행들은 부러운 눈길을 보낸다. 어디서부터 돌아왔는지 그때 고추장 그릇이 도착하니 정신이 없다. 모두가 약속을 안 했지만 한 숟갈씩이다. 나는 내 몫으로 한 숟갈을 퍼서 집사람 밥 위에 얹어 주고 다음으로 넘겼다. 각자 나름대로 휴대하기 쉬운 고추장이나 멸치볶음 정도의 반찬을 가져왔지만, 버스 속에서 짐가방을 꺼내지 못하여 다들 고생을 했다. 신고식을 톡톡히 한 셈이다.

오후에는 대학으로 이동, 통역이 필요한 학술대회를 마치고 기념사진을 찍으며 공식 일정을 마쳤다.

다음날부터는 대만과 홍콩, 마카오 관광 일정에 맞추어 사이사이에 면세점 방문 일정이 잡혀 있다. 관광 후 보석센터에 들렀는데 가이드가 원장님을 수행원처럼 달싹 달라붙어 맨 앞으로 모시니 숙달된 직원들이 잠자는 구매욕을 깨운다. 불필요한 구매 충동을 억제하라던 원장님은 어디로 가고 그 자리에는 잘나가고 돈 많은 박사 원장님으로 변해 있었다. 자신도 자기가 한 말을 의식했는지 누가 묻지도 않았는데 과년한 딸이 있어 혼수품을 마련하려 한다고 변명까지 늘어놓는다. 현금으로 모자라니 당시 보편화하지 않은 카드까지 꺼내어 결제한다. 돌아오는 날까지 원장님의 언행을 술안주로 삼았는데 지금 와서 생각해 보면 이해가 되는 부분이 있다.

잊지 못하는 음식

초등학교 시절의 설 명절이면 차례를 지낸 후 온 가족이 한자리에 모여 떡국을 먹었다. 집안어른들께 세배를 드리면 공부 잘하고 어른 말씀 잘 들을 것을 말씀하셨지만 세뱃돈은 꿈에 본 떡이었다. 마음에 맞는 친구 몇 명이 모정茅亭에 모여 친구 부모님부터 세배 드리기 시작하여 동네 한 바퀴 돌다 보면 하루가 금방 지나갔다.

명절음식은 비슷하지만 밥 하나만 가지고도 멥쌀이냐, 찹쌀이냐의 재료부터 과정에 따라 집집마다 맛이 달랐다. 평소에 우리들이 먹기 힘들었던 고기와 대파로 만든 파전과 하얀 분단장을 한 말랑말랑한 곶감은 먼저 먹는 사람이 임자이기도 했다. 그 시절 '잔칫날 잘 먹으려고 열흘 굶었다.'라는 유행어가 있을 정도이다.

정월 대보름날 아침 해가 떠오르기 무섭게 만만한 친구 집부터 찾아가 '내 더위' '네 더위' 팔기를 겨뤘으며 낮에는 깡통에 불을 붙여 쥐불놀이를 했다. 밤에는 여자 분장도 한 후 여럿이 잘사는 집부터 인심 좋은 집을 차례로 찾아가 오곡밥을 얻으러 다녔다. 엄마 홀로 계신 친구 집 건넌방 호롱불 주위로 둘러앉아 싱건지를 척척 걸쳐 먹을 때는 말이 필요 없었다. 대보름 음식은 오곡을 함께 넣어 찐밥과 무말랭이, 호박고지 등을 나물로 무치거나 깻국을 만들어 내놓았다. 김에 싸서 만든 큼지막한 주먹밥은 하나씩 먹어도 양이 차지 않아 어머니 몰래 시렁에서 내려 먹는 맛은 지금도 잊지 못한다. 어머니는 모른 척하셨다. 멸치 넣고 자작하게 만든 무나물은 간도 맞고 소화도 잘되어 같이 먹었다.

고등학교 시절 여름방학이면 무전여행을 다녔는데 경상도 과수원에서 만난 처녀들의 초대로 '꽁보리밥에 오이와 된장'이 전부라며 수줍어하면서 어느새 풋과일 닮은 시골밥상을 내어놓았다. 다음 해 찾은 변산 해수욕장 부근에서 만난 젊은 아줌마에게 요기를 부탁하니 망설이다가 집으로 안내했다. 반찬이 별로 없다고 얼굴에 홍조를 띠며 꽁보리밥에 콩밭무겉절이와 젓갈을 곁들여 마루에 내놓았다. 맛있게 먹고 있을 무렵 엄마 품에서 빠져나온 아이가 밥상머리를 딛고 섰다. 얼른 한 숟갈 떠 먹이니 숟가락에 아이의 콧물이 거미줄처럼 늘어진다. 무안해 할까 봐 닦지 못하고 떠먹었는데 속으로는 정말 곤혹스러운 밥숟갈이었다.

고교 졸업을 앞두고 이리역전에서 여자친구를 만나 옥구로 이동, 친구들과 어울려 성인이 다 된 것처럼 면소재지 주막집에 들러 맛보

앉던 돼지고기볶음에 막걸리 한 사발은 꿀맛이었다.

모두가 헤어져 통학차에 올라 선배와 진로문제를 논의하던 중 문을 열고 들어오는 여자친구를 보고 깜짝 놀랐다. 얼른 다른 칸으로 이동, 다음 역에서 내려 역 앞 식당에 마주 앉았다. 억지를 부리는 여자친구와 서로 어색해하며 먹던 떡국은 왜 그리 양도 많은지, 크게 썰어 넣은 대파도 눈에 거슬렸다.

군대생활 하던 시절이다. 어느 청명한 가을날 전방에 있는 부대에서 사유재산을 무단 사용한다는 민원이 들어와 현장 확인 출장을 갔다. 하루 종일 땀 흘리며 공정하게 처리를 해주니 감사하다는 민원인 할아버지께서 집으로 저녁식사 초대를 해주셨다. 우리 집에 온 듯 편안한 마음으로 따스한 온돌방에 자리 잡고 앉았다. 철원 평야 햅쌀로 지은 쌀밥에 막 담근 김장김치를 손으로 쭉쭉 찢어 먹는 맛은 진수성찬과도 비교할 수 없는 밥상이었다. 다음날 인사차 들른 부대에서 운영하는 두부공장에서 따끈한 순두부를 한 그릇씩 내왔다. 조선간장에 쪽파 송송 썰어 넣고 가는 고춧가루와 약간의 참기름을 넣어 만든 양념을 곁들여 시식할 수 있었다. 목구멍을 넘어가며 부드러운 그 맛은 오장육부를 일깨웠다. 사단장이 반해 아침마다 가져다 먹는다는 이유를 알 것 같다.

전주에서 사업을 시작하면서 제일 먼저 신경 쓰인 것은 회계 세무 업무였다. 고민 끝에 모 중소기업 대학원 세무학과 야간반에 등록했다. 조금 늦은 나이지만 '알아야 면장을 하지.'라는 생각에서였다. 마지막 학기말 해외연수에 부부동반으로 참여했을 때 일이다. 도착하여 곧바로 예약한 식당으로 이동, 9명씩 조를 이뤄 자리를 잡았다. 한국에서 이른 새벽에 출발한 데다 점심시간이 지나 많이 시장했다. 음식이 차례로 나오자마자 진한 향료 냄새에 다들 역겨워 했다. 나는 냄새가 덜 나는 밥, 면, 만두 등 냄새 덜한 음식만 골라 간장이나 고춧가루 같은 낯익은 양념을 발라 먹고 있는데 너무 조용하다 싶어 고개를 들어보니 아내를 비롯하여 빙 둘러 앉은 여덟 명이 음식은 안 먹고 나를 쳐다보고 있다. 아니 신기한 표정으로 구경하고 있다.

그중의 한 명이 "먹을 만해요? 맛있어요?" 하고 물으니 너도나도 한마디씩 한다. 이웃 식탁을 둘러보니 모두가 마찬가지다. 잘 먹는 것처럼 보인 내가 그들 눈에는 신기했는지 모르지만 '배가 덜 고파서 그러지 조금만 더 고파 봐라.' 우리 할머니 말씀에 '사흘 굶어 담 안 넘는 사람 없다더라.'고 속으로 말했다. 옆에 앉은 아내의 옅은 미소를 보면서 나는 조금은 우쭐한 표정을 지었다.

제주의 항포구를 찾아서

어제 저녁 밤새도록 불던 바람은 낙엽을 싹쓸이하듯 한두 잎만 남기고 다 떨어뜨렸다. 바람이 할 수 있는 일 중에 하나다. 그러고 보니 올 한 해도 한 달 남짓 남은 11월 말이다. 작년 이맘때도 아내와 같이 제주를 찾은 적이 있다. 제주를 좀 더 알고 싶은 마음에 계획한 것이 '제주의 항 포구를 찾아서.'였다. 그러나 2박 3일 일정으로는 어림도 없어 올해 다시 가게 되었다.

제주도를 안다는 사람은 제주가 섬이며 항구는 제주, 서귀포를 비롯하여 몇 개 되겠지, 작은 포구까지 합해 봐야 스무남은 안팎 되겠지, 하는 단순한 생각으로 답사 일정을 짜게 되었다. 고교 시절 수학여행으로 시작한 제주도 여행은 참 많이 다녀왔다. 특히 50세 전후에는 1년에 몇 번씩을 다녀왔으니 웬만히 알려진 곳은 거의 다 다녀

본 것 같다. 유람선 낚싯배에 잠수함까지 섭렵했다. 말도 타 봤고 뜬금없는 낙타까지 타 본 적이 있다.

그 먼 날 태초부터 사람들이 접근하면서 바닷가를 중심으로 삶의 터전을 마련하였다. 바다에 나가 고기를 잡거나 해초를 채취하는 등 어업에 종사하였다. 사람들이 삶의 터전으로 자리 잡으면서 집단을 이루고 바다만 바라보던 시선을 육지로 돌렸다. 신령스러운 한라산을 오르고 물이 흐르는 언덕을 찾아 산간마을을 조성하여 수렵 생활을 하며 밭을 일구어 곡식을 심고 감귤나무 등 과수나무를 심었다.

한라산에서 흘러내린 용암은 기암괴석의 형태로 남아 때로는 불편하기도 했지만, 지금은 볼거리를 만들어 사람들을 부른다. 푸르른 바다와 더불어 사람들을 지켜주는 보호석이기도 하다. 마을마다 포구에는 알콩달콩 나름의 유래와 설화를 전하고 있다.

대부분 주민은 해산물과 감귤, 일반 밭작물을 주 소득원으로 살고 있다. 첫 만남은 우리나라에서 처음 발견된 신석기 시대 유적인 '고두기 엉덕'이었다. 해안가에는 축조된 '환해장성'이 항몽 전쟁의 사연을 담아 매년 1~2월에는 마을 포구에서 '영등굿'을 재연하고 세시풍속을 보존하고 있다. 북촌포구의 '등명대'는 바다에 나간 고기잡이배가 무사히 돌아올 수 있게 하려고 1915년에 마을 사람들이 세워 처음에는 솔칵(관솔), 나중에는 석유로 불을 밝혔다. 방파제 한편의 해녀 상 뒤로 바닷속에 인공 숲을 조성, 다양한 어종이 풍부하여 낚시하는 모습이 많이 보인다.

포구 방파제 안쪽에는 낚시꾼이 펑퍼짐하게 주저앉아 잡아 온 고기를 손질한다. 즉석에서 초장 발라 좁쌀 막걸리 한잔하면 하는 생각에 혼자서 김칫국부터 마신다. 포구 앞 팔각정 시비 옆에는 용설란이 꽃망울을 주렁주렁 달고 나그네를 반긴다.

삼양 삼 동 등대에서 (정인수)

삼양 3동 등대에 서면/ 저기 바다 건너/ 고즈넉이 누워 있는 원당봉/
3섭 7봉에 7봉은 어디 가고/ 3섭만 남아 하늘 가득 그려놓은/ 만삭의 임산부. 아아, 이제야 알 것 같다/ 680년 전 원나라 기황후가/ 사자를 보내 탑을 쌓은 사연을

다음으로 들른 '환해장성'은 고려 원종 때 삼별초가 반란을 일으켜 진도에 웅거하자 1270년 9월 고려군 영광 부사 김수 장군 부대(약 1천 명)가 삼별초의 제주도 진입을 막기 위한 방어시설로 쌓은 성이다. 해안도로를 달리는 동안 풍광이 아름다운 곳이 보이면 차를 세우고 사진 찍기를 반복하였다. 렌터카로 낯선 길을 여행한다는 것은 여간 조심스럽지 않다. 포구, 한곳을 돌아보고 나면 내비게이션에 꼭 다음 코스를 입력한다. 때가 되면 집밥 같은 분위기의 식당을 찾아가고 전망 좋은 곳이면 커피도 한잔하며 여유를 부려본다. 가다 못 가면 내일 가면 된다고 하는 생각으로 조급할 것 하나 없다.

마을 안쪽으로 들어가면 길이 꼬불꼬불 좁아지니 조금은 불안스럽기도 하다. 골목에서 차를 만나거나 사람이 불쑥 나올까 봐 미로 찾아가듯 한다. 간판은 낡아 빛이 바랜 노포, 인고의 세월에 아무렇

지 않은 듯한 고목나무 옆구리에 눌러앉은 움막집, 허물어질 듯한 돌담이, 다 민속박물관이다. 새파란 유채는 겨울 아랑곳하지 않고 자라 남쪽인 걸 깨우쳐 주고 있다. 까만 담벼락에 드리워진 감귤나무는 황금색 열매를 주렁주렁 달아 내가 돈이다, 라며 웃고 있다.

포구마다 방파제 끄트머리에는 빨강, 하양 등대는 수호신이 되어 밤사이 일 나간 고깃배들이 만선으로 무사히 돌아오라 눈을 크게 뜨고 있다. 낮에는 쉴 틈도 없이 찾아오는 길손들의 모델 노릇까지 하고 있다. 파란 하늘 뭉게구름 사이로 영리한 여객기는 오늘도 분주하다. 오는 사람 내리고 가는 사람 태우기도 바쁠 텐데 하얀 줄을 그려 영역 표시까지 한다. 움직이는 한 폭의 풍경화에 보는 눈은 호강한다. 중천에 높이 뜬 태양은 세상 모두를 보듬어 살아가게 한다. 바람에 등을 밀린 바다는 햇살을 받아 물비늘을 만들어 찰랑거린다.

귀양 온 선비를 만나 한눈에 반한 여인은 그를 뒷바라지하여 제주목사의 모함을 단호히 거부하고 죽음으로 맞서 선비를 살려냈다는 실화는 제주도가 유배지여서 가능한 애절한 사랑 이야기를 전한다.

언덕 위 숙박시설은 해안 절경을 병풍 삼아 저마다 형형색색 새색시처럼 곱게 차려입고서 편히 쉴 곳을 찾는 나그네를 어서 오라 한다. 바닷가에는 카페, 음식점들이 즐비하게 서 있다. 그 모습이 액세서리처럼 큰 건물 아래 아장아장 귀엽다. 높지막한 곳에 깎아지른 절벽의 형상이 유럽 신화에서나 본 듯한 장군의 모습 같기도 하다.

지나는 길에 전통시장에 들렀다. 마침 점심시간이어서 국밥집에서는 고기를 삶느라 문밖으로 김이 피어 나와 구수한 냄새를 풍긴다. 파리도 배가 고픈지 가게 안을 날아다닌다. 잡으려 해도 놓치고 쫓으려 해도 같이 먹자고 달려든다. 따끈한 순댓국밥 한 그릇으로 허기진 배를 달랜 후 커피 한 잔을 들고 인근 돌담에 기대어 휴식을 취해 본다.

담벼락에는 동백꽃이 활짝 피어 한창이다. 틈새로 고개를 내민 동백이 아니다. 수많은 꽃망울이 서로 내밀려다 얼굴이 벌겋다. 붉은 허리띠를 두르고 해맑게 반짝인다.

산방산은 '설문대 할망'이 한라산 백록담에 있던 봉우리를 뽑아 아래로 던졌다고 한다. 산 아래 '용머리'는 약 백만 년 전 마그마가 터져 나와 바닷물과 반응하여 격렬히 폭발하면서 뿜어져 나온 화산재가 주변에 쌓여 용머리처럼 되었다. 사방팔방을 돌아보며 신이 만들어낸 이국적인 풍광에 흠뻑 취해 본다.

어느 곳에서나 차에서 내리면 습관처럼 한라산을 먼저 본다. 정상이 구름에 가렸나, 벗겨졌나 금방 바뀐다. 건물 사이로, 소나무 숲 사이로, 감귤나무 사이로 하늘은 자기 마음대로 한라산을 가지고 연출하는 것 같다. 오늘 아침에 바라본 한라산은 어제 썼던 구름모자는 거추장스러운지 벗어버리고 백록담 밑으로 머플러를 휘감고 있다. 운이 좋은 어떤 날은 날씨가 쾌청하여 한라산을 하루 종일 돌아가며 볼 수 있다. 위미동 동백군락지의 동백나무는 수령이 오래된 듯하다. 돌담을 배경으로 나란히 꽃단장하고 가는 길을 멈추게 한다. 제주에서도 남쪽인 이곳의 동백꽃과 감귤은 더 화려하고 튼실한 자태를 자랑한다.

포구의 파수꾼인 등대만이 겨우 잠이 든 듯 조용하다. 물에 비친 고즈넉한 그림자는 한없이 착하여 평화롭기만 하다. 조금 멀리 좌우로 보이는 빨간 등대, 파란 등대도 자는 모습이다. 사흘 동안 바라본 한라산은 이제야 포기한 듯 구름 한 점 없이 맨 모습을 내보이고 있다.

제주도는 섬이어서 항. 포구가 많으리라 생각했지만 이렇게 많은 줄 몰랐다. 항구 10개를 비롯한 70여 개의 포구로 이루어져 있고 섬의 섬까지 제대로 답사를 하려면 한 두어 달 머물면서 다녀봐야 조금은 알 수 있지 않을까 싶다. 다음에 아쉬움이 발동하면 다시 짐을 꾸릴지도 모른다. 제주도는 육지와는 사뭇 다른 이국적 자연 풍경과 제주도 사람들만의 언어와 풍습이 점점 바래고 사라져 가고 있어 안타깝다.

홍어 이야기

우리 내외는 가끔 시, 군 지역을 선택하여 놀러 다닌다. 주로 역사 문화유적과 전통시장을 들른 다음 그 지방의 맛집을 찾는다. 이번에는 익산북부지역으로 가면서 시내에 사는 큰아들과 같이하기로 했다. 성당면의 '나바위 성당'에서 만나기로 했다. 출발하기 전에 내비게이션에 입력하고 보니 바로 위쪽에 강경이다. 아들과 만나기 전 강경부터 들러 그 유명한 새우젓을 사고 싶다는 아내의 말을 따르기로 했다.

강경 전통시장 주차장에 차를 넣고 시장 골목에 들어섰다. 철 이른 봄채소가 즐비한 채소전을 지나니 떡방앗간이 나온다. 젓갈집을 찾는 아내 뒤를 따라가던 나는 먹음직스러운 떡들이 눈에 들어온다. 아침에 갓 쪄낸 듯 따스한 김을 모락모락 피우며 옹기종기 나와 있다. 하얀 분칠을 한 찹쌀떡이 내 지갑을 열게 한다. 모퉁이를 돌아서니 제법 큰 생선가게가 보인다.

코로나19로 다른 가게는 썰렁한데 그 집만 사람들이 몰려있다. 설 명절이 곧 닥치니 차례상에 올릴 제물을 사기 위해서다. 귀한 국산 홍어가 많이 쌓여 있어 그걸 고르려고 모여 있었다. 호남지방은 명절과 잔칫상, 제사상에는 홍어, 상어를 꼭 올린다. 아내는 새우젓은 뒷전이고 모르는 사람들과 한통속이 되었다. "아저씨 이 홍어 어디 꺼요?" "국산이유." 옆에 아주머니가 먼저 한 마리를 흥정하니 종업원은 "5만 원이유." 한다. 선택받은 놈은 곧바로 갈고리에 쿡 찍혀 작업대에 오른다.

아내도 경쟁하는 사람처럼 눈을 치켜뜨고 한 마리를 고른다. "그건 6만 원." 한다. 아내는 "저거나 똑같구먼." 종업원은 "뭣이 똑같아. 안 돼유." 한다. 지켜보던 나는 "그냥 사." 아내 옆구리를 건드리니 아내도 바로 "이걸로 껍질 벗겨 주세요." 하고는 "국산이 6만 원이면 거저야." 하고 속삭인다. 껍질을 벗기는 종업원에게 흑산도에서 올라온 거냐고 물었다. 군산에서 경매 받아 왔다며 요즘은 국산 홍어가 서해로 올라와 많이 잡힌다고 한다.

홍어 하면 떠오르는 것이 처갓집이다. 처남들은 유난히 홍어를 좋아했다. 신혼시절 친정을 못 잊어 아내는 끄떡하면 시도 때도 없이 친정으로 달려갔다. 친정집은 이웃마을이어서 한 30분이면 쉽게 갈 수 있었다. 나는 전주에서 직장생활을 하던 터라 아내 홀로 시부모님을 모시고 있었다. 일주일에 한 번씩 집에 오면 아내는 하루빨리 전주에 신혼살림을 차리자고 졸랐다. 나는 아직은 아니다, 전세방 얻을 돈도 없었고 직장도 맘에 안 들어 서울로 옮기고 싶었다. 보채는 아내를 측은한 마음에 조금만 기다려라 달래고는 하였다.

처가에 가면 처남은 시장에 나가 홍어를 사왔다. 해체하면서 보드라운 홍어코와 특이한 맛의 애를 기름소금에 찍어 먹는 맛은 수고한 사람의 특권이다. 연한 살을 두툼하게 회로 뜨고 물렁뼈가 있는 부분은 미나리와 무를 채 썰어 갖은 양념과 버무려 내놓았다. 장모님은 부뚜막에 배양하여 만든 새콤한 식초로 회를 무쳐 내놓았다. 직접 담그신 막걸리는 너무 맛있어 처갓집을 나올 때는 흔들리지 않은 척하기가 쉽지 않았다. 처남들과 마주 하기만 하면 술판을 벌였다. 그럴 때마다 백년손님 조 서방이 안쓰러웠는지 장모님은 내 옆에 슬며시 다가와 술보다 안주를 많이 먹으라 하셨다. 스웨터 주머니에서 따뜻한 달걀을 가만히 손에 쥐여 주셨다.

홍어에 맛 들린 나는 친구들과 부부동반으로 흑산도에 간 적이 있다. 같은 전라도지만 남도 사람들은 삼합이라 해서 돼지고기와 김치, 삭힌 홍어를 된장에 찍어 먹는 것을 선호했다. 북도 사람들은 싱싱한 홍어를 초고추장에 찍어 먹거나 갖은 양념에 버무린 회를 선호한다. 전라북도가 고추장이라면 남도는 된장 문화다.

미리 예약한 숙박집 사장을 만나자 마자 거두절미하고 홍어를 먹고 싶다 했다. 잘 잡히지도 않고 요즘은 날씨가 안 좋아 조업을 못 나갔다 한다. 홍어가 있어도 냉동홍어가 금값이니 차라리 싱싱한 회나 실컷 먹는 게 낫다고 한다. 홍어 먹으러 왔으니 비싸다고 안 먹을 수 있겠냐 싶어 한 사람당 몇 점씩 맛만 보기로 했다. 기대가 컸던 만큼 실망한 추억이 있다. 홍어뿐 아니라 지방 특산물을 찾으면 비싸거나 음식 맛도 기대치 이하여서 실망할 때가 많다.

금강유역에 산재한 문화유적을 몇 군데 돌아본 후 아들집에 들러 아침에 산 찹쌀떡과 커피를 먹었다. 떡이 참 맛있다며 조금 더 살 걸 그랬다며 아쉬워한다. 아내는 국산 홍어를 싸게 산 것이 횡재한 것처럼 기분 좋은 모양이다. 코로나19로 먼 곳의 자식은 못 오더라도 가까이 사는 아들은 꼭 와서 차례도 지내고 맛있는 홍어를 먹자고 한다. 당연히 온다는 아들의 이야기를 뒤로하며 집으로 향했다.

홍어는 필요할 때마다 국산이든 칠레산이든 우리들의 식탁에 오른다. 항상 '조 서방 조 서방.' 하며 사위사랑 하시던 장모님과 처남들은 이 세상에 안 계신다. 홍어는 하나도 버릴 것이 없다. 홍어 먹고 탈 난 경우도 없다. 논둑에 앉아 쉴 참이면 새참으로 나온 막걸리 한 사발로 목마름을 축인 후 미나리 홍어무침을 한 움큼을 젓가락으로 몰아넣는 맛은 한 번 더 먹게 한다. 함박눈이 살포시 내리는 날 처갓집을 찾아간다. 절절 끓는 온돌방 아랫목에서 처남들과 일어설 시간도 잊은 채 술잔을 기울였다. 오늘 따라 홍어를 유독 좋아하던 처남들이 생각나 가슴이 저려온다.

6부
오! 필승 코리아!!

언제까지, 어디까지

컴퓨터는 누가 만들었는지 참 편리하면서도 야속하다. 컴퓨터를 켜고 끌 때는 키보드에 절차를 알려준다. 화살표는 두 번 따 닥, 손가락은 한 번 딱, 하려 하였는데 뒤바뀌어 실수가 난다. 처음에는 억지로 움직이는가 싶으면 나중에는 아예 말을 듣지 않는다. 잘못 치면 어떤 것이 끼어든다. 지우고 원위치하면 전체가 꺼질 때도 있다.

나라에서는 어린이, 노약자를 챙기는데 컴퓨터는 위아래도 모른다. e메일을 보기 위해 컴퓨터를 켜면, 창窓이 열리면서 인터넷을 줌(zum)으로 하라며 유혹 딱지를 띄운다. 청하지도 않았는데 뻔뻔하게 얼굴을 내민다. 몇 번을 그냥 눌러 실수를 하여 다시 원위치로 돌려놓지 못하고 등록된 다음(Daum) 창을 찾기가 힘들었다. 그럴 때는 영락없이 집 나온 어린 아이와 같고 오랫동안의 무식한 무심함 때문에 시행착오를 겪는다. 옆에 아는 사람이라도 있으면 답답할 일도 없을 텐데…. 겨우 인터넷 창을 열어 Daum에 들어가 e메일을 점검한다.

Daum 창이 열리면 USB를 꽂는다. 창이 뜨는 대로 접속을 하면 좋으련만 서두르는 나에게 통과의례를 시킨다. 남을 시험에 들게 하면 못 쓴다는 말도 모르는 모양이다. 미리 써둔 원고를 보며 한자 한자 찍다 보면 진전進前이 없다. 옆 사람이 보고는 갑갑했는지 독수리 타법을 한다며 놀린다. 처음에는 무슨 뜻으로 하는 말인지를 몰랐다. '독수리 타법이면 어떻고 장화를 신고 가면 어때! 안전하게 가면 그만이지.' 언젠가는 나도 KTX는 아니어도 물 흐르듯이 될 날이 있겠지, 하며 희망을 품어본다. 까닥 잘못 누르면 지워지거나 오타가 나온다. 띄어쓰기를 정확히 하며 너만 아는 사투리는 가급적 써서는 안 된다, 어쩌고저쩌고…. 다 맞는 말이지만 골치가 아프다.

나중에는 골치 아파 신문을 보려고 네이버(NAVER)로 옮긴다. 'ㄴ'을 치면 네이버가 맨 위에 뜨고, 한번 눌러주면 네이버 창이 뜬다. 나도 모르게 따닥 네이버를 건드리면 두드린 만큼 겹으로 창이 열린다. 얼른 꺼풀은 내보낸 후 전체 언론사를 두드린다. 눈높이로 창을 조절하고 5개의 중앙지를 먼저 보이는 대로 구독한다. 그다음에 지방지 2개를 본다. 신문이 창에 뜨면 차례로 기사를 클릭하는 것이 아니다. 처음에는 정독했는데 지금은 호기심이나, 관심이 큰 기사를 먼저 열어본다. 마지막으로 볼거리가 없으면 포토, 오늘의 운세란을 본다. 시간이 나면 행사나 나들이 가고 싶은 곳을 찾아본 다음 일기예보도 본다. 그래도 시간여유가 있으면 상품 광고를 본다.

할 일 없는 날은 중앙지도 모자라 스포츠 신문까지 검색한다. 신문 기사도 꾸물거리다 뭘 잘못 누르면, 다 읽기도 전에 도망가 버려 되돌리기 일쑤다. 어떤 소재가 마음에 남아 종이에 메모라도 하려 하면 쓰느라 더듬거리고 찾느라 지나가 버려 마음먹은 만큼 쉽지 않다. 되돌리다가 잘못하여 예쁜 여자 모델이 나오면 나도 모르게 클릭하게 된다. 어쩌다 마음에 드는 작품사진이 있어 옮기려고 클릭하면 복사가 안 된다. 무단복제는 안 된다며 못 퍼가게 해 놨다. 그래 내가 도둑놈이지, 그렇다고 그러냐. 잘 먹고 잘 살아라. 열린다고 다 보지는 않고 내 눈높이에 맞아야 본다. 신문을 보면서 중앙으로 끌어오면 순간에 바뀌니, 옆 빈 곳을 밀어야지 잘 볼 수 있다. H 신문의 시사만평이나 만화는 꼭 빠지지 않고 본다. 인터넷 요금으로 98개의 신문을 검색하여 볼 수 있다니 그런 때는 참 좋다.

어느 날 글을 쓰다 보면 잘못하여 다른 글을 통째로 날아가 버리면 어찌할 바를 모른다. 찾아오기도 전에 열이 나고 머리가 아프다. 하다가 안 되면 아들, 딸을 119처럼 부르고, 안 받으면 손자까지 찾는다. 도움을 주면 다행인데 자기들도 모르겠다고 하면 정말 황당하다. 배우면서 메모를 해도 시간이 지나면 까먹고 다시 반복한다. 외딴곳 미로에 들어선 느낌이다. 그것도 앞뒤로 못하는 한복판에 선 느낌이다. 모든 짐을 다 내려놓고 싶다. 다 때려치우고 싶을 때가 있다. 그러면 고민할 게 뭐 있나 스트레스를 안 받으면 되지, 참 어처구니없는 과욕일까? 나 자신을 되돌아본다.

그러고는 자고 나면 속없이 다시 컴퓨터 앞에 앉는다.

반성문

오늘 아침 운동 길은 어제 비를 맞아 연초록빛이 활력을 부르는데 마음이 착잡합니다. 평소 남에게 실수하지 않고 잘못을 하지 않는 올바른 삶을 살아가려고 노력합니다. 말은 쉬운데 마음 같지는 않네요. 글을 쓰면서부터는 나이답게 살려고 노력을 한답니다. 나만 잘하면 됐지 귀에 들리는 말과 눈에 보이는 행동거지가 설어도 안 들은 척 못 본 척합니다. 나 자신이 내 맘대로 되지 않을 때가 있네요. 귀 막고 눈 감아 참으면 괜찮은 것을 쉽지만은 않네요. 모르는 사람은 모른 체 할 수 있을는지 몰라도, 알고 있는 사람끼리는 어렵습니다. 특히 서로 같은 모이는 사이는 아니다 싶어 참다가 한마디하고 맙니다. 상대방을 위하는 소리일지라도 듣는 사람은 마음을 알면서도 서운한가 봅니다.

요즘 부동산 특조법을 시행한다기에 그동안 미뤄왔던 일이기에 늦게나마 신청을 했습니다. 나이를 더 먹기 전에 정리할 필요가 있어 수속 절차를 밟아 순조롭게 등기까지 마쳤습니다. 먼저 실시했던 특조법은 간편하여 특조위원도 적고 수수료도 적었답니다. 이번에는 특조위원을 전보다 늘리고 수속 절차도 보강 되어 수수료도 많이 인상되었답니다. 진행하는 동안 관계된 여러분들이 저의 입장을 잘 알고 있는 터라 흔쾌히 협조하여 주셔서 가슴이 뿌듯하기까지 했어요. 그동안 살아오면서 몹쓸 짓은 안 했구나 하는 감동을 받고 마음마저 흐뭇했습니다.

언젠가는 해야 할 일을 원만하고 신속히 등기까지 마쳐 시원했지요. 그런데 근심 하나 덜었구나, 좋아할 겨를도 없이 실명제법 위반이라며 과징금 부과 대상이라는 예고장이 날아들었습니다. 과징금이 자그마치 20%나 되네요. 어지하면 좋을까요? 그동안 일을 맡겼던 법무사를 찾아가니 자기 일마냥 속상해하며 '청와대'와 '국민권익위원회'에 청원서를 내라고 합니다. 밤을 새워 작성을 마쳤다는 법무사의 연락을 받고 청원서를 받아왔습니다. 전문가와 지인들의 조언을 참고 삼아 신중히 생각한 끝에 청원서를 올렸습니다. 집안 동생도 같이 걱정하며 만든 청원서를 가지고 찾아왔습니다. 간략히 작성했으나 두 사람의 뜻과 내용은 같았습니다. 법무사의 청원서는 두 기관에 우편으로 올렸습니다. 청와대 국민청원게시판에는 동생이 도와준 청원서를 올렸습니다. 3일 만에 100명 이상의 동의를 받아 정식 문건으로 접수하였다는 통보를 받았습니다. 담당자는 경찰서에 질의했는데 시효 만료가 끝나 문제가 없는데도 자기들이 알아서 판단할 터이니 고발까지 한다고 엄포를 놓네요. 상심하고 있는 사이 국민 게시판에는 날로 동의가 늘어나 5일째에 200명이 동의했다고 뜹니다. 조급한 심정은 답답하지만 반대로 생각하면 동의해 주시는 일도 감사하지요. 힘내라는 격려 전화도 해주십니다. 어떤 분들은 가족, 지인까지 참여했다니 바닥으로 내려앉은 기운을 살려줍니다.

문제는 기일이 차면 어떤 식으로든 결론이 나겠지요. 어떤 결과이든 간에 승복할 수밖에 없습니다. 일생을 살아가면서 평지 꽃길만 있는 것도 아니지 않습니까. 내리막길이 있으면 오르막길이 있겠지요. 그런데 육체적 오르막과 정신적 오르막은 무언가 다릅니다.

평소 남의 일에 억울한 일이 있으면 참지를 못하는 성격이지만 막상 내 일은 남에게 부탁을 잘 하지 못합니다. 그러나 이번 일은 저 개인 일이기도 하지만 같은 사유로 고통 받는 사람이 많아 앞장선 것입니다. 지난번 특조법을 시행한 정부는 과징금법이 있어도 시행을 하지 않았다는데요. 이번에 시행하는 정부는 편리를 보장한다며 올가미를 씌운 느낌이 드네요. 국민으로서 지켜야 할 책임과 의무라면 똑같아야지 형평성에도 문제가 있다는 생각이 듭니다.

남들은 열심히 사는 나를 보고 칭찬하지만, 막상 속이 빈 강정 같습니다. 남에게 폐를 끼치는 일은 될 수 있는 한 않는 저를 보고 '모범생'이라고 말하기도 하지만 저는 성이 모 씨가 아닙니다. '조착실'이라고 놀림도 받지만 아마 본이 저와 다를 것 같네요. 나이를 먹으면서 안경까지 쓰게 됐지만, 세상을 바로 읽지를 못하여 아둔합니다.

선현들이 말했듯이 신은 될 수 없지만, 인간이 될지어다. 짐은 뭐든지 내려놓아라. 멀리 가지 말며 적당히 운동하라. 말을 적게 하며 될 수 있는 한 참견하지 마라. 마음속을 비우고 내공을 길러야지.

술

창문 너머로 참새 소리가 들린다. 꼭두새벽부터 곡물 건조장에서 들리는 소리다. 아침 식사를 하러 왔는지 한편에 둥지를 틀었는지 모를 일이지만 "참새가 방앗간 앞을 지나치지 못한다."는 말이 실감이 난다. 내가 술을 처음 만난 지는 꽤 되었다.

어린 시절 설 명절과 추석에는 집안 어른들을 따라 일가 집을 차례로 순방하였다. 원래 대가족으로 한데 모여 살았던 집안이었는데 지금 사는 곳으로 이주하면서 다섯 집으로 흩어져 각자 살림을 차렸다. 그러기에 서로 안부를 묻고 장만한 음식을 나누며 그동안 있었던 일과 앞으로의 계획을 주고받았다. 어른들은 남자아이들을 주로 데리고 다니셨으나 특별한 날은 여자들도 함께 우애를 다졌다.

헤어지면 다시 볼 텐데도 동구 밖까지 배웅하며 서로 먼저 가라던 정겨운 모습은 지금도 눈에 선하다. 명절 음식을 차려놓고 어른들은 우리들에게 집안 내력부터 대소사에 이르기까지 좋은 말씀을 해주셨다. 중시조어른의 한양에서 화순으로 귀양살이, '글은 읽어도 관직에는 나가지 말라.'는 유지를 이어간 이야기 등으로 끝이 없어 우리는 꾸벅꾸벅 졸았다.

문장가이며 한의원이셨던 증조부가 객지인 고흥에서 천석꾼으로 자수성가한 이야기, 수리시설이 좋은 정읍평야로의 옮기는 과정에서 브로커에게 사기당한 이야기는 술 한 주전자를 다시 부른다. 어른들은 취기가 오르면 우리에게도 술을 허락하셨다. 술은 원래 어른 앞에서 배워야 한다면서 적당히 마시라 하셨다. 뼈대 있는 집안의 후손으로서의 지켜야 할 도리를 당부 말씀도 하셨다. 철상할 때쯤에야 기회가 주어져 얼마나 술이 좋은지를 살짝 돌아앉아 체험을 했다.

도시로 진학을 하면서 처음으로 부모 곁을 떠나 하숙 생활을 시작했다. 한동안은 그새를 못 참고 일주일에 한 번은 꼭 집에 왔다. 어느 토요일 역 앞에서 동네 큰 선배들을 만났다. 농한기라 골방에 모여 점심내기를 한 모양이다. 따라간 중국집에서 자장면을 맛있게 먹고 있는 내게 어느 형이 건드린다.

"술 모르는 너희 때가 참 좋은 때다. 공부 열심히 혀라." 한다.

가만히 보니 술잔이라고 간장 종지보다 더 적은 배갈 잔을 주고받으며 얼굴을 잔뜩 찌푸리고 마신다. 물끄러미 쳐다보는 나에게 "너도 술 한 잔 배워 볼래?" 꼬드기기가 무섭게 "그걸 술잔이라고 찡그리는 거야.” 하면서 병째 들어 쪼르륵 마셔 버렸다.

여름방학 때 동네 선배 아버지 회갑 잔칫날이었다. 하릴없이 모정에 모인 우리들은 족히 20여 명은 넘었다. 잔칫집에서 이제나저제나 부를까 기다린 것이다. 해가 서산 넘을 때가 되어 선배가 데리러 왔다. 잔칫상에는 불어터진 국수와 안주는 달랑 오이와 고추장 정도였던 것 같다. 단숨에 국수를 후루룩 넘기고 술 주전자를 돌렸다.

당시 동란 후여서 가난했던 세상에 먹을거리가 부족하니 배가 더 고팠다. 더구나 청소년 시절이어서 한창 먹을 나이였다. 술은 읍내 소주공장의 25도 술이 아닌 광주에서 옹기술통에 담아온 30도짜리 주문한 술이었다. 잔치는 이미 끝나 손님들은 떠난 시간이다. 눈치 보는 사람들이 없자 마음 놓고 빈속에 안주 없는 술잔이 돌아갔다. 단지가 거덜나고서야 우리들은 일어났다.

더위를 식히려 동네 앞개울 다리 쪽으로 갈지자를 쓰며 우왕좌왕 몰려갔다. 누군가 제의한다. “야 우리 내기하자. 누가 이 다리를 온전하게 건널 수 있을까?” 한다. 차례차례 시도했지만 몇 발짝 못 가고 돌아선다. 일행 중 반절은 아예 시도하지도 못하고 포기했다. 십여 명이 실패할 무렵 내 차례가 되었다. 앞서 시도한 친구들을 보며 궁리했던 나는 앞으로 나갔다. 친구들 사이에 ‘갈비씨’로 불렸던 나를 보는 친구들의 눈에는 호기심으로 가득 찬 것 같았다.

버드나무처럼 흔들리는 나를, 포기하거나 물에 빠질 거라 미리 짐작하고 있었겠지. 나도 너희들을 보았으니…. 나는 정신을 바짝 차린 다음 몇 발짝 앞으로 걸어가니 금방 용틀임하는 새카만 물속으로 휩쓸릴 것 같았다. 어떻게든 건너볼 욕심으로 엎드렸다. 술 취한 망아지가 되어 네 발로 앞으로 나갔다. 함성과 박수 소리를 받으며 실다리(손수레 왕래)를 건넜다. 역전 중국집 배갈 사건과 광주집 회갑잔치 소주 사건은 나를 스타로 만들었다. 얼굴이 곱상하고 얌전한 여자애 같던 놈이 남자답게 술도 잘 먹는 강한 놈이 되었다.

태풍주의보 없이 출발한 울릉도는 가는 도중 거친 파도를 만났다. 대여섯 시간이면 도착하는 배는 열 시간 만에 도착, 승객 모두가 쓰러졌으나 버스 속에서부터 시작한 술자리의 나는 울릉도 도동항에 도착할 때까지 계속되었던 사건, 다음날 일어나 성인봉을 등산하여 서울까지 소문이 났다. 처음 시작한 술은 끝날 때까지 한 가지 술로 끝냈으나, 어느 날부터 청탁불문清濁不問의 남자로 변했다.

미래가 불투명하여 낮과 밤 구분 없이 마시던 실업자 시절, 물품대금 부도내고 달아난 거래처 때문에 괴로워 마시던 대표 시절, 술 마시는 사람치고 이유도 많고 사연도 많다. 초등학교 동창들이 친구 아들 결혼한다고 하여 서울로 몰렸다. 피로연에 적당히 마신 친구들은 2차로 주점 하는 동창의 부름 따라 자리를 옮겼다. 친구들의 흥이 넘친다는 생각이 들어 살며시 빠져나오는데 눈치 빠른 친구가 따라 나온다.

저녁이나 먹자며 종로의 어느 한식집에 자리를 잡았다. 잠깐 화장실에 다녀온다던 내가 오지 않아 찾아 나선 친구는 화장실에 뇌졸중으로 쓰러진 나를 발견했다. 재빨리 119를 불러 큰 병원으로 옮겼다. 군 간부 출신인 친구의 발 빠른 대처로 위기를 넘길 수 있었다.

지금도 거주지 가까운 병원에서 통원 치료를 정기적으로 받고 있다. 술사고 후에는 많이 마시지는 않지만, 사업상 한 잔씩 하다 보니 끊지를 못하고 있었다.

정기적으로 통원 치료를 받으러 간 날 병원장의 호출을 받아 원장실을 찾았다. 평소에 따뜻하던 원장은 작심한 듯 화를 낸다. "선배님 여러 말 않겠습니다. 목숨이 중합니까, 술이 중합니까." 충격을 받은 나는 정신이 번쩍 들었다. 말이 한 잔 술이지 한 잔 술로 멈추지 못하고 한 병까지 마시기도 했다. 술은 브레이크가 없다. 술에 취하면 겁이 없다. 병원을 나온 후 많은 생각을 하고 술과 이별하기로 했다. 그동안 일과 야간학업 사이사이 운동과 여행 틈틈이 일상생활이었다. 1년 365일 별로 쉬는 날 없이 푹 자 본 일도 기억 없이 바쁘게 살았다. 넘어지고 나서야 어리석음을 깨달았다.

술은 많은 사연을 만들며 활력과 아픔을 주었지만 가르침도 주었다. 이제부터는 자신을 좀 더 소중히 생각하기로 했다. 꽃이 시들면 보기 싫은 것처럼 사람도 추하게 늙으며 그렇다. 오늘도 여럿이 모이면 술잔을 따르며 건배를 한다. 한 잔 술은 혈액순환을 돕는 등 활력이 넘치게 하는 보약이 된다. 두 잔 술은 서로의 의지를 확인하며 다짐을 한다. 석 잔 술은 사랑과 우정의 꽃을 피우게 한다. 나는 살짝 물을 따르고 건배를 한다. 건배!

우리 집 금송아지

'너희 집 금송아지가 열 마리면 뭐해.' 자기 자랑만 하는 친구에게 던지는 말이다. 커피 한 잔 밥 한 그릇 나눠 먹을 줄 모르는 인색한 사람은 어디나 꼭 있다. 한 사람이든 열 사람이든 사람 모인 곳에 잘난 척 하는 사람이 있어 사람들을 찌푸리게 한다. 물론 어느 정도 부를 축적하기까지는 남다른 노력 없이는 이뤄질 수 없다. 부모에게 물려받은 것 없이 덜 먹고 안 쓰고 모았을 것이다. 부를 이룬 만큼 한도 많고 내 자식만큼은 남들 앞에서 주눅 들지 않게 잘 키우고 싶을 것이다. 어렸을 적 나는 헐벗고 배고팠을망정 자식들에게는 설움을 주지 않으리라 다짐도 했을 것이다. 그러니 오직 자식 아니면 쓰지 않으며 쓸 줄도 모른다. 못 배운 설움 좋은 학교 보내어 판검사 만들려는 욕심 품려 했을 것이다.

피나는 노력 없이는 부자가 되기 쉽지 않다. 사는 자리가 신도시가 들어서거나 복권당첨이라도 되면 모른다. 부모에게 풍족한 유산을 물려받은 금수저도 아니면 투기 등 편법을 동원하여 단기간에 부를 축적한 부류도 있다. 쉽게 번 돈은 쉽게 쓴다는 것은 사기도박이나 불법으로 상대방을 속여서 취득했기에 가능하다. 상습도박꾼은 날밤 새워 돈 딴 날은 남다르다. 아침 일찍 사채부터 갚는다. 그래야 내일이 있다. 신용이 첫째다. 다음은 목욕탕으로 향해 때 빼고 광낸다. 세탁소에 들러 주름잡은 양복 찾아 입고 정육점에서 생선가게로 시장 한 바퀴 돌아 양손에 한가득 들고 집으로 돌아온다. 이웃들은 맨날 보는 일과라 척 보면 안다. 미국 영화에 나오는 금과 찾아 모여든 서부극에 나오는 사람들과 차림새나 배경은 다르지만, 파랑새를 찾아 각양각색의 삶을 살아가는 사람들의 이야기는 별반 다르지 않다.

1960~70년대 시골 잘날 우시장이 열리면 소를 사고, 파는 사람만 모이는 게 아니다. 소 한 마리는 큰돈이라 돈 냄새가 나는 곳에는 불량한 사람도 꼬이기 마련이다. 우시장 들머리부터 장기, 바둑판이 벌어지면 동네에서 장기 꽤 둔다고 우쭐대는 사람부터 걸려든다. 쌈짓돈을 빼앗고 나면 순식간에 자리를 떠난다.

늙은 소 한 마리 처분하고 홀가분한 영감은 막걸리 한잔 생각이 난다. 할멈보고 돈 보따리를 꼭 끌어안고 꼼짝 말고 있으라 한다. 어디부터 노렸는지 네다바이꾼이 순식간에 보따리를 바꿔치기하고 튄다. 한잔 술이 어디 있을까 한참 만에 나온 영감의 확인과 신고는 말짱 도루묵이다. 보기 힘든 경찰차 옆에 무전기를 들고 있는 경찰 아저씨와 옆에 주저앉아 허탈해하는 영감 부부는 애처로워 보이기까지 한다.

우시장 주변은 선술집이 열 집이 넘는다. 만만한 상대를 끌어들여 술상을 펼친다. 화장 짙은 주모는 연신 술잔을 들이밀고 홍어회를 옆에 넣어준다. 눈동자가 풀리면 뒷마당에 윷판을 벌이거나 골방으로 옮겨 화투판을 벌인다. 몇 판을 잃어주고 비행기를 태운 다음 판돈을 소 한 마리 값까지 올려 최후 한판에 뒤집기를 한 후 술이 깨기 전 바람같이 사라진다. 억장이 무너지는 이야기는 비일비재했다.

장날이 몇 개 지나면 그때 그 사람은 정신이상자가 됐고 어떤 이는 철다리에서 극단적인 선택을 했다는 슬프고 끔찍한 이야기가 들려온다. 다시 장날이 열리면 수렁인지 함정인지 파놓고 다른 신인배우가 나타나길 기다린다.

학교도 못 나오고 어릴 적 꼴머슴부터 시작하여 피나게 모아 이제야 살 만한 부부는 오직 자식들에게 자기들의 서러운 과거를 대물림하고 싶지 않다. 자식들을 잘 가르치고 싶어 서울에 있는 여동생 집에 맡겨놓는다. 서울에서 이름 있는 학교에 공부 잘한다는 자식 놈은 서울 구경 간 동네 사람과 마주치고 맞닥뜨리고 만다. 일이 년을 학교 간다고 잘도 속였지만, 영원한 비밀은 없다. 농사지어 철철이 쌀가마를 올려 부치고 서울 고모는 아침마다 정성으로 도시락을 싸주면 남산이나 충무로에서 까먹었단다. 동네 사람의 제보로 학교에 확인하니 그런 학생은 없단다. 당연히 없을 수밖에 없다.

이웃과 나눌 줄도 모르고 아침에 눈 뜨면 논으로 밭으로 오직 일밖에 모르고 살아온 부모들이다.

제비

제비는 몸이 작아 그런지 힘을 비축하지 않고 그때 그 먹이를 사냥해 필요한 끼니를 해결한다. 날 때는 힘을 적게 쓰면서 빠르게 이동을 한다. 제비는 하루 500㎞ 가까이 날아다니는 것으로 알고 있다. 제비는 들판을 날아다니면서 날벌레를 먹잇감으로 물어온다.

우리나라의 전역에서 번식하는 대표적인 여름 철새다. 등은 광택이 있는 어두운 청색이고 배는 백색이다. 필리핀, 태국, 베트남 등 동남아시아에서 월동한다. 우리나라에서 태국까지의 거리만 하여도 약 3,840㎞에 이른다니 놀라울 정도로 대단하다. 음력 3월 삼짇날을 전후해서 찾아와 새끼를 치고, 10월 서리 오기 전까지 머무른다.

제비는 가을이 되면 체중이 늘어나기 때문에 먹지 않고도 장거리 여행을 할 수 있다. 예를 들면, 군산에서 중국까지 쉬지 않고 먼 거리를 날 수 있는 에너지가 저장되었다고 한다. 제비는 작년에 살았던 집을 찾아 방문 앞 처마 밑 둥지를 찾아든다. 새집을 지을 때는 처마 밑에 진흙과 지푸라기를 섞어 둥그런 모양으로 만든다. 헌 집을 보수하여 사용하는 경우도 있다. 새로 둥지를 틀면 받침을 마련해 주어야 한다. 그냥 놔두면 마루나 토방에 오물을 떨어트려 한바탕 전쟁을 치러야 한다.

대부분의 사람은 제비를 길조라 여겨 반가워하지만 그렇지 않은 사람은 둥지를 못 짓게 가림막을 붙여놓는다. 한 번에 대여섯 개의 알을 낳아 교대로 알을 품는다. 보름 정도 품어 새끼가 나오면 이십여 일 이상 곤충을 잡아다 주며 키운다. 어미가 먹이를 물고 돌아오면 서로 달라 보채는 새끼들을 차례로 먹인 다음 새끼들이 먹고 싼 똥을 물어다 버린다. 새끼는 이십여 일 자라면 밖으로 날아 빨랫줄에 앉기를 번복하며 떠날 준비를 한다. 다 자라면 새 보금자리를 만들어 옮긴다. 보통 일 년에 두 번 정도 번식을 한다.

제비는 옛날부터 우리나라에 날아들어 사람들과 가까이 살았음을 판소리 흥부전을 봐도 알 수 있다. 다리가 부러진 제비 한 마리를 흥부가 불쌍히 여겨 다리를 매어 주니 날아가 박 씨 하나를 물어다 주어 심었더니 금은보화가 나와 큰 부자가 되었다는 줄거리다.

지방마다 특색을 찾다 보니 남원에서는《흥부전》의 발상지를 전라도 남원 인근으로 주장해 왔다. 박朴 씨 성姓을 가진 남원南原 아영阿英사람이라며 마을에서 제사까지 지내고 있다. 아영면 성리마을 뒷산에서는 흥부의 것으로 추정되는 비석이 발견됐으며 주민들이 모여 산신제와 산제에 이어 정월 초사흘 날에 흥부축제를 하고 있다. 이외에도 다른 지방에서 같은 주장을 펴며, 성姓은 '박 씨'나 '연延 씨'가 아니며 황해도 '장 씨'라는 설도 있다 한다.

사람들이 살아가는 데는 서로 다른 여러 가지 문제가 있기에 제비를 통하여 권선징악勸善懲惡을 가르치고 있는 것 같다. 제비의 부지런한 근면성, 처음 태어나 살았던 고향을 찾는 인연과 의리를 비유한다. 자기만 알고 사는 세상을 사는 현대인들에게 형제간의 우애와 이웃 사랑을 가르치는 진솔한 삶의 모습이다. 특히 출산율이 마이너스로 돌아선 우리나라 현실에 흥부의 많은 자식(多産)과 제비의 연 2회 번식은 시사한 바가 크다. 생각 같으면 도시를 중심으로 살게 하여 '아이 낳기 홍보대사'로 임명하면 좋겠다. 먹이 사냥은 시골 들판으로 출퇴근하면 어쩔까. 요즘 우리나라 젊은이들에게 배우라고.

(2015 광주 하계 U대회 정읍 축구예선전)

오! 필승 코리아!! 축구 관전기觀戰記

연 3일째 비가 오더니 점심식사 후 서서히 멈춰지기에 오후 3시에 일찌감치 집을 나섰다. 오늘 축구 예선 8강전이 4시 반부터 정읍에서 열린다. 우리나라와 우루과이의 경기를 보기 위해서다.

나는 한때 다른 젊은이들처럼 스포츠를 좋아하던 시절이 있었다. 특히 축구와 권투를 더 좋아했다. 8 · 15 경축 마을 대항 축구대회를 시작으로 성장하면서 눈높이도 따라갔다. 면 대항도 시시하고, 시군 대항을 지나 전국체전을 넘었다. '박스컵' 국제축구대회가 열리는 날은 전주, 광주까지 마다하지 않았다. 아내에게는 물건 주문하러 간다고 말하고 아침 일찍 물품대금과 예매표를 챙겨 나와 구입한 물건은 화물차로 보내 버리고 종합운동장에서 애국심을 빌려 스트레스를 풀었다.

1966년 고교시절 비 오는 밤, 동네 모정에 동네친구들과 트랜지스터라디오 앞에 모였다. 장충체육관에서 열린 주니어 미들급 세계타이틀전 중계방송을 듣기 위해서다. 챔피언 니노 벤베누티를 상대로 김기수 선수가 15회 판정승을 따내 한국인 최초로 복싱 세계챔피언 자리에 올랐다는 승전보를 들으며 기뻐서 함성을 지르며 울었다.

청년시절에는 서울 가면서 세계타이틀이 걸린 권투중계를 TV를 보기 위해 대전에서 내린 후 다방에서 관람하고 다시 서울로 올라간 적이 있을 정도다.

1998년 제16회 프랑스 월드컵경기에 초대를 받아 멕시코와 대결 1:3으로 역전패를 당해 풀이 죽어 나오는데 멕시코 응원단이 우리를 보고 야유를 보낼 때는 죽이고 싶을 정도로 얄미웠다. 프랑스 월드컵으로 눈높이가 오른 터에 2002년 17회 한 · 일 월드컵대회 전주와 광주 경기를 관람, 8강전에서 스페인을 5:1로 이겨 사상 처음 4강 신화를 현장에서 본 후 낙지탕을 술안주로 코가 삐뚤어질 정도로 마신 적이 있다. 내친김에 바이엘 한국지사에 청하여 2006년 18회 독일 월드컵 토고를 2:1로 이기는 기쁨을 현지에서 직접 느꼈었다. 직접 프랑스, 한국, 독일 경기를 직접 현지에서 관람하고 나니 몸도 마음도 수그러들었다.

2015 광주 하계 유니버시아드 대회는 대회를 유치한 광주를 비롯하여 전남북 일원 경기장에서 열린다. 대회 일정은 7월 3일 개막식을 필두로 7월 14일까지 12일간에 걸쳐 치른다. 정읍에서는 축구 예선전을 7월 2일부터 7월 13일까지 12경기를 6일간 치를 예정이다.

지난 7월 5일에 열렸던 한국 : 이탈리아 예선전 때는 시간이 다 되어서야 관중이 몰려와 검색대를 통과하느라 애를 먹었다. 두 줄로 한참이나 늘어서서 경기가 시작되어도 입장을 못하고 있는 걸 봤기 때문이다. 오늘은 우리나라가 8강전에 출전하는 중요한 경기다.

공설운동장 정문 앞에 도착하니 임시로 마련한 공연장에서 환영행사를 하고 있다. 제복을 반듯하게 입은 군악대가 질서정연하게 도열한 채 연주를 하며 분위기를 살리고 있다. 오늘은 본부 쪽에서 음료와 과자, 부채, 가방까지 준비해서 나눠준다. 받는 입장에서는 소품일지라도 주는 쪽에서 많은 신경을 쓴 것이 감사할 따름이다. 모처럼 우리 고장 정읍에서 열리는 경기인 만큼 시민들이 많이 몰려왔으면 하는 바람이다. 나는 이왕이면 잘 보이고 바람도 잘 지나가는 좋은 곳을 찾아 자리를 잡았다.

지난번 외국팀끼리 경기할 때는 100여 명도 채 안 돼 보여 안타까웠다. 마을마다 이장이 방송이라도 한다면 많은 홍보가 되었을 텐데 아쉬웠다. 점심 먹으러 전통시장 밥집에 갔더니 축구하는 것도 모르고 있었다. 더군다나 장마에다 전염병(메르스)으로 사람 모이는 곳에 안 가는 분위기까지 겹쳤으니 말이다. 경기장 동쪽 중앙에는 인근 군부대에서 온 듯한 장병들이 3블록을 거의 차지하고 응원도구까지 준비해 와서 선도자의 지휘 하에 "대한민국" 구호를 열창하며 분위기를 띄우고 있다.

오늘 관전은 3일째로 7월 5일(목) 오전에 열린 프랑스(1:1) 멕시코 예선전은 관중이 거의 없고 오히려 진행요원 등 행사요원이 훨씬 많아 아쉽기만 하였다. 오후부터는 우리나라(1:0) 이탈리아 전은 그래도 관중이 제법 모여 들었으나 경기는 수준 미달이다. (한국: 우루과이 8강전 2015년 7월 9일 목요일 오후 4:30)

<소개>

2015 광주하계유니버시아드대회 정읍에서 열린 축구예선

1. 국제대학스포츠연맹(FISU)

1949년 설립 5개 대륙연맹 167개회원국으로 구성.
유니버시아드는 17세~28세까지의 대학생부터 대학원생이 참가할 수 있는 대학스포츠대회로 올림픽에 이어 2번째로 큰 대회로 2년마다 홀수년도에 하계와 동계로 나누어 각기 다른 도시에서 개최한다.

2. 2015 광주대회

기간: 2015. 7. 3.~7. 14.(12일간)
장소: 광주 전남 전북 일원 경기장
종목: 21개 (필수 13/선택8)
규모: 160여국 17,000여명

3. 정읍지역 축구 예선

정읍공설운동장: 7/2~7/13. 12경기. 6일간.
(오전 11:00 ~ 오후 16:30)

7월 2일 (목)	오전 러시아-중국	오전 일본-이란
7월 5일 (일)	프랑스-멕시코	**한국-이탈리아**
7월 7일 (화)	일본-말레이시아	러시아-아일랜드
7월 9일 (목)	이란-우크라이나	**한국-우루과이**
7월 11일 (토)	러시아-멕시코	중국-우크라이나

내가 광대인 것을

내가 세상 밖으로 나오면서 시작한 삶 자체가 무대였는지 모른다.

꼭 꾸며진 무대에 서야만 광대인가? 라는 사실만이 아니라는 걸 늦게야 알았다. 삶의 연극이 후반에 들어서며 숨고르기를 하면서 내 인생을 되돌아보게 되었다. 진짜 연극무대에 처음 서 본 것은 교회 성탄절행사였다. 결혼 후 사회생활은 가난하여 불안하였다. 안정된 가정을 꾸리기 위해서는 돈을 벌어야 했기에 사업을 시작했다. 적성에 맞지 않음을 알면서 시작했기에 더 열심히 노력했다.

내 인생의 연극은 대본, 감독 없이 시작한 것이다. 중간에 멈추면 안 된다 실수하면 안 된다. 날 바라보는 가족, 일가친척을 비롯한 나를 지켜보는 사람들이 감독인 셈이다. 오직 성공이란 목표 하나를 이루려 평생을 노력하였다.

사람들은 누구나 예쁜 꽃을 보면 마음이 환해진다. 자기 자신을 꽃처럼 화려한 인생의 주연이 되었으면 하는 꿈을 꾼다.

나는 가끔 화원에 들러 이 꽃 저 꽃, 구경하다 마음에 드는 꽃이 있으면 살그머니 가격표를 들춰 훔쳐보듯 한다. 가격이 비싸거나 화분이 너무 크면 놓을 곳이 마땅치 않아 부담되기 때문이다. 언젠가는 시들고 오래가도 질리는데, 그래서 만만한 소품에 손길이 간다.

농촌에서 태어난 나는 농업학교를 다녔기에 가게도 관련된 업종을 선택하였다. 자연히 졸업증이 자격증이 되어 허가도 나왔다. 자본금이 문제인데 엄격한 아버지는 가게세만 일 년치 부담하고는 끝이었다. 자립이 좌우명인 나는 서운하지만 어쩔 수 없었다. 처음에는 단역이 되어 보따리 상인이 되었다. 수입은 적지만 근검절약 정신으로 물건 값 주고 남은 돈은 먼저 은행통장으로 들어갔다. 물이 고이니 가게부터 내 집을 마련했다. 열심히 살면서 보통사람들 하는 것처럼 살았다. 주연 배우인지도 모른 채 주연 배우로 변해갔다.

앙증맞은 화분은 간택되어온 새색시처럼 처음은 안방 창가에서 보낸다. 화장발이 떨어질 만하면 현관으로 밀려난다. 그곳에서 다시 한참을 머물다 시들하면 퇴출당한다. 밖에 나가면 두렵고 불안한 환경에 어깨를 쭉 펴지를 못한다. 따가운 햇볕과 비바람에 적응이 되면 해방이나 된 것처럼 되살아나 꽃을 피워 젖힌다. 도로변은 자연히 미니 꽃밭이 된다. 하나둘 모인 꽃들은 벌 나비 날아들고 풀씨도 날아와 좁디좁은 공간을 아랑곳하지 않고 자리 잡는다. 해충도 날아와 같이 살자고 한다.

처음 시작은 조그마한 가게에 단간방에서 다섯 식구가 살았다. 얼마 후에 고인 물과 사채 빚을 내어 내 집을 샀다. 그리고 얼마 후에는 대처로 나가 대표이사가 되었다. 거래 은행을 방문하면 지점장이 나왔다. 사회봉사활동과 평생공부도 하게 되었다. 좋아하는 여행을 국내부터 해외로 나가게 되었다. 처음 시작은 관광이었지만 차츰 답사여행이 되었다. 평생공부와 사회활동과 여행은 나의 눈을 열어주었다.

지나는 사람들에게 조금 불편할지 몰라도 같이 본다. 맘에 들면 주인의 승낙 없이 가지를 꺾어가곤 한다. 어떤 사람은 자기 것인 양 통째로 가져간다. 물 주다가 없어진 사실을 알게 된 아내는 속상해 한다. 아마 꽃을 엄청나게 사랑하는 사람인가 보다. '책과 꽃을 몰래 가져가는 사람은 도둑이 아니다.'라는 말을 들은 적이 있어 아내에게 그렇게 말하며 달랬다.

'화무십일홍이요 권불십년'이란 말처럼 모두가 영원할 수가 없다. 시작이 있으면 끝이 있기 마련이다. 어린 시절의 순수함, 청년 시절의 젊음, 앞만 보고 집중하여 목표를 향해 달려갔던 중년의 고단하고 화려함도 다 지나갈 뿐이다. 삶의 무대에서 화려한 조명은 언젠가는 막을 내리게 되어 있다.

일기를 시작으로 답사기를 쓰며, 시를 읽고 문학을 가까이하게 되었다.

많이 부족하지만 시인과 수필가로 등단을 하였다. 작은 꽃밭을 만들어 보여주듯 그동안 정성스레 모은 작품들을 모아 마음속에 한 소끔 더 뜸을 들여 담아 두 번째 작품집을 세상 밖으로 공개한다.

30년 성장하여 철들고 이제 세상을 안 지 40년 넘어가며 하루가 쌓이니 인생이다. 인생이 연극 같다는 생각은 했지만 내가 광대인 것은 한참 후에 알았다. 나는 지금도 학생이며 앞으로도 학생이란 연극을 할 것이다.

제멋에 취한 몽당붓

내 생전 처음 있는 일이다. 가슴 떨리는 일을 시작하였다.

한 권을 만들려면 6부로 나눈 다음 1부씩 열다섯 편의 작품을 묶으란다. 그러면 총 90편의 작품이 들어가는데 그 정도가 딱이란다. 독자는 90편 이하는 좀 가볍고, 이상은 너무 많아 대부분이 끝까지 읽기를 포기하고 만다. 뒷면에는 시평을 받아 실어야 한다. 여기까지 전문가의 상담을 받았다. 고심 끝에 작품에는 자신이 없지만, 서로를 모르는 사이의 이름 있는 인사의 평을 받고 싶어, 평론가를 지인에게 부탁을 청하였다.

한 달이 지나고 어렵사리 글을 받을 수 있었다. 기다리는 동안 시집의 제목과 시인의 말, 프로필 사진 등 하나하나 준비를 하였다. 다행히 사무실에 나가 컴퓨터 앞에 앉아 몰라서 물어보면 옆에서 도와

주는 직원이 있어 떨 필요는 없다.

나는 꼼지락꼼지락 오랫동안 한 작품 한 작품을 쓰며 고치고 모았다. 그리고 퇴임 후 용기를 내어 모 대학교 평생교육원 문예 창작반에 등록하고 열심히 다녔다. 집에서 한 시간 가까이 다니는 것도 힘이 들지만, 교수님의 작품 지도는 어떤 때는 냉혹하여 더 힘들게 하였다. 내 나이에 이게 할 짓이냐고 마음 상해하다가도 자고 나면 초심으로 돌아갔다.

그보다 더한 것은 같이 공부하는 동료의 훈수다. 그럴 때마다 '× 도 아닌 ㅈㅅ이.' 속을 긁는다. 욱하다가 그래 참자! 한순간만 잘 참으면 된다, 고 나 자신에게 최면을 건다. 그래 내 콧물 흘리는 건 보여도 네 얼굴에 묻은 콧물을 어찌 알겠는가. 그렇게 10여 년을 모으니 잘났건 못났건 200여 편이 되었다. 90편씩 나누니, 두 권으로는 너무 많다. 이왕에 저지른 김에 1, 2권에 쓰고 남은 놈과 앞으로 시간이 있으니 새로 쓴 놈을 모아 보련다. 시상이 떠오르면 쓰고 모으다 보면 될 것도 같다. 둘도 했는데 셋은 좀 더 앞으로 나아지지 않을까.

문법이 뭔지 주어가 어떻고 자신이 없어 망설이기도 했다. 핑계 같지만 나는 고등학교부터 농업학교에 다니면서 문학을 좋아는 했지만, 공부를 제대로 하지 못했다. 무식한 놈이 일을 낸다. 그나마 운전할 때 시상이 떠오르거나 운동하는 중에 글감이 생각나 집에 와 옮겨 적으려면 난감하여 야속할 때가 많았다. 왜 하필 그때냐.

처음에는 칠순기념七旬 記念으로 지인들을 모실까 했었는데….

달력을 넘기면서 자신감도 얇아져 간 것은 시답지 않은 부족함이었다.

글감이 생각날 때 하필이면 야외에서 운동하는 중이거나 운전 중일 때는 야속할 때가 많았다. 집에 돌아와 컴퓨터 앞에 앉으면 외워 둔 글감은 말 안 듣는 아이처럼 이리저리 도망 다니며 애를 먹었다.

"표지만 보고 책을 판단하지 마라."는 서양속담이 있듯이 기대하고 열어 보지만 그 속은 어떨지 모른다.

책을 낼 자격은 있지만, 책을 쓸 자격이 있는지 나도 모른다. 어떤 경로를 돌아왔든 딴짓하다 해 저물 때야 처지가 막막하다. 어떤 글을 쓰던 닳을 대로 닳아 몽당연필 신세다. 정신 차려 시와 수필 부분에 각각 등단했지만 서툴기는 마찬가지다.

"그동안 저에 대한 질책과 격려는 관심과 사랑의 담금질이었습니다. 인제 그만 주저하고 용기와 함께 세상 밖으로 내보내기로 했습니다."

시집을 드디어 출간하게 되었다.

유품 정리

1921년 남원에서 유복자로 태어나 5세 되던 해에 할머니가 돌아가시자 아버지의 타향살이는 시작되었다. 작은아버지의 등에 업히기도 하다 손을 잡고 걷기를 반복하며 걸어 3일 만에 전남 고흥에 도착하였다. 한의원을 하시던 작은할아버지 슬하에 들어가 외로운 홀로서기를 시작하였다. 어른들의 도움으로 보통 학교를 다니면서 우등상과 개근상을 수상할 정도로 근면 성실하고 공부도 열심히 하였다. 나에게 증조할아버지는 오형제의 맏이셨다. 한의원 증조부는 둘째이셨고 생활이 윤택하여 당신 형제분 자손들을 불러 들여 대가족 중심으로 한 동네에 모여 살도록 하였다. 한의원을 하면서 양말 공장을 운영하여 군납을 하였고 근방 간척지를 사들여 천석꾼 소리를 들었다고 한다. 그러니 조카들을 불러들여 각자 담당을 주어 경영을 하신 셈이다. 아버지는 보통학교 졸업 후 할아버지의 한의원 업무를 도와드렸다. 밤에는 틈을 내어 일본 Y대 중학교 과정 통신 강의록으로 공부를 하셨다. 이웃의 면으로 중매 결혼하여 어머니를 만나 처가에 신혼살림을 꾸렸다. 살아계신 이모님의 이야기는 "말 타고 결혼식장에 들어서는 형부의 훤칠한 모습에 가슴이 두근거렸던 기억은 지금도 잊히지 않는다."고 말씀하신다. '관대 복음'을 차려입고 백마를 타고 나타난 신랑의 모습은 시골 아가씨들의 마음을 설레게 하였을는지 모른다. 잘나가던 집안은 증조부가 돌아가시면서 수난의 길이 다시 시작되었다. 족보의 기록을 보면 증조부는 문장가로 나와 있다. 한의원을 하시면서 말년에는 영호남의 문인들과 교류하셨다고 한다. 어른이 돌아가시자 후계 어른이 살림을 총정리하여 정읍으로 이주하기로 합의를 하였다. 그 지방은 바다로 둘러싸인 반도형 지형에 강이 없다 보니 물이 없어 농사짓는 것이 너무 힘들어 물이 풍부한 지방을 찾아 이주를 결심하게 된 동기라고 들었다. 천석꾼이던 재산을 정리하고 먼저 와 있던 아는 사람의 말만 듣고 투자한 것이 브로커한테 사기를 당하여 많은 재산을 날려 버렸다. 그나마 남은 재산은 다섯 집이 나누고 각자 살림을 따로 하기 시작했다. 원래 농사일을 모르던 아버지는 새로 이주한 동네 리서기里書記부터 시작하였다. 어머니는 한의원에서 일하시던 아버지에게 농사일을 못하게 하였다. 돈은 못 벌어 와도 좋으니 바깥 활동을 권하였다. 나중에 들은 이야기지만 해방되고 처음 실시한 한의원 시험에 낙방했는데 주변에서 동네일을 맡기는 바람에 면사무소에서 출발, 공무원으로 정년퇴직하셨다. 중학생 시절 여름 방학 때 골방에 들어가니 케케묵은 고리짝이 한편에 쌓여 있다. 어머니가 쥐가 들어와 못 살겠다고 소탕 작전을 시켰기 때문이다. 밖으로 짐들을 꺼내 놓고 안팎을 대청소하면서 보니 곳곳에 새끼를 까고 물건을 갉아 먹고 쥐 오줌 냄새가 진동한다. 한의원 시절 약장, 약재 써는 작두, 처방전, 책상, 벼루, 묵 하며 한의서 등 고서가 두 고리짝 가득한데 훼손이 심하다. 어린 시절이고 마지못해서 하는 청소라 대충 털어내고 정리를 마무리했다. 그렇게 많은 세월이 흘러 아버지께서 돌아가신 후 10여 년이 훌쩍 지나갔다. 어느 날 아버지 유품 정리를 마음먹고 시간 날 때마다 큰놈과 정리를 시작하였다. 큰아들은 꼼꼼하게 협조를 잘해 주었다. 아버지와 어머니, 한약방 할아버지의 유품을 차례차례 정리해 나갔다. 아버지는 퇴직 후에도 행정서사, 부동산 중개사 사무실을 운영하시다 말년에 뇌졸중으로 고생하시다 돌아가셨다. 아버지는 정리정돈은 잘 안 하신 것 같았지만 당신의 보통 학교 시절 받았던 개근상, 우등상, 반장 임명장까지 모아 놓았다. 약방할아버지의 한의학 관련 서적, 직접 쓰신 처방전, 돌아가셨을 때 기록한 부의록까지 나왔다. 그중에서 아버지의 학창시절 상장과 할아버지가 보셨던《동의보감》등 의학 관련 서적 중에서 온전한 유품을 골라 KBS〈진품명품〉출장 감정 프로에 가져가기도 했다. 아버지의 공무원 시절 유품 중에서 보존 가치가 있는 100여 점과 할아버지의 유품10여 점을 박물관에 기증하였다. 훼손하지 않게 내가 보관한다는 것은 쉽지 않다는 것을 유품 정리하면서 알았기 때문이다.

그중에서 가슴 벅찬 일은 할아버지의 유품 중에서는 《일봉 한시집》을 발견하였다. 족보에 문장가로 기록만 보았지 실제로 직접 쓰신 필사본을 찾은 것이다. 할아버지와 집안 어른들의 흔적을 찾아 그곳을 답사하였고 시집은 이름 있는 학자에게 의뢰하여 번역 중이다. 집안 묘역 가꾸는 일 못지않게 하루빨리 한시집을 세상 밖으로 자랑하고 싶다. 집안 어른들도 모두가 하나같이 협조하겠단다.

* 아버지는 1921년 남원에서 유복자遺腹子로 태어나 5세 때 작은아버지를 따라 전남 고흥에서 한의원을 하던 작은할아버지 슬하에서 고흥보통학교시절 우등상과 개근상을 수상하였으며 졸업 후 할아버지의 한의원 업무를 도와드렸다. 밤에는 일본 와세다대 중학교 과정 통신 강의록을 주경야독으로 공부를 하셨다. 고흥에서 결혼 후 정읍으로 이주, 동네 리서기里書記부터 시작하여 공무원으로 정년퇴직하셨다. 퇴직 후에도 행정서사, 부동산 중개사 사무실을 운영하시다 말년에 뇌졸중으로 고생하셨다.

* 정읍박물관 기증목록 참조
2021년 (음)3월 20일 오후 5시 장손 아들

(향토사鄕土史 고찰考察)

명금산성鳴琴山城과 제주방죽

(개요)

청동기 시대에 벼농사가 본격화 되면서 둠벙과 방죽 등이 만들어지면서 백제시대에 본격적인 수리시설인 벽골제가 축조될 수 있었고 이 지방은 동진강을 끼고 있어 선사시대부터 근대에 이르기까지 다양한 삶의 문화가 이뤄질 수 있는 곳이면서 농업은 자연히 생업의 기반이 되었다. 낮은 구릉지나 평지에 마을을 이루고 벼, 조, 콩, 수수, 보리 등을 주로 재배하면서 물고기 잡이, 수렵활동도 지속적으로 이뤄졌다. 물자가 풍부한 고장이어서 인근에 있는 동진강을 통하거나 하여 일제강점기 이전부터 왜적의 침입 약탈이 이뤄졌다. 그리고 서해를 거쳐 인근 만경강과 동진강을 통하여 중국이나 일본의 문화가 유입되기도 하였다.

명금산(54.1m)은 정읍 북부지역에 위치한 신태인 지역의 서쪽으로 바다와 평야를, 동쪽으로는 산간지역을 두고 있어서 다양한 자연환경을 접할 수 있는 곳이다. 북동부 구릉지대로 가장 서쪽에 위치 동쪽으로 감곡면 승방산과 신태인 백산(일명 잣뫼산 107m)으로 이어진다. 이 산줄기는 태인 천태산을 지나 산외 상두산으로 이어져 호남정맥과 연결된다.

제주방죽은 신태인 청천리 상서마을 앞에 있었는데 1925년에 동진수리조합에서 방죽을 메워 논을 만들었으며 당시의 제방은 현재 농업용 도로로 이용되고 있다.

명금산과 제주방죽 자리는 신태인 청천리 상서마을과 김제시 부량면 신두리와 경계를 이루고 있어 벽골제 남쪽 끝 부분에 마주하고 있다.

명금산과 제주방죽 위치도

정읍 신태인은 삼한시대에는 마한馬韓 54개 소국小國의 하나인 불미국不彌國에 속했으며 당시의 소국은 수천여 호 정도에서 만여 호로 구성되었다 한다. 고대국가 마한은 한성백제와의 교류를 통하여 지역집단으로 한층 더 성장할 수 있었다. 마한은 3세기 이후 점차 백제로 편입되었으며 5세기부터 본격적인 영향을 받았다. 백제시대 근고초왕 때 중방 고사부리성 관할 빈굴현에 해당 통일신라 경덕왕 때는 빈성현으로 이름을 변경 고려시대에는 인의현으로 불리웠다. 인의현은 조선 태종 9년(1409년) 태산군과 함께 태인현이 되었으며 1895년 을미 개혁 때 태인군으로 명칭을 변경하였다.

1910 일본과 경술합방을 통하여 1914년 행정구역을 개편 태인군은 고부군과 함께 정읍군에 통합되었다. 신태인은 용구산면과 북촌면이 통합되어 용북면이 되었고 면소재지는 화호리에 두었다. 1912년 호남선이 개통 용북면 삼천리에 기차역을 설치 1914년 1월 11일 기차가 처음으로 섰다. 역이 들어서며 인구와 물자가 화호에서 삼천리로 이동하여 1935년 용북면이 신태인면으로 바뀌며 삼천리도 신태인리로 바뀌면서 소재지도 옮겨왔다.

1. 명금산성鳴琴山城

명금산에 있는 **명금산성**은 평탄지대에 있어 높지 않은 산이나 주위에 산이 없어 멀리에서도 보여서 시각적으로 더 커 보이는 산이다. 해발54m의 독립된 고지에 테머리 식으로 감은 둘레284m의 토성으로 북쪽으로는 벽골제의 남단을 두른 요지이다.

정읍과 김제의 양 시 경계에 있는 작은 산맥 상에 있다. 주위는 약 200간의 토축으로서 형성되었으나 현재는 모두 붕괴되었다. 산성은 거의 평탄하며 토루의 높이는 4m이며 안쪽의 흙을 파서 쌓은 삼국시대에 축조된 것으로 사료된다. 명금산은 신털뫼산으로 불리는 산인데 전하는 말에 의하면 벽골제 공사에 동원된 인부들이 하루 일이 끝나면 신에 묻은 흙을 털거나 헌짚신을 한곳에 버린 것이 쌓여 산을 이룬 곳이라 한다.

이외에도 상서마을 북쪽으로 신털뫼, 신털메라고 불리는 명금산보다 작은 산이 있으며 벽골제 북쪽 끝편에도 신털뫼산이 있는 걸로 보아 당시의 제방 쌓는 공사의 규모를 가늠할 수 있으며 공사감독이 신라사람이었고 인부들이 제주도 완도 사람들이 동원됐던 것으로 보아 전국에서 인부들이 징발되었던 것을 알 수 있다. 이 사람들이 모여 인근에 지역별로 흙집이나 때집, 움집을 짓고 집단생활을 하며 공사에 필요한 자재와 생필품이 조달되며 인위적으로 자연스럽게 주변에 형성되었음을 생활터전이나 민묘에서 나온 유물과 주민들이 전하는 설設에 의하여 추측할 수 있다. 명금산은 잡목으로 우거진 채 곳곳에 묘지가 무차별적으로 들어서 있어 시급히 보존되어야 할 것이다.

2. 제주방죽

상서마을 앞에 있었던 제주방죽은 1415년(태종15년) 9월에 대보수공사를 할 때 제주도와 완도에서 징발된 장정들이 제방 공사용으로 흙을 파다 보니 방죽이 형성되어 제주방죽으로 불렸다는 설과 제주도에서 바다를 건너 올라오는 기간이 길어져 도착하고 보니 공사가 끝나 그냥 돌아갈 수도 없어 방죽공사를 하였다는 설이 전하는데 전자에 설득력이 있다. 또한 《삼국사기》에 "문성왕 3년(851)에 청해진을 혁파하고 주민들을 벽골제로 이주 시켰다."라는 기록을 보면 제주방죽은 조선 초기보다 삼국시대 벽골제와 관련이 있을 수도 있다. 제주방죽의 면적은 약10여 정보에 달했으며 1925년 초 동진수리조합에서 방죽을 메꿔 논으로 변했다. 당시의 제방은 현재 도로로 사용되고 있어 그나마 방죽 자리라고 가늠할 수 있다. 벽골제 대공사로 주변은 붐볐고 자연히 인근에 명금장이 형성되었으며 정천동 사거리(부량, 청천화호, 감곡용곽, 육리 신태인 방향)의 주막거리는 지금도 흔적이 남아 있다.

3. 정평구와 제주방죽 청동오리

정평구(고부군 부량현 제월리 1566~1624 무신武臣, 발명가)

정평구는 2번째 과거시험 무과에 합격 진주병영 소속으로 별군관을 지냈다《일본서기》에 조선 14대 선조 25년 (1592년) 10월 임진왜란 당시 세계 최초의 비거飛車(대나무+소가죽)를 만들어 진주읍성을 날아들며 성주를 구출하기도 하고 식량이나 폭약을 싣고 높이 2km로 30~50리를 날아갔다며 왜군이 곤욕을 치렀다 한다. (라이트 형제의 1903년 12월 비행기

명금산 정평구의 묘비

보다 311년 빠름.) 신경준의 《여암전서》에 의하면 선조임금에게 상소하여 공을 치하하려 했으나 선조와 대신들이 믿지 않아 무산되고 말았다 한다. 정평구는 어릴 적부터 영특하고 개구쟁이였으며 유년 시절 개호주(호랑이 덫)를 만들어 사람들을 놀라게 하여 화제가 되기도 했다. 소년 정평구는 동네 아이들과 제주방죽에서 헤엄도 치고 물고기 잡이와 물오리 탈을 쓰고 물오리를 잡기도 하였다. "하루는 한양 상인이 제주방죽을 지나다가 정평구를 만나게 되어 물오리 잡는 것을 보고 어떻게 잡느냐 물어 보니 정평구는 제주방죽에 놀고 있는 수천 마리의 오리가 자기가 키우는 오리라고 답변하면서 상담이 오고가 서울 상인이 다 살 수 없어 반절을 사기로 하고 계약금을 치르자 정평구는 물오리 몇 마리를 잡아 주었다. 서울 상인은 서울로 갔다가 다시 내려와 잔금을 치르고 인부를 동원하여 물오리를 잡으려 하자 수천 마리의 물오리가 놀라서 하늘로 날아가 버렸다. 서울상인은 속은 것을 알고 변상을 요구하자 듣지 않아 현감에게 고발을 하였더니 오히려 정평구는 남은 절반의 수천마리 물오리까지 쫓아버렸다며 변상을 요구, 승소하여 물오리를 2번 팔아먹었다."는 이야기가 전하여 온다. 이외에도 정평구에 대한 이야기는 무진장 협곡에서 벌통을 폭약으로 위장 왜군을 물리친 이야기 등 유쾌하고 재미있는 이야기가 많이 전해진다. 정평구는 58세의 나이로 고향에서 생을 마감했다. 명금산 동쪽 자락(신태인 청천리 구역)에 부부 묘와 1988년에 건립한 묘비가 서있다.

4. 주변마을의 형성

1) **상서마을**은 신곡마을 동쪽의 명금산을 따라 펼쳐진 마을로 명금산 동남쪽은 윗상서 서쪽은 아랫상서 마을로 불린다. 윗상서는 명금산 동쪽으로 이어진 해발 40m정도의 구릉에 길게 위치하여 마을 앞에는 조산저수지가 있고 북쪽으로는 감곡면 용곽리로 이어진다. 상서동 남쪽으로 서낭당이 있었고 아랫상서 마을의 북쪽은 김제시 부량면과 경계를 이뤄 마을 한편의 2가구는 부량면 신두리 상서마을로 나눠져 있다. 마을도 아랫상서, 큰뜸, 새뜸으로 나뉘어 불린다.

2) **청천마을**은 300년 이상 형성된 마을로 마을 앞에는 청당淸塘이라는 둠벙(방죽)이 있었는데 둠벙 가운데에 섬을 만들어 란정이라는 정자가 있었다. 넓이가 2500평 정도로 둠벙에는 마름풀과 물고기가 많았는데 1980년대까지 있었다 하나 지금은 둠벙도 정자도 없어지고 이와 관련된 〈청당유수〉란 시가 전하여 오고 있다.

청당유수 淸塘 流水　　-우제필-

淸塘一水抱村回　청당의 물줄기 하나 마을을 휘감고
幾夜先登得月臺　며칠 밤이나 월대에 먼저 오를 것인가
寄語諸君修契事　제군에게 수계할 것을 부탁하였더니
蘭亭可以曲流盃　난정이 어찌 곡류에 흐르는 잔과 비슷하겠는가.

김제 부량면으로 넘어가는 고개를 불무재(현 벽량초등자리)라 불

제주방죽 주막거리

렸으며 이곳에서 마을의 풍요와 안녕을 기원하는 당산제를 지냈었다. 부량으로 가는 길목에는 2기의 선돌(할아버지, 할머니 당산)이 서 있었는데 현재는 1기의 선돌(할머니 당산)만 남아있다. 길목에는 마차를 끌던 말의 징을 박아주던 대장간도 있었다. 마을마다 칠석날이면 마을 주민들이 모여서 우물청소를 한 후 술메기굿을 했다. 청천리 남쪽으로 나무다리가 있었다 한다.

3) 신곡마을(초록골)은 명금산 서쪽으로 뻗어나는 능선이마을에서 갈라져 한편은 부량면 월승리 한편은 청천마을과 부량면 대평리로 이어지며 마을 동쪽으로 동진도수로 김제간선이 흘러 벽골제로 이어진다. 마을 앞에는 뎃골다리가 있었다 한다. 주변마을의 구릉지대에는 민묘가 발견되어 오래전부터 사람들이 살았을 것으로 추정하며 삼국시대 초기의 여러 형태의 토기 파편이 수습되었다. 고려시대부터 사람들이 살았다는 기와파편이 지금도 많이 나오며 마을에 대나무가 많아서 초록골로 불리기도 한다.

지금은 부량면이 김제시 행정 관할 지역이지만 행정구역 개편 이전은 고부군 부량현이었고 지금도 이웃마을 대소사에도 참여하는 등 교류하며 지낸다. 정천동 사거리가 사람들의 왕래가 빈번할 때는 주막에서 윷놀이 등 도박판이 벌어지기도 했는데 신고가 들어가 경찰이 출동하면 김제경찰이 오면 정읍 쪽 주막으로 피했고 정읍경찰이 출동하면 김제주막으로 피했다고 전하여 오며 현재도 도박은 근절되었지만 제주방죽 가게에는 인근 마을 주민들이 모여 막리리, 음료로 갈증을 해소하며 농사정보를 나누는 등 사랑방 역할의 모습을 볼 수 있었다.

4) 신덕신마을의 모정에서 보면
관풍정 6경觀豊亭 六景이라 하여
계화낙조 계화도로 지는 해
두승운우 두승산의 구름과 비
동진유수 동진강의 흐르는 강물
명금소월 명금산의 맑은 달
백산개운 부안 백산에 걷히는 구름
죽산청풍 김제 죽산의 맑은 바람, 을 노래하여 전해온다.

제주방죽 주막

제주방죽터 이정표

명금산과 제주방죽터

<참고문헌>

고적자료, 신태인백년사 (2014 신태인백년사 편찬위원회), 한국 민족문화 백과사전

발문

꿈 많은 동경憧憬 심연 같은 수필세계
조택수의 첫 수필집 『외갓집 유자나무』에 부쳐

전 일 환 (수필가, 문학박사, 전주대학교 한국어문학과 명예교수)

1. 실학적 철학의 삶과 하나인 문예술가

작가와 작품은 본시 하나다. 작품은 작가의 삶이 그대로 투영된 작가의 철학적 산물이기 때문이다. 그러므로 어떤 장르가 되었든 간에 작품에는 작가의 삶이 깊은 우물에 비친 얼굴처럼 심오하게 비쳐져서 거울처럼 영롱하게 반사를 한다. 조작가의 호 역시 샘골 '정읍井邑'과 동질적인 적은 우물이란 뜻의 '소정少井'이다. 소정은 어릴 적부터 만화를 좋아하고 만화처럼 만화 같은 꿈을 많이 꾸어온 꿈 소년으로 자라났다.

그래서인지 2015년 서울노인영화제에 〈회상〉이란 영화로 감독상을 수상한 바 있고, 3년 후엔 〈시선〉의 신춘문예에 시인으로 등단까지 이루어낸 문예가다. 그리고 2년 후인 2020년 6월에는 월간 《수필과 비평》에 신인상으로 문단에 올라 수필 창작에 온힘을 기울였고, 마침내 올 가을 첫 수필집 《외갓집 유자나무》를 상재하기에 이른 참 종합예술가다.

작자인 소정은 전북대학교 대학원에서 농학석사를 수료하고 현 정읍사문화제 제전위원회 이사장과 성균관 유도회 전북본부 부회장, 정읍시 지방재정심의위원회 위원장 등 여러 중책을 맡아 지방발전에 헌신봉사獻身奉仕하고 있다. 그리고 이론보다 실제에 방점을 찍고 영업지도서 4권 즉 제1권 《일할 때는 남公같이 쉴 때는 님私 같아라》(2009. 광명인쇄), 제2권(2012. 학예사), 제3권(2013. 학예사), 제 4권 (2014, 학예사)를 연달아 출간하는 경영인의 실학實學정신을 몸소 실천한 모습을 보여주기도 했다.

반면에 역설逆說적으로 한 해에 제1시집 《제멋에 취한 몽당붓》(2020. 신아출판)과 제2시집 《내가 광대인 것을》(2020. 9)을 세상에 내놓아 시인의 문학적 풍모의 기염을 토하는 양면을 보이기도 한 놀라운 문필가이기도 하다. 이를 보면 소정의 문필은 마치 연암 박지원이 정조 4년(1708) 청나라 건륭제의 고희연을 축하하기 위해 삼종형 박명원을 수행하여 청나라 고종의 피서지인 열하熱河를 여행하고 돌아와 청나라 치하의 북중국과 남만주 일대를 견문하면서 그곳의 문인과 명사들과의 교유와 문물제도를 접한 결과를 소상하게 기록한 『연행일기』같기도 한 특이한 문사이기도 하다.

연암은 영조 13년(1737)에 반남 박필균의 아들로 태어났으나, 실제로 벼슬을 싫어하여 황해도 금천金川 산속에서 경제, 군사, 문학을 공부하며 당대의 실학자 홍대용과 함께 자연과학에 열중한 나머지 지동설을 주장하기도 했다. 또한 농정農政에 관한 정조의 요청을 받고 《과농소초課農小抄》에 한민명전의限民名田議 1편을 붙여 토지소유의 제한과 농정개혁을 강조한 선각자의 모습을 보여주기도 하였다.

박지원은 문학으로는 〈호질虎叱〉, 〈양반전〉, 〈허생전〉, 〈예덕穢德선생전〉 등 단편 한문소설을 써서 양반계급의 부패와 허실을 예리하게 풍자하기도 했고, 수필로 쓴 《열하일기》 중 〈일야구도하기一夜九渡河記〉는 청나라 고종의 피서지인 열하를 여행하는 도중, 칠흑 같은 밤에 요하를 아홉 차례나 건너면서 사람의 눈과 귀로 듣는 것들이 본대로 듣는 대로가 모두 참이 아니라는 철학적인 깨달음에 다다른 현대수필 못지아니한 명문필가로 이름난 실학자다.

프랑스의 문학사가이자, 과학자이기도 한 뷔퐁(Buffon 1707-1788)은 프랑스 아카데미회원으로 들어갈 때의 입회연설인 《문체론》(1753)에서 '문장은 인간이다'라 했다. 우리나라는 고려 고종조에 최자崔滋(1188- 1260)가 '문장은 인간의 도道를 실어야 한다'는 문이재도文以載道의 재도론載道論을 내세워 작품과 작가가 하나여야 함을 강조한 것처럼 조택수 작가의 제1수필집 속에는 정말 작품과 작자가 하나처럼 똑같다라는 생각이 든다.

> 외갓집에 처음으로 간 것은 초등학교 1학년 여름 방학 때였다. 딸이 많은 집 장손으로 태어난 나는 집안 할머니와 고모

들의 귀여움을 독차지하며 층층의 보호 속에서 초등학교에 다니던 터라 바깥세상 구경은 처음 하는 셈이었다. 어머니도 시집온 후 처음 하는 친정 나들이였다.
기차가 출발하자 전신주도 달리고 마을의 집과 논밭들도 달리기 시작했다. 어린 나는 신기하고 놀라서 “아버지, 집도 따라오고 전봇대도 따라오네.”라고 큰소리로 말하자 소란하던 기차 안은 웃음바다를 이뤘다. 멋쩍어 하는 나를 어머니는 감싸 안아주셨다. 검은 연기를 산 아래로 흘리고 숨을 몰아쉬 듯, 칙칙거리며 장성 갈재를 넘어 송정리역에 도착했다.
(중략)
새벽에 고흥 가는 첫 버스에 올랐다. 비포장도로여서 울퉁불퉁한 신작로 길의 먼지를 뒤집어쓴 채 버스는 외갓집을 향해 달렸다. 이윽고 도착한 외갓집에는 홀로 되신 외할아버지와 증조할머니를 비롯하여 4대가 살고 있었다.
외갓집 앞에는 맑은 실개천이 흐르고 돌담장 안으로 늙은 감나무가 서너 그루 보였다. 사립문을 들어서니 안채 부엌 앞 우물이 목마른 내 눈에 확 들어왔다. 아침도 거른 채 오는 동안 약간의 긴장과 불안함은 한여름의 더위와 함께 갈증을 불러온 모양이다. 시원한 물 한 모금을 삼키며 우물 속에 비친 나를 보는데 등 뒤로 낯선 나무가 보였다.
짙푸른 잎 사이에 큰 탱자처럼 생긴 열매가 달려 있었다. 이렇게 큰 탱자나무가 있었나 하고, 신기해하며 쳐다보고 있으니 물 떠주던 막내이모가 “유자나무다. 참, 너는 유자나무 모르제.” 하셨다. 우리 동네에서는 본 적이 없는 그 나무는 어린 내가 보기에도 고목이었다.

– 〈외갓집 유자나무〉 –

조작가가 첫 수필집의 책명을 삼은 〈외갓집 유자나무〉 첫 작품이자, 2020년 월간 6월호 《수필과 비평》에 신인상으로 당선된 작품으로 수필가로 등단한 수필이다. 기차를 처음 타보는 경이로움을 경험하는 단락은 순진무구純眞無垢 그 자체다. 차창에 비친 전신주와 마을의 집과 논밭들이 마치 한꺼번에 자신에게 달려드는 놀라운 모습을 보며 자신도 모르게 경악에 빨려 들어가 소리를 질렀다. "아버지, 집도 따라오고 전봇대도 따라 오네."라며 신기하고 놀라워서 소리치자 '기차 안은 웃음바다가 되었다.'고 술회하고 있고, 외갓집 우물가 옆에서 처음 유자柚子나무를 보는 순간을 묘사한 단락이다.

본디 이 작품은 소정이 2020년 월간 224호 《수필과 비평》에 등단할 때 심사자는 '누구에게나 외갓집은 훈훈한 인생과 따뜻함이 배어 있는 추억의 장소이다. 여기에서 우물가의 유자나무는 어머니를 회상하게 하는 매개체 역할을 한다. 외갓집을 중심으로 한 외갓집 풍경이 한 장의 정겨운 시골 풍경화처럼 구체적으로 그려져 있고, 훗날 외갓집을 다시 찾았을 때 온데간데없이 사라진 유자나무는 세대 간의 교체를 상징하는 것으로 이글의 주제의식을 구현하고 있다.'라 평가하기도 하였다.

2. 자연친화적인 순환과 역사성을 동경하는 작가

정읍은 삼국 중 마지막으로 백제가 신라에게 패망한 나라의 한 지역이다. 《고려사》 악지樂志에 〈선운산〉, 〈무등산〉, 〈방등산〉, 〈정읍〉, 〈지리산〉 등 백제오가百濟五歌가 노래의 내용만을 담은 채 전해오고 있고, 이 가운데 〈정읍사〉만이 연행演行형식과 더불어 그 가사가 조선조 《악학궤범》에 전해지고 있으므로 백제노래에 담긴 배경이나 내용을 상고할 수 있는 것은 다행한 일이다.

이중 소정少井은 작자가 자신을 이르듯 '적은 시암' 즉 정읍의 '적은 샘'이란 의미로 샘골인 정읍을 사랑하는 척도를 셈할 수 있는 자호自號가 아닐 수 없다. 나라의 패망은 국가만 잃는 게 아니라 문화까지 말살해버리는 것이 고금동서의 역사가 공통적으로 대변해주고 있다. 백제오가도 그 가사까지 거의 인멸되었고 《고려사》에 노래의 내용만 전해지고 있으나 천만다행히도 망부望夫가인 〈정읍사〉 만이 그 가사가 유일하게 조선 성종조 성현 등에 의해서 악학궤범에 전해진 건 다름 아닌 조선건국의 유교철학과 일치했기 때문인 것으로 보인다.

소정도 이를 간파하고 금년 가을에 상재하는 수필집에 '정읍이야기'라는 작품에서 이를 진술하고 있다.

> 정읍에는 너무나 많은 이야깃거리가 많다. 요즘 말로 양파 까기와 같다.
> 정읍에는 호남의 삼신산三神山(변산 방장산 두승산)의 하나인 두승산斗升山이 고부를 감싸고 있다. 백제시대 그 이전부터 정치와 군사적 요충지로 고대도시였었다. 그 근방에는 한 많은 만석보萬石堡터를 간직한 채 동진강東進江은 만고풍상을 숨기고는 무심한 듯 흘러내린다. (중략)
> 전래문화와 가사문학이 꽃피어 백제가요 〈백제사〉와 정극인의 〈상춘곡〉 전봉준을 노래한 〈새야 파랑새야〉는 정읍의 대

표적인 자랑으로 남아있다. 지금까지도 우리의 삶 속에 자리하고 있다. 행상 나간다며 저잣거리로 돌다 보니 그전까지 바로 섰던 남편은 세파에 물들어 집에 기다리는 아낙의 속을 태운다. 이제 오려나, 저제나 오려나. 기다리는데 한두 됫박 남은 소금마저 팔고 오려고 그러는지 아님 주막거리에서 주색잡기에 휩쓸렸는지 동구 밖 어귀에서 애를 태운 흥얼거림이 천년의 두껍만큼 입에서 입으로 들불처럼 꺼질듯 하다 다시 살아남아 우리들의 노래로 전해졌을까?

– 정읍井邑 이야기–

《고려사》 악지의 '정읍'은 전주의 속현屬縣인 정읍 사람이 행상을 나가 오래도록 돌아오지 않자, 그 아내가 달 밝은 밤에 산마루에 올라가 남편을 기다리면서 혹시나 밤길에 도적이나 당하지 않을까 염려한 끝에 이를 진흙탕물에 의탁하여 무사귀환을 노래했다고 하였다. 그리고 세상에 전하기는 행상인의 아내가 고갯마루에 올라 남편을 기다리다가 망부석望夫石이 되었다고 고려사에 기록되어 전해온다.

백제문화는 중국도 찬탄할 만큼 삼국 중 가장 찬란하였고, 그 빛나는 문화가 일본 아스카문화를 이루었다는 사실은 문화사가들에 의해 밝혀진 지 이미 오래다. 유교의 부위부강夫爲婦綱, 부부유별夫婦有別의 윤리를 바탕으로 하면서 여필종부女必從夫의 이념과 정명正名적 철학은 이토록 정읍사에 아름답게 승화되었으므로 이를 견줄만한 게 없다.

혹 고려사의 기록이 그대로 믿기지 않을지라도 전주나 정읍이라는 실제적 지명으로 보거나, 정읍사 전반에 면면히 흐르는 백제 여인의 곱디고운 정절貞節을 보더라도 이 노래가 백제의 노래임을 부정할 길이 없다. 달을 매체로 하여 외간 남정네와 질탕하게 놀아난 신라 처용 아내의 부정不貞을 테마로 한 〈처용가〉와는 너무나 대조적이기 때문이다. 《삼국유사》를 찬撰한 일연一然은 불도를 닦는 승려답게 처용가의 배경설화에서 병을 일으키는 역신疫神이 처용의 아내가 무척이나 아름다운 나머지 사람으로 둔갑을 하여 처용의 아내를 범한 것이라고 하여, 짐짓 처용의 아내를 불륜으로 내몰지 않고 윤리적으로 해석하여 아름답게 형상화하였다.

하지만 이렇게 아름다운 정읍 여인의 망부가인 〈정읍사〉도 정치적인 와류渦流에 휘말려 음사婬詞로 내몰리면서 국가의례에서 제외되는 위기를 맞기도 하였다. 《중종실록》 권 32에 남곤南袞은 〈정읍사〉를 남녀간 음사로 단정斷定하고 이 노래대신 고려 때부터 궁중의례에 사용되던 〈오관산五冠山〉을 불러야 한다는 상소를 했는데, 이러한 시원적 기록에 따라 이 노래를 남녀간의 육정肉情적인 노래로 간주하려는 사람들이 많았다.

지금까지 양주동, 지헌영, 이상섭, 박병채 등 국문학자들은 별다른 근거도 없이 정읍사의 '즌데'라는 어휘를 여성의 은밀한 부위로 주관적 해석에 빠져 '밤길에 도적에게 범해犯害를 입을까 두려워하여 흙탕물의 더러움에 의탁했다는 《고려사》 악지樂志의 명백한 기록을 무시하고 정읍사를 음탕한 노래로 규정한 오류를 범했다.

그러나 소정은 이를 명확하게 간파한 다음 '행상 나간다며 저잣거리로 돌다보니 그전까지 바로 섰던 남편은 세파에 물들어 집에서 기다리는 아낙의 속을 태운다'며 안타까워했고, 아님 주막거리에서 주색잡기에 휩쓸렸는지 동구 밖 어귀에서 애를 태운 흥얼거림이 천년의 두껍만큼 입에서 입으로 들불처럼 꺼질 듯하다가 다시 살아남아 우리들의 노래로 전해졌을까?'라며 노래에 담긴 속뜻을 놀랍게 해석하고 있다. 과연 정읍사제전위원회 이사장다운 전문가의 일면을 보여 주는 듯한 '정읍이야기'가 아닐 수 없다.

3. 애향운동가이자 농업경영인 에세이스트

정읍인 소정은 김제와 나란히 우리나라 호남의 농경시대를 이끌어 온 시인이자 수필가요, 농업 경영인이며 애향운동가다. 전북대 대학원을 마친 후 농학석사의 학위를 받고, 고려대 경영대학원을 수료한 것도 모자라 전주대학교 중소기업대학원 세무학과를 수료하여 학자의 길을 걷기도한 열정적인 분이다. 그리고 전술한 바와 같이 자신이 태어난 정읍애향에 관한 일 예컨대 정읍사문화제 제전위원회 이사장, 성균관 유도회 전북본부 부회장, 전북향교재단, 정읍시 애향운동본부와 정읍문화원, 정읍시문화유적 답사회 이사 등 전현직을 두루 막론하고 봉사하며 주식회사 전농 대표이사를 25년을 역임하면서 농약유통업계를 40년간이나 경영해온 남다른 열정을 가진 분이다.

나는 매일 아침 일찍 일어나 강변 둑길로 산책하듯 걷기운동

> 을 한다.
>
> 마을길 끝자락에는 딱 봐도 정성스럽게 지어진 슬래브로 별장같이 지어진 농가農家를 만난다. 그 집 영감님은 평생을 자식 키우느라 남의 집만 짓는 등 근면 성실하고 부지런히 건축일을 했는데 자식들을 다 성장시킨 다음인 늘그막에야 오래 살던 오두막을 헐고 그 자리에 그동안 갈고 닦은 솜씨를 발휘하여 외벽 전체를 무늬석으로 타일같이 붙인 것만 봐도 보란 듯이 정성으로 지은 것 같다. 사람들은 속설로 '집 짓고 3년, 산山일 하고 3년.'이라며 3년을 잘 넘겨야 된다고 전하는데, 속설이 사실인 양 할아버지는 안타깝게 오래 살지 못하고 돌아가셨다. (중략)
>
> 그러고 보니 할머니를 본지가 꽤 된 것 같다. 지난 늦겨울인가 초봄에 시내 의원을 가는지 유모차를 끌고 걸어가는 모습이 힘겨워 보였던 것 같다. 그 후로는 본 기억이 없는 것 같다. 집주변을 바라보니 앙증맞은 꽃들이 만발했던 집 앞 화단과 뒤뜰안의 텃밭의 싱싱하고 탐스러운 온갖 채소는 다 어디가고 잡초만 무성하다. 할머니가 건강할 때 깨끗이 관리하며 가꾸었을 집과 터전은 언제부터인가 빈집이 되어 있었다. 아마 그 때 즈음인 듯하다. 주인 잃은 고양이는 인기척에 놀란 듯이 뒤안 잡초 속으로 사라진다.
>
> – 〈불 꺼진 빈집〉 –

〈불 꺼진 빈집〉 작품의 결말 부분에는 '요즘 나이 먹은 사람들이 자주 쓰이는 말 중에 "안 보이면 요양병원 아니면 산으로 갔겠지, 틀림없어 둘 중의 하나여…."라는 말이 사실인가 보다. 불꺼진 빈집에는 가족 중에 누군가가 자물쇠를 철거덕 채워 놓았다.'라 끝맺음을 하였다. 실제 고령화되어가는 농촌의 썰렁한 모습이 수채화처럼 그려져 다가든다.

소정은 영락없이 이 시대가 낳은 에세이스트다. 샘골 정읍에서 태어나 농업연구자로 농약유통업계를 수십 년간이나 경영하면서 영업지도서를 네 권이나 발행하는 한편, 시인으로 등단하여 시집을 연거푸 두 권이나 발행한 보기 드문 문인으로 수상경력도 참 다채롭다. 농협도지부장상을 비롯하여 전국농업기술자협회 총재상, 정읍문화원장상, 정읍사문화제 제전위원장상, 전주지방검찰청장상, 경농 한농 등 10여 제조사 16회 수상 등 헤아릴 수 없이 수상을 한 것만 보아도 소정의 삶의 헌신봉사의 단면을 헤아리고도 남는다.

어렵고 험한 길을 택해 힘들고 고된 길을 걷겠다는 생각을 하는 것은 보통 사람들로서는 찾아보기 힘든 거룩한 일이다. 시인과 수필가, 향토문화연구가, 문화유적답사전문가, 농촌사회연구가, 정읍사문화제 위원장 등등 소정의 인생은 이러한 박학다경博學多經의 역정歷程이라고 함축할 수 있지 않을까 생각된다.

그러한 그가 시집을 작년 한 해에 시집을 연거푸 2집을 낸 이후, 올해 수필 에세이집 《외갓집 유자나무》를 상재上梓하니 날이 가고 해가 갈수록 더 좋은 글을 많이 써서 여러 권의 에세이집이 세상에 출간되기를 바란다. 우리나라는 미셀러니보다 못지않게 이런 유의 에세이스트가 우리나라의 수필계를 이끌어왔다. 해방 이후 김형석과 김태길, 안병욱 등 세 트리오들이 그렇다.

이 세 분 가운데 두 분은 안타깝게도 타계를 하였고, 백 세를 넘긴

김형석 에세이스트만 지금도 수필집을 펴내며 인생에 대한 참삶을 강의하며 아름다운 삶이 무엇인가를 일깨우고 있다. 소정少井도 샘골 정읍에서 이분들처럼 세상世上 사람들에게 본本이 되고 잘사는 세상世相이 어떤 것인지 깨달음을 주는 그런 좋은 수필집을 연거푸 펴내어 연년세세 사랑받는 에세이스트가 되어주기를 바람 해본다.

앞으로도 한 여름의 태양보다 더 뜨거운 열정으로 우리 인간들의 진정한 삶을 무채색의 햇빛이 프리즘을 투과透過하면 일곱 빛깔 무지개로 영롱하게 비춰지듯, 아름답고 가치 있는 좋은 작품들을 옹글게 창출 생산해내길 바란다. 그리하여 조택수 수필가의 작품을 그냥 스치지 않고 그가 만들어놓은 작품세계 속에서 독자들이 그 영혼과 교통하며 인간 삶의 참뜻을 깨닫고, 인간의 아름다움과 행복을 느끼며 발견할 수 있기를 기대해본다. 재삼 제1수필집의 상재를 거듭 마음 깊이 축하드린다.

조택수趙澤秀의 인생길

· 아명兒名 조창순趙彰舜 본관 한양漢陽
  아호雅號 (소정少井, 대정大井)
· 전북 정읍시 정우면 대정리 출생(현 신태인 거주)

〈학력〉

· 정우초등학교 27회 졸업
· 신태인중학교 14회 졸업
· 이리농림고등학교(66) 농업토목과 4회 졸업
· 한국방송통신대학교 농학과 (농학사) 졸업
· 전북대학교 농업개발 대학원 (농학석사) 졸업
· 전주대학교 중소기업 대학원 세무학과 CEO과정 수료
· 고려대학교 경영대학원 제53기 AMP과정 수료
· 한일장신대학교 NGO 정책대학원 수료

〈학교 관련 활동〉

· 이리농림 장학재단 이사(역임)
· 전북대학교 총동문회 부회장(역임)
· 이리농림(국립익산대학) 총동문회 부회장(현)
· 이리 농림 정읍동문회장(현)

〈경력〉

· ㈜전농 대표이사(25년 역임, 업계 38년 종사)
· 전북 식물보호제 판매업 협동조합 설립 초대 이사장(역임)
· 전국농약도매유통협의회(전국농회)초대~2대회장(역임)
· 정읍문화원 향토문화연구소장(역임)
· 성균관 유도회 총본부 감찰위원, 부회장(역임)
· 전라북도 농정심의 위원회 위원(역임)
· 전주지방검찰청 시민검찰 모니터위원(역임)
· 전라북도 인재육성재단 위원(역임)

〈현재〉

· 성균관 유도회 전라북도본부 부회장(현)
· (재)전라북도 향교재단 이사, 태인향교 전교(현)
· (사)정읍사문화제 제전위원회 이사장(현)
· 정읍시 애향운동본부 이사(현), 정읍문화원 이사(현)
· 정읍시 문화유적 답사회 부회장(현)
· 한국 문인협회 정읍지부 회원(현), 정읍내장문학회 회원(현)
· 정읍수필문학회 회원(현), 아람수필회 회원(현)
· 문인등단
 (시《시선》2018, 수필《수필과비평》2020(204호) 신인상)
· (사)농업기술자협회 회원(현)

〈수상〉

· 경농, 한농 등 10여 제조사 16회 수상
· 전주지방검찰청장상, 농협도지부장상,
 전국농업기술자 협회 총재상 수상
· 정읍시장상, 정읍사문화제 제전위원장상 2회 수상
· 정읍문화원장상, 정우면 발전위원회 회장상 수상

· 정읍 전국실버영화제(회상) 2015 최우수상
· 서울 노인영화제(회상) 2016 서울시장상 수상 외 다수

〈사회활동〉
· 4 · 19 학생운동(중학생 참여),
1965 한일회담 반대운동(고교생 참여)
· 4-H 구락부 회원(1961~1966 활동),
새신태인 라이온스클럽 부회장(역임)
· 신태인 로타리클럽 이사(역임), 농약과학회 회원(역임)
· 전주국립박물관, 전주역사박물관, 전북대박물관
(십수 년간 수강)
· 전북대평생교육원. 전주대평생교육원(십수 년간 수강)

〈예술인 등록. 논문, 저서〉
· 농약의 독성에 대한 농민과 도시민의 인지도 분석
(농약과학회지 2000년 12월호 발표)
· 제1권 일할때는 남公같이 쉴 때는 님私 같어라
(2009년 3월 발간)
· 제2권 남에게는 봄바람春風 자신에게는 가을서리秋霜이여라
(2012년 1월 발간)
· 제3권 사람과 사람 사이人間關係 (2013년 2월 발간)
· 제4권 무지러진 몽당연필禿 (2014년 2월 발간)
· 시집 1권『제멋에 취한 몽당붓』(2020년 2월 발간)
· 시집 2권『내가 광대인 것을』(2020년 9월 발간)
· 수필집《외갓집 유자나무》(2021년 9월 발간)
· 문예 계간지『샘고을』2016 창간 (현재 11호 발간)
·《신태인 100년사 (2014)》 편찬위원(역임),
《정우면 100년사 (2019)》 편찬위원(역임)
·《이리농림 100년사 (2021)》 편집위원(현)

〈사진첩 · 영화감독〉

· 제1권 태양을 쫓아간 사람들 (2010년)

· 제2권 '골든트라이앵글'을 가다
(태국 중국 라오스국 삼각지(트라이앵글) (2010년))

· 제3권 중국 고대도시 산서성 '평요고성'에 가다 (2011년)

· 제4권 여행길의 흔적
(*1부 중국 중경/귀주, *2부 베트남/캄보디아 (2012년))

· 제5권 2013년 아름다운 同行
(*1부중국성도삼국지현장,
*2부자연이살아있는라오스(2013년))

· 영화 《회상》 (시나리오 · 감독 (2015년))

조택수 수필집

외갓집 유자나무

인쇄 2021년 9월 13일
발행 2021년 9월 17일

지은이 조택수
발행인 서정환
펴낸곳 수필과비평사
주소 서울시 종로구 삼일대로 32길 36(익선동 30-6 운현신화타워) 305호
전화 (02)3675-3885, (063)275-4000, 0484
팩스 (063) 274-3131
이메일 essay321@hanmail.net
출판등록 제300-2013-133호
인쇄 · 제본 신아출판사

ISBN 979-11-5933-358-3 03010
값 13,000원

Printed in KOREA